国家出版基金项目
NATIONAL PUBLICATION FOUNDATION

 贫困治理的广东探索丛书

岳经纶　庄文嘉 / 主编

解决相对贫困治理的长效机制探索：江门经验

庄文嘉　岳经纶　胡项连 ◎ 著

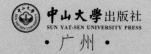

· 广州 ·

版权所有　翻印必究

图书在版编目（CIP）数据

解决相对贫困治理的长效机制探索：江门经验/庄文嘉，岳经纶，胡项连著. —广州：中山大学出版社，2021.12

（贫困治理的广东探索丛书/岳经纶，庄文嘉主编）

ISBN 978-7-306-07347-1

Ⅰ. ①解… Ⅱ. ①庄… ②岳… ③胡… Ⅲ. ①扶贫—研究—江门 Ⅳ. ①F127.653

中国版本图书馆 CIP 数据核字（2021）第 257830 号

出 版 人：	王天琪
策划编辑：	陈　慧
责任编辑：	周明恩
封面设计：	林绵华
责任校对：	陈晓阳
责任技编：	靳晓虹
出版发行：	中山大学出版社
电　　话：	编辑部 020-84111996，84113349，84111997，84110779，84110776
	发行部 020-84111998，84111981，84111160
地　　址：	广州市新港西路 135 号
邮　　编：	510275　　传　真：020-84036565
网　　址：	http://www.zsup.com.cn　E-mail: zdcbs@mail.sysu.edu.cn
印 刷 者：	恒美印务（广州）有限公司
规　　格：	787mm×1092mm　1/16　20 印张　330 千字
版次印次：	2021 年 12 月第 1 版　2021 年 12 月第 1 次印刷
定　　价：	86.00 元

如发现本书因印装质量影响阅读，请与出版社发行部联系调换

总　　序

为中国人民谋幸福，为中华民族谋复兴，是中国共产党人的初心和使命。贫困的个人难言幸福，贫穷的民族难言复兴。为了实现人民幸福和民族复兴，中国共产党领导中国人民进行了艰苦卓绝的斗争，取得了革命、建设和发展的一个又一个的胜利。改革开放以来，党在领导人民不断发展经济、全力推进现代化建设的同时，致力于治理贫困，努力实现共同富裕这一社会主义的本质特征。特别是21世纪以来，以消除绝对贫困问题为着力点，中国贫困治理进入全新阶段。可以说，100年的中国共产党党史，就是一部与贫困做斗争并消灭贫困的历史。

中国贫困治理的两大战略：扶贫开发与社会保障

中国的贫困问题大致可以分为农村贫困问题和城市贫困问题。改革开放前，由于整体的社会经济发展水平不高，人民生活水平普遍低下，因此贫困问题并没有成为社会问题，但存在着生活困难的城乡居民。解决居民生活困难问题的制度安排，在农村是"五保户"政策，在城镇是面向"三无"对象的社会救济。改革开放以后，在城乡居民生活水平普遍提高的同时，地区和阶层的差距逐步拉大，贫困问题作为社会问题和政策议题开始凸显出来。政府因应城乡贫困问题的差异采取了不同的政策工具和制度安排，而且政府反贫困的努力主要集中在农村地区。为了减少农村地区的贫困问题，国家在1986年设立扶贫开发办公室，实施扶贫开发政策，推行大规模扶贫开发工作。在城市，政府在20世纪90年代后期开始推行城镇居民最低生活保障制度（低保制度），主要政策对象是经济改革之后出现的"新贫"阶层，如下岗失业工人等。

21世纪的中国贫困治理在城乡两条战线展开，针对建档立卡户、低保对象和特困人员三大群体，实施扶贫开发与社会保障两大战略。中国扶贫开发的重心一直放在广大的农村地区，以政府为主导的多元扶贫主体致力于通过多样化的扶贫方式来提高农村贫困人口的收入。与之相对应，城市贫困人口则主要依靠社会保障来实现收入维持。同时，社会保障在农村扶贫开发中也发挥着重要的减贫作用。如果说扶贫开发和脱贫攻坚是农村贫困治理的主旋律，那么社会保障便是其不可或缺的伴奏。需要指出的是，直到精准扶贫战略实施后，扶贫开发才与社会保障在农村贫困治理中形成合奏。在深入推进精准扶贫的过程中，各地以完善的社会保障织就细密的救助网络，充分发挥了底线民生的安全网作用。

在扶贫开发方面，2002年，党的十六大明确要求继续大力推进扶贫开发，巩固扶贫成果，尽快解决尚未脱贫的农村人口的温饱问题，并使他们逐步过上小康生活。党的十八大以来，以习近平同志为核心的党中央高度重视扶贫工作，将扶贫开发纳入"五位一体"总体布局和"四个全面"战略布局，实施精准扶贫基本方略，在"大扶贫"格局之下开展"脱贫攻坚战"，把贫困治理纳入国家治理的战略目标，动员社会各界力量，采用多种方法，充分发挥党的领导及社会主义制度的政治优势和制度优势，实现农村贫困人口的大幅度减少。新时代的中国贫困治理实践不仅丰富了"发展型国家"的内涵，也为后发展国家走出"中等收入陷阱"提供了经验。经过多年的脱贫攻坚，我国贫困治理取得巨大成就，为全面建成小康社会奠定了坚实的基础。国家统计局数据显示，以现行标准衡量，1978年年末，中国农村贫困发生率高达97.5%，农村贫困人口有7.7亿。截至2019年年底，中国贫困发生率降至0.6%。2016—2020年，全国贫困人口每年净减少1000万以上。2020年11月23日，贵州省9个县退出贫困县序列，至此，我国832个贫困县全部实现脱贫摘帽。截至2020年年底，中国所有贫困县全部脱贫摘帽。

在社会保障方面，中国政府不断完善以社会救助制度为核心的城乡社会保障体系。进入21世纪以来，中国政府开始把民生建设作为重要政策议程，推动社会政策进入快速发展的时期。经过多年的努力，中国已经建立起包含社会保险、社会救助、社会福利在内的多层次社会保障体系。在农村，社会保障制度包括医疗保障制度、最低生活保障制度、义务教育制度、农村养老保险制度、危房改造制度及农民就业培训等内容。社会保障作为调节分配和保障居民基本生活的制度安排，也成为我国贫困治理体系的重要组成部分。党的十九大报告进一步提出要统筹城乡社会救助体系，完善最低生活保障制度，从多个层面对困难群众基本生活进行保障；党的十九届四中全会指出，要坚持和完善统筹城乡的民生保障制度，满足人民日益增长的美好生活需要；党的十九届五中全会要求，民生福祉达到新水平，实现更加充分、更高质量的就业，居民收入增长和经济增长基本同步，分配结构明显改善，基本公共服务均等化水平明显提高，全民受教育程度不断提升，多层次社会保障体系更加健全，卫生健康体系更加完善，脱贫攻坚成果巩固拓展，乡村振兴战略全面推进。

在中国特色社会保障体系中，面向贫困和低收入阶层的社会救助制度是基础性的制度安排。在社会救助制度中，居民最低生活保障制度作为社会救助制度的核心，是保障贫困群体基本生活需要的最后一道安全网，也是改革开放以来中国政府在贫困治理领域的重大制度创新。农村低保制度是我国现阶段精准扶贫战略中"社会保障兜底一批"的重要内容，在脱贫攻坚工作中发挥着兜底保障、维护社会稳定的功能，是我国贫困治理的重要制度安排。无论是从覆盖人口数量，还是从投入资金总额来看，城乡低保制度都已经成为世界上规模最大的减贫性转移支付项目。特困人员救助供养制度是中国特色社会主义进入新时代后建立起来的社会救助制度，取代了过去分设的城市"三无"人员救助和农村五保供养制度。2014年，国务院颁布《社会救助暂行办法》，将城市"三无"人员救助和农村五保供养制度整合为城乡特困人员救助供养制度。2016年，国务院颁布《关于进一步健全特困人员救助供养制度的意见》，进一步明确了特困人员救助供养制度的实施细则。

到2020年年底，中国的贫困治理，特别是脱贫攻坚战已经取得全面胜利，消灭了绝对贫困人口，已经成为全世界最早实现联合国可持续发展目标中消灭贫困目标的发展中国家。当代中国的贫困治理，以中国共产党为领导，以国家力量为核心，以扶贫开发和社会保障为基本战略，充分体现了科学社会主义的思想本质与制度优势，与受社会民主主义影响的西方国家偏重社会福利制度的治理贫困体系形成了明显的对比。消除贫困、改善民生、实现共同富裕,这是科学社会主义的本质要求;集中资源、举国同心、全民动员、持之以恒,这是科学社会主义的制度优势。西方福利国家虽然重视通过社会政策来缓和社会问题、满足社会需要,但难以在国家主导下发起大规模的、持续的反贫困行动,难以从根本上解决贫困问题,一些国家甚至出现贫困现象日益恶化的趋势,显示出社会民主主义改良本质在贫困治理上的困境。

尽管当代世界遭受贫困问题困扰和折磨的主要是不发达国家,但是指导这些国家贫困治理实践的则主要是基于西方国家经验的反贫困理论与反贫困政策。中国作为全球贫困治理的积极参与者,其贫困治理实践和减贫奇迹必将引起世界范围内对"中国道路"的广泛关注。因此,及时总结中国贫困治理的成功经验,不仅有助于全球贫困治理事业的发展,消除贫困问题,而且有助于深化贫困治理的研究,丰富和创新贫困治理理论,为深陷贫困的发展中国家提供新的贫困治理理论和反贫困政策设计。

广东:中国贫困治理的先行者

作为改革开放的实验场和经济发达地区,广东的扶贫开发和贫困治理在中国的减贫治理中具有独特的地位和意义。广东具有特殊的省情,那就是地区间发展不平衡,差异大,既有位列全国经济最发达地区的珠江三角洲,又有位列全国贫困县序列的东西两翼及山区县。粤东西北地区人均地区生产总值低于全国平均水平,农村农业人口不少,人才储备和技术支撑的缺口较大,新动能培育较慢,文教卫生等公共服务资源配置相对落后。"最富的地方在广东,最穷的地方也在广东"这一说法是对广东地区差异大的一个精确描述。如何在贫困治理过程中解决区域失衡问题是广东减贫治理的重要特色。自 21 世纪以来,特别是党的十八大以来,广东结合顶层设计与本地实际,在扶贫开发、低保瞄准、特困人员救助供养、相对贫困治理等领域进行了大胆的探索,出台了大量行之有效的政策措施,在实践中走出了一条特色鲜明的贫困治理之路。

在扶贫开发方面,广东较早地通过"双到"(规划到户、责任到人)扶贫方式对扶贫对象的精准施策进行了探索,变"大水漫灌"为"精准滴灌",实现了对传统扶贫开发方式的超越。在社会保障方面,广东不仅提高了低保标准，而且较早地进行了低保目标瞄准机制的创新，以代理家计调查模式超越传统的家计调查模式。与此同时，广东也对特困人员救助供养制度进行了创新。因此，对广东贫困治理的基本经验进行系统的分析，不仅能够凸显广东在贫困治理中的先行一步，也可以为全面理解中国扶贫之路提供一个合理的入口。

在"双到"扶贫实施前的较长一段时期内，与全国其他地区一样，开发式扶贫是广东贫困治理的主导模式，该模式在解决区域整体贫困方面取得了较为显著的成效。不过，开发式扶贫在扶贫对象的指向性上较为宽泛，在一定程度上造成了扶贫资源的浪费。为此，广东通过"双到"扶贫对这个问题给出了自己的解决方案。从实践角度来看，"双到"扶贫率先开启了省级层面对提高扶贫精度的探索。"双到"扶贫方式提高了扶贫资源的利用效率，确保贫困人口能够根据自身的致贫原因得到行之有效的帮扶，从而为精准扶贫阶段广东的贫困治理打下了坚实基础，使广东全省可以提前完成脱贫攻坚任务，并率先部署推进由精准扶贫向乡村振兴的过渡，探索实现脱贫攻坚成果巩固拓展同乡村振兴的有效衔接。

在社会保障贫困治理方面，广东也进行了有前瞻性的探索。作为中国最早在城乡同时建立低保制度的地区之一，广东早在1997年就开始着手建立覆盖城乡的低保制度。经过多年的发展，广东省在城镇和农村低保制度建设上取得了重大成就，低保标准的确定符合广东省经济社会增长的水平和城乡人均支出配比水平，形成了以区县级以上财政支付为主的低保资金供给机制。在低保目标的瞄准方面，作为改革"领头羊"的广东，通过积极的地方政策创新，有效地提高了低保目标瞄准的准确性，并提升了低保制度的治理绩效。低保改革的"广东故事"可以为中国城乡低保制度的完善提供有益的启示。广东省在特困人员救助供养方面也形成了完善、系统的政策体系。在资金投入方面，广东省把特困人员救助供养等保障困难群众基本生活的政策放在财政支出的优先位置，保证政府投入只增不减。在保障水平方面，广东省规定特困人员基本生活标准不低于当地低保标准的1.6倍且不低于当地现行特困人员基本生活标准，并根据当地经济社会发展和物价水平进行调整，呈现不断提升的趋势。不仅如此，广东省还率先建立特困人员照料护理制度，为特困人员，特别是失能半失能特困人员提供探访慰问、生活照料和住院期间的护理。与此同时，广东省还积极推动特困人员供养服务机构公建民营改革，在全国率先推行供养服务机构区域统筹打包改革模式，以县（市、区）为单位，将辖区内所有区域性养老机构、乡镇敬老院等公办特困人员供养服务机构统一打包成一个项目，交给社会资本方管理运营。

综上，我们可以看到，广东省在贫困治理中坚持先行先试，始终走在探索扶贫开发新模式的前列。广东内部区域发展不平衡，在全国层面具有代表性。从珠三角到粤东西北，不同区域如何采取不同的政策举措，区域之间又如何合作脱贫，这些经验都将在全国层面具有可复制性和可推广性。从广东省的贫困治理实践来看，无论是从扶贫"双到"到"精准扶贫"的扶贫历程，还是对相对贫困治理长效机制的探索，抑或是在低保瞄准和特困人员救助供养领域的创新实践，不仅集中体现了中国减贫治理所特有的各项政策手段，而且在贫困治理的探索方面始终走在全国的前列。鉴于广东在贫困治理方面的先行探索及其有效成果，当前亟须以广东的贫困治理经验为载体，发出广东声音，讲好中国故事，坚定道路自信，提升中国在全球贫困治理中的话语权，向全世界共享中国特色的减贫经验。这既是本丛书的写作背景，也是本丛书的立意所在。

本丛书的基本内容与特色

本研究丛书试图以我国贫困治理的两大战略——扶贫开发与社会保障为分析焦点，立足广东，心系中国，综合运用抽样调查、准自然试验、案例研究等多元方法进行深入研究，尝试从宏观与微观、理论与经验维度全面分析广东贫困治理的政策实践。本丛书共五本，分别是《从"'双到'扶贫"到"精准扶贫"——基于广东经验的中国扶贫之路》《精准扶贫战略下城乡低保目标瞄准及执行机制优化：广东经验》《广东省特困人员救助供养制度研究：供给侧改革的创新经验》《解决相对贫困治理的长效机制探索：江门经验》及《贫困认知与贫困治理——基于广东省的调查数据分析》。

《从"'双到'扶贫"到"精准扶贫"——基于广东经验的中国扶贫之路》一书展现了21世纪的广东扶贫之路从扶贫"双到"到"精准扶

贫"的发展过程。本书尝试分析从"'双到'扶贫"到"精准扶贫"的演变与衔接,通过解析具体案例,展现广东在扶贫开发中的政策创新和实际效果,总结其成功经验,彰显广东在扶贫治理中先行一步的作为和担当。本书的特色之一是把由广东率先探索的"'双到'扶贫"机制与符合新时期我国国情和广东省情的"精准扶贫"战略结合起来,揭示了中国扶贫治理的若干特点,包括运动式治理、社会政策和经济政策相结合、因地制宜发展特色扶贫产业、精准扶贫与乡村振兴衔接等。

《精准扶贫战略下城乡低保目标瞄准及执行机制优化:广东经验》一书,旨在揭示在精准扶贫的时代主题下,广东如何通过客观、全面的指标体系设计和科学入户核查,创新地设计出多维度代理家计调查方式,形成城乡低保目标瞄准的"广东经验"的过程。本书在回顾国内外贫困治理理论研究成果的基础上,重点对新时代以来广东省低保目标瞄准的改革创新实践、引入准家计模型的识别指标体系、改革前后的瞄准效果对比,以及多维家计大数据对下一步助力乡村振兴的应用前景,进行全面的梳理、测算和分析。城乡低保目标瞄准的"广东经验",不仅可以有效提升城乡低保对象瞄准的精确度,很大程度上降低"错保"率和"漏保"率,而且可以为2020年之后中国的贫困治理提供一种可复制、可推广的路径。本书特色是资料丰富、内容全面,涵盖了制度理念、组织建设、技术支撑(包括由单一到多维目标测量的低保家庭的科学瞄准与低保家庭精准识别体系)、资金保障、精准施策与监管问责等多个方面。

《广东省特困人员救助供养制度研究:供给侧改革的创新经验》一书,意在总结广东省在特困人员救助供养制度改革方面积累的创新经验。基于对2017—2019年广东省特困人员救助供养制度建设的深入调查和研究,本书探讨了广东省特困人员救助供养制度的建设和发展情况、广东省分散和集中供养特困人员的需求和救助的供给情况、广东省特困人员救助供养制度改革的成效,重点关注广东如何借鉴ROT模式引入社会资本,对特困人员供养服务机构进行公建民营改革,并在此基础上提出了完善广东省特困人员救助供养制度供给侧改革的对策建议。本书特色是运用准自然实验方法,在大量一手资料的基础上,对特困人员的救助供养需要与救助供养制度进行了全面研究,并提出了对制度进行完善的政策建议。

《解决相对贫困治理的长效机制探索：江门经验》试图系统梳理江门2016—2020年的精准扶贫改革及其成效，对江门建立解决相对贫困治理长效机制的探索进行深度解析。"江门经验"的重要突破在于跳出收入型贫困治理的思路，将其贫困治理范围扩展到支出型贫困。江门改革者通过创新运用代理家计调查方法瞄准相对贫困人口，建立解决相对贫困治理的发展性机制、整体性机制、政策整合机制和内生动力机制等四大长效机制，促进了低保制度和扶贫开发政策两项制度的衔接，实现了城乡扶贫的统一，并对智慧扶贫和乡村振兴产生了积极影响。本书的特色之一是基于案例研究，对地级市的相对贫困问题解决机制建设实践情况进行深度分析。

《贫困认知与贫困治理——基于广东省的调查数据分析》一书尝试把研究范畴从客观贫困治理拓展到主观贫困认知。本书重点梳理了贫困认知的概念内涵和研究概况，回顾了中国贫困认知的现实情境。通过分析广东省2017年度和2018年度人民美好生活的调查数据，对公众的贫困认知现状进行多维测量，以了解公众在贫困程度、扶贫方式、瞄准机制、扶贫成效等方面的态度与看法，并从主观认知的角度评估广东精准扶贫的成效。在中国贫困治理的新时代背景下，对贫困认知生成逻辑的分析与思考，有助于推进相对贫困治理长效机制的建立，也能为2020年之后中国反贫困政策的实践与发展提供深刻的价值启示。本书的一个特色是，推进贫困研究的范式由客观贫困测量向主观贫困认知拓展，贫困研究对象由个体贫困向群体贫困延伸。

本丛书的编写主要依托于中山大学政治与公共事务管理学院和中山大学中国公共管理研究中心的社会保障（社会政策）研究团队的长期科研积累。自2010年以来，社保研究团队一方面承担国家社会科学基金及教育部的纵向研究课题，另一方面与广东省及地级市相关职能部门合作，结合地方社会经济发展需要，开展横向课题研究。这些课题大多与扶贫及社会救助相关。经过多年的努力，团队积累了丰富的研究数据，也对广东省的相关政策过程和政策发展有了更深入系统的理解。研究团队认为，作为经济社会发展的先行区，广东省在减贫治理领域的政策探索和实践成效，对我国的减贫治理具有重要参考价值。因此，研究团队萌生了出版一套有关广东省贫困治理实践和经验的丛书的念头，从精准扶贫和社会救助两大领域，深入探讨和总结广东的经验，讲好贫困治理的"广东故事"，为建构贫困治理的中国话语体系提供广东元素。

虽然海外对贫困及其解决机制的理论研究和实践研究均较为丰富，而且随着中国脱贫攻坚战取得最终胜利，国内有关精准扶贫的研究成果也不断增加，但是以丛书形式系统出版的相关成果还不多见，尤其是聚焦一个经济发展重要省份的贫困治理经验的成果更是凤毛麟角。本丛书基于与政府职能部门的合作研究，尝试对贫困治理领域政府行为背后的逻辑、目标及探索过程中遇到的实施执行问题等进行系统、全面的讨论。我们希望本丛书的出版有助于推动对贫困治理广东经验的总结与研究，丰富减贫治理的中国故事和中国经验，为2020年之后中国的贫困治理提供一种可复制、可推广的路径，从而为全球贫困治理理论的发展提供中国方案、中国智慧。

在中国共产党的领导下，中国的贫困治理取得了举世瞩目的重大胜利，它不仅在中华民族的史册上谱写了壮丽的篇章，而且必将成为全球贫困治理前所未有的标杆。中国共产党领导的中国反贫困事业不仅是实现第一个百年奋斗目标的重点工作，而且是增强中国参与全球治理话语权的重要路径。谨以此丛书献给中国共产党百年华诞，也献给所有为消除贫困而不懈奋斗的中国人民。

岳经纶　庄文嘉
2020年12月

目　录

第一章　导论 / 1
　　第一节　中国贫困治理的特点与成效 / 1
　　　　一、扶贫开发政策的特点与成效 / 1
　　　　二、社会救助制度的特点与成效 / 4
　　第二节　中国贫困治理现状的反思与面临的新形势 / 7
　　　　一、中国贫困治理现状的反思 / 7
　　　　二、中国贫困治理面临的新形势 / 15
　　第三节　研究问题与研究意义 / 23
　　　　一、研究问题 / 23
　　　　二、研究意义 / 25
　　第四节　研究方法与本书架构 / 29
　　　　一、研究方法 / 29
　　　　二、本书架构 / 31
第二章　当代贫困理论的发展与贫困治理研究 / 33
　　第一节　世界贫困理论的发展历程：概念、测量与话语争论 / 33
　　　　一、绝对贫困与相对贫困：争论与测量 / 34
　　　　二、超越贫困概念：剥夺与社会排斥 / 36
　　　　三、超越贫困理论：政策、媒体、大众以及穷人的理解 / 38
　　第二节　当代贫困研究的主要视角 / 40
　　　　一、可行能力视角下的多维贫困 / 40
　　　　二、贫困文化视角下的心理贫困 / 42
　　　　三、社会地理视角下的贫困空间与贫困住地 / 43
　　　　四、非正规经济视角下的工作贫困 / 45

　　　　五、技术变革视角下的失业贫困与无条件基本收入构想 / 47
　　　　六、简要评述 / 49
　　第三节　中国贫困治理研究的主要视角 / 51
　　　　一、发展经济学视角下的亲贫性增长 / 52
　　　　二、行政主导视角下的瞄准式扶贫 / 53
　　　　三、社会政策视角下的社会保障与基本公共服务供给 / 54
　　　　四、参与式发展视角下的社区赋权 / 55
　　　　五、社会建设视角下的基层党建扶贫 / 56
　　　　六、简要评述 / 57

第三章　最低生活保障制度与扶贫开发政策的演进与比较 / 61
　　第一节　最低生活保障制度的历史演进 / 61
　　　　一、城市居民最低生活保障制度的历史演进 / 61
　　　　二、农村居民最低生活保障制度的历史演进 / 66
　　　　三、广东省最低生活保障制度的历史演进 / 68
　　第二节　扶贫开发政策的历史演进与广东实践 / 70
　　　　一、体制性扶贫阶段 / 71
　　　　二、开发式扶贫阶段 / 72
　　　　三、大扶贫格局阶段 / 74
　　　　四、精准扶贫阶段 / 76
　　第三节　最低生活保障制度与扶贫开发政策的比较 / 78
　　　　一、政策目标 / 80
　　　　二、贫困标准 / 81
　　　　三、贫困识别 / 82
　　　　四、政策构成 / 83
　　　　五、政策主体 / 84

第四章　江门市探索相对贫困治理长效机制的实践过程 / 86
　　第一节　江门市探索相对贫困治理长效机制的背景与阶段 / 86
　　　　一、江门市市情简介 / 86
　　　　二、江门市脱贫攻坚期的贫困规模 / 89
　　　　三、江门市探索相对贫困治理的主要阶段 / 91

第二节 开场：从"两线分离"到"两线合一" / 98
　一、"两线合一"改革的主要内容 / 98
　二、"两线合一"改革存在的不足 / 103
第三节 高潮：低收入人口识别与帮扶 / 106
　一、创新低收入人口识别方法 / 107
　二、确定低收入人口对象范围 / 109
　三、建立低收入人口大数据库 / 111
第四节 结局：相对贫困人口帮扶改革 / 113
　一、相对贫困人口识别机制 / 113
　二、相对贫困人口对象范围 / 118
　三、相对贫困人口帮扶措施 / 119

第五章 相对贫困治理试点的恩平实践 / 122
　第一节 创新低收入对象识别机制 / 123
　　一、低收入对象识别机制的确立 / 123
　　二、低收入对象的规模与识别结果 / 124
　第二节 分类实施精准帮扶政策 / 127
　　一、打造"造血式"帮扶机制 / 127
　　二、全面提升民生保障水平 / 130

第六章 江门市相对贫困瞄准的机制创新 / 135
　第一节 江门市相对贫困瞄准的测量体系 / 135
　　一、数据来源 / 135
　　二、代理家计调查回归模型的设计 / 136
　　三、代理家计调查模型的回归结果 / 138
　　四、相对贫困人口识别指标体系的构建 / 147
　第二节 江门市相对贫困瞄准的指标校正 / 153
　　一、收入差额 / 154
　　二、家庭结构 / 154
　　三、住房条件 / 155
　　四、生产生活资料 / 156
　第三节 江门市相对贫困发生率的备选方案与瞄准结果 / 158

一、数据来源与数据分析 / 158
　　二、不同相对贫困发生率下瞄准结果的差异 / 161

第七章　江门市相对贫困治理目标群体的瞄准 / 167
　第一节　江门市相对贫困治理中的边缘贫困群体 / 167
　　一、边缘贫困群体的定义 / 168
　　二、边缘贫困群体的特征解析 / 169
　　三、典型案例 / 174
　第二节　江门市相对贫困治理中的潜在返贫对象 / 177
　　一、潜在返贫对象的定义 / 178
　　二、潜在返贫对象的特征解析 / 179
　　三、典型案例 / 182
　第三节　江门市相对贫困治理中的稳定脱贫对象 / 185
　　一、稳定脱贫对象的定义 / 185
　　二、稳定脱贫对象的特征解析 / 186
　　三、典型案例 / 191

第八章　江门市相对贫困治理探索中的信息技术应用 / 196
　第一节　实时掌控人口分布，避免粗放扶贫 / 196
　　一、总体视野，全时域统筹 / 197
　　二、聚焦局部，精细化管理 / 198
　第二节　精准把脉致贫源头，落实分类施策 / 200
　　一、搭建系统结构 / 201
　　二、构建有效样本 / 202
　　三、建立政策分流框架体系 / 203
　第三节　部门之间开放数据，增进协同治贫 / 205
　　一、部门间合作，形成政策合力 / 205
　　二、动态化管理，保障边缘群体 / 206

第九章　江门市探索相对贫困治理长效机制的基本经验 / 208
　第一节　江门市相对贫困治理的整体性机制 / 210
　　一、政府主导 / 210
　　二、市场促进 / 219

三、社会参与 / 223

　第二节　江门市相对贫困治理的发展性机制 / 227

　　　一、完善农村基础设施建设 / 227

　　　二、提升公共服务供给能力 / 228

　　　三、完善社会保障体系建设 / 230

　第三节　江门市相对贫困治理的政策整合机制 / 232

　　　一、目标群体的整合 / 232

　　　二、帮扶政策的整合 / 234

　　　三、帮扶资源的整合 / 236

　第四节　江门市相对贫困治理的内生动力机制 / 238

　　　一、挖掘培育脱贫典型 / 239

　　　二、激发产业主体能力 / 243

　　　三、激发就业主体能力 / 244

第十章　总结与讨论 / 247

　第一节　总结：江门市相对贫困治理探索实践的价值 / 247

　　　一、创新贫困人口识别方法，增进精准识别的科学性 / 247

　　　二、注重职能部门协同扶贫，提升精准帮扶的整体性 / 248

　　　三、探索建立四大长效机制，保障贫困治理的有效性 / 249

　第二节　讨论：走向更具整体性的相对贫困治理 / 251

　　　一、从重视绝对贫困治理转向缓解相对贫困治理 / 251

　　　二、强化社会救助与脱贫攻坚有效衔接 / 253

附　录 / 256

　　　附录1　2019年江门市城镇低收入对象识别指标体系 / 256

　　　附录2　2019年江门市农村低收入对象识别指标体系 / 264

　　　附录3　江门市城乡低收入人口政策分流框架设计 / 273

参考文献 / 282

后　记 / 297

第一章 导 论

第一节 中国贫困治理的特点与成效

贫困问题一直困扰并伴随着人类社会的发展,是世界各国和国际社会面临的最严峻的挑战之一。作为人类的共同使命,消除贫困、改善民生、逐步实现共同富裕,是社会主义的本质要求,是我们党的重要使命。[①] 在我国的反贫困斗争中,扶贫开发政策与社会救助制度是两项重要的制度安排。扶贫开发政策有助于提升有劳动能力的贫困人口走出"贫困陷阱"的可能性,社会救助制度则可以兜底没有劳动能力的贫困人口的基本生活。

一、扶贫开发政策的特点与成效

改革开放以来,因应不同时期贫困人口的特点,我国扶贫开发大体经历了以下四个阶段:体制性扶贫阶段、开发式扶贫制度化阶段、大扶贫格局阶段、精准扶贫阶段。从扶贫开发工作实践来看,具有以下特点。

第一,扶贫开发是各级党和政府的重大政治任务。党和政府一直致力于改变中国贫穷落后的面貌和增进人民福祉,特别是党的十八大以来,以习近平同志为核心的党中央高度重视贫困治理工作。习近平总书记多次就减贫工作发表重要讲话,并且创造性地提出了精准扶贫的重要思想。贫困

[①] 习近平:《谋划好"十三五"时期扶贫开发工作 确保农村贫困人口到2020年如期脱贫》,见中国政府网(http://www.gov.cn/xinwen/2015-06/19/content_2882043.htm),2015年6月19日。

治理已成为国家治理体系和治理能力现代化的重要内容。

第二,重视扶贫开发中的政治问责。政治问责是打好脱贫攻坚战的政治基础。习近平总书记在 2015 年中央扶贫工作会议上提出,要层层签订脱贫攻坚责任书、立下军令状。一方面,扶贫脱贫成绩成为选拔任用干部的重要依据;另一方面,扶贫脱贫过程中实施较为严格的督查问责。在扶贫中强调政治问责,意味着对领导干部的绩效考核不是单纯地以经济增长为主,而是经济增长和民生事业并重。这就要求在脱贫攻坚这项政治任务中各级党员干部履职尽责,全力做好真脱贫,而不是让脱贫攻坚流于形式主义和官僚主义。

第三,扶贫开发具有坚实的组织基础。扶贫开发工作虽然在职能分工上属于各级扶贫办,但是扶贫开发实践却有着更加广泛的组织基础。这个组织基础主要是指由五级行政体系和五级党组织共同形成的治贫组织管理模式。前者指中央、省、市、县、乡五级行政体系加村民委员会的行政治理格局;后者指在"中央统筹、省负总责、市县抓落实"的工作机制下,实行省、市、县、乡和村五级书记抓扶贫的责任体系。此外,私营企业、国有企业、事业单位、社会组织等多元主体也通过多种方式参与扶贫开发工作。

第四,形成了综合性的扶贫政策体系。在扶贫开发工作中,形成了包含"专项扶贫、行业扶贫、社会扶贫"的大扶贫格局及其政策体系。其中,专项扶贫着力于扶贫项目的实施,衍生出异地搬迁、整村推进、老区建设、就业促进、教育扶贫、健康扶贫、残疾人扶贫、生态保护扶贫、集中连片地区扶贫等一系列针对性的扶贫政策;行业扶贫以政府部门职能为基础,产生了科技扶贫、旅游扶贫、电商扶贫、网络扶贫、金融扶贫、水利扶贫、交通扶贫、资产收益扶贫、农业扶贫、林业扶贫、渔业扶贫等子政策;社会扶贫不仅体现在国内多元社会团体力量的介入上,也重视国际组织参与中国减贫事业,如定点扶贫、企业帮扶、法律援助、国际合作、东西部扶贫协作、社会组织与志愿者帮扶等。[①]

[①] 张腾、蓝志勇、秦强:《中国改革四十年的扶贫成就与未来的新挑战》,《公共管理学报》2018 年第 4 期。

从以上特点不难看出党和政府对扶贫开发工作的重视，可以说，扶贫开发"是中国'集中力量办大事'的国家治理体制的集中体现"①。国家统计局数据显示：按照1978年制定的农村绝对贫困标准测算，我国贫困人口从1978年的25000万人下降至2007年的1479万人，贫困发生率从1978年的30.7%下降至2007年的1.6%；按照2008年的贫困标准测算，我国贫困人口从2000年的9422万人下降至2010年的2688万人，贫困发生率则从2000年的10.2%下降至2010年的2.8%；按照2011年的贫困标准测算，我国农村贫困人口从2012年年末的9899万人减少到了2019年年末的551万人，累积减贫9348万人，累积减贫幅度达到94.4%，贫困发生率从10.2%降到了0.6%。②虽然脱贫攻坚的难度在不断加大，但在2012年至2019年间，连续8年，我国每年减贫规模均在1000万人以上。2021年2月25日，习近平总书记庄严宣告："我国脱贫攻坚战取得全面胜利。"这意味着在现行标准下，我国9899万农村贫困人口全部脱贫。

除了农村贫困人口大规模减少以外，全国贫困县也已实现全部脱贫摘帽。2016年，9个省（市）的28个贫困县申请脱贫摘帽，我国贫困县数量历史首次净减少。③ 到了2020年12月，国务院扶贫办确定的全国832个贫困县已全部脱贫摘帽。④ 这标志着我国消除了区域性整体贫困，实现以县为单位全面建成小康社会的战略目标。此外，贫困地区⑤农村居民收

---

① 王雨磊、苏杨：《中国的脱贫奇迹何以造就？——中国扶贫的精准行政模式及其国家治理体制基础》，《管理世界》2020年第4期。

② 国家统计局：《中国统计年鉴（2020）》，http://www.stats.gov.cn/tjsj/ndsj/2020/indexch.htm，2021年6月11日。国家统计局：《2019年国民经济和社会发展统计公报》，2020年2月28日，http://www.stats.gov.cn/tjsj/zxfb/202002/t20200228_1728913.html，2021年6月11日。

③ 国务院扶贫办：《贫困县数量历史首次净减少》，2017年11月1日，http://cn.chinagate.cn/news/2017-11/01/content_50049917.htm，2021年6月11日。

④ 《全国832个贫困县已全部脱贫摘帽》，2020年11月24日，http://yuqing.people.com.cn/n1/2020/1124/c209043-31941928.html，2021年6月11日。

⑤ 贫困地区指集中连片特困地区和片区外的国家扶贫开发工作重点县，共832个县。

入的稳步增长、生活质量的全面提高、基础设施和公共服务的明显改善[①]等,均表明我国脱贫攻坚取得了明显成效。以人均可支配收入为例,2019年,贫困地区农村居民人均可支配收入增长至11567元,是2012年的2.22倍;[②] 2020年,贫困人口较多的广西、四川、贵州、云南、甘肃、宁夏、新疆七个省(区)农村居民人均可支配收入名义增速均高于全国农村居民增速0.2～1.7个百分点。[③]

二、社会救助制度的特点与成效

改革开放以来,社会救助制度的演进主要经历了以下四个阶段:社会救助制度建设进入发展轨道(1978—1992年)、社会救助体系的基础开始形成(1992—2007年)、社会救助体系的临时救助制度得以完善(2007—2014年)、社会救助体系进入整合和优化发展阶段(2014—2020年)。[④]与扶贫开发政策相比,社会救助政策发展的关键节点有所差别。在扶贫开发政策中,1985年和2012年是两个重要年份:1985年中国开始从国家层面出台扶贫政策;2012年中共十八大以后,中国扶贫进入新阶段,开始实施精准扶贫脱贫攻坚战略。[⑤]而在社会救助政策中,1978年和2007年是两个重要的时间节点:1978年民政部成立后设立农村社会救济司、城市社会福利司,标志着全国社会救助主管部门的成立;2007年农村低保制度建立后,作为社会救助基础和核心的低保制度开始在全国城乡普遍实施。

---

① 汪三贵、冯紫曦:《脱贫攻坚与乡村振兴有机衔接:逻辑关系、内涵与重点内容》,《南京农业大学学报(社会科学版)》2019年第5期。王小林、张晓颖:《迈向2030:中国减贫与全球贫困治理》,社会科学文献出版社2017年版。
② 方晓丹:《从居民收支看全面建成小康社会成就》,2020年7月27日,http://www.stats.gov.cn/tjsj/sjjd/202007/t20200727_1778643.html,2021年6月11日。
③ 宁吉喆:《国家统计局局长就2020年全年国民经济运行情况答记者问》,2021年1月18日,http://www.stats.gov.cn/tjsj/sjjd/202101/t20210118_1812480.html,2021年6月11日。
④ 林闽钢:《我国社会救助体系发展四十年:回顾与前瞻》,《北京行政学院学报》2018年第5期。
⑤ 燕继荣:《反贫困与国家治理——中国"脱贫攻坚"的创新意义》,《管理世界》2020年第4期。

第一章 导论

从社会救助制度体系设计来看,它最重要的特点是形成了多层次的政策保障体系。以 2014 年 5 月 1 日《社会救助暂行办法》的颁布实施为标志,我国初步构建了包括城乡低保、特困人员供养、受灾人员救助、医疗救助、教育救助、住房救助、就业救助、临时救助八项救助制度和社会力量参与在内的综合性社会救助体系框架,困难群众基本生活得到制度性保障。[①] 其中,城乡低保、特困人员供养、受灾人员救助、医疗救助、教育救助、住房救助、就业救助侧重于解决困难群众的专项帮扶问题;临时救助重在"救急难",解决困难群众的突发性、临时性和紧迫性问题。

社会救助主体多元化是社会救助制度的另一个重要特征。除了民政部门这一社会救助制度的主管部门外,应急管理、卫生健康、教育、住房和城乡建设、人力资源与社会保障、医疗保障等部门也是重要的参与主体。在政府主体(党政机关)之外,社会力量参与社会救助也越来越普遍。在《社会救助暂行办法》首次正式提出社会力量参与社会救助后,2015 年 5 月,民政部发布《关于加快推进社会救助领域社会工作发展的意见》。2017 年 9 月,民政部发布《关于积极推行政府购买服务加强基层社会救助经办服务能力的意见》,进一步明确了政府向社会力量购买社会救助服务的方式、社会力量参与社会救助的方式,以及社会力量能够获得何种政府支持。其中,政府向社会力量购买社会救助服务包括委托、承包和采购三种方式;社会力量通过提供志愿服务、设立帮扶项目、创新服务机构、捐赠等方式参与社会救助;在参与社会救助过程中,社会力量可以获得政府的信息支持,以及财政补贴、税收优惠、费用减免等政策支持。

在社会救助制度建设日益完善的同时,社会救助财政投入的绝对值也出现了明显的持续增长。表 1 - 1 - 1 中的数据显示,在 2003 年,社会救助支出为 153.1 亿元。到了 2016 年,社会救助支出为 2492.8 亿元。十余年间,社会救助支出的绝对值增加了近 2340 亿元。从社会救助支出占全国财政支出的比例来看,2003 年社会救助支出占全国财政支出的比例为

---

① 岳经纶、刘喜堂、李琴:《当代中国社会救助制度:机遇与挑战》,人民出版社 2016 年版。

0.62%，此后该比例一直处于上升状态，直至增加到 2011 年的 1.62%。虽然自 2012 年开始，社会救助支出占全国财政支出的比例开始处于下降状态，减少到 2016 年的 1.33%，但结合表 1-1-2 中低保人数持续减少和表 1-1-1 中社会救助支出持续增加的数据可以看出，我国社会救助的保障水平在稳步提高。

表 1-1-1 社会救助资金支出情况（2003—2016 年）（单位：亿元）

年份	社会救助支出	全国财政支出	所占比例（%）	年份	社会救助支出	全国财政支出	所占比例（%）
2003	153.1	24649.95	0.62	2010	1302.0	89874.16	1.45
2004	223.6	28486.89	0.78	2011	1766.3	109247.79	1.62
2005	279.6	33930.28	0.82	2012	1866.1	125952.97	1.48
2006	372.0	40422.73	0.92	2013	2172.4	140212.10	1.55
2007	509.7	49781.35	1.02	2014	2197.5	151785.56	1.45
2008	806.7	62592.66	1.29	2015	2347.4	175877.77	1.33
2009	1098.1	76299.93	1.44	2016	2492.8	187755.21	1.33

数据来源：① 社会救助支出数据来源于中国知网《中国民政统计年鉴（2017）》，https://data.cnki.net/yearbook/Single/N2017110010，2021 年 6 月 11 日；② 全国财政支出数据来源于中国知网《中国统计年鉴（2017）》，https://data.cnki.net/Yearbook/Single/N2017100312，2021 年 6 月 11 日。

社会救助支出投入有效地保障了大规模贫困人口的基本生活。以社会救助对象中的低保对象为例（见表 1-1-2），自 2007 年以来，城乡低保对象人数一直保持在 4000 万人以上。特别是在城乡低保制度创建之初，城乡低保对象人数出现了快速增长，从 2007 年的 5838.4 万人持续增加到了 2011 年的 7582.5 万人。虽然自 2011 年开始受到瞄准精度提升的影响，城乡低保对象人数逐渐下降至 2020 年的 4426 万人，但是低保政策覆盖的贫困人口规模依然较为庞大。如果再加上特困人员救助供养，以及医疗救助、教育救助、就业救助等专项救助人次与人数，我国社会救助制度在保障贫困人口基本生活方面的作用就更加明显了。

表 1-1-2 城乡低保对象规模情况（2007—2020）（单位：万人）

年份	城乡低保对象规模	年份	城乡低保对象规模
2007	5838.4	2014	7084.0
2008	6640.3	2015	6604.7
2009	7105.6	2016	6066.7
2010	7524.5	2017	5306.2
2011	7582.5	2018	4526.1
2012	7488.0	2019	4316.3
2013	7452.0	2020	4426.0

数据来源：① 2007 年至 2019 年数据来源于国家统计局《中国统计年鉴（2020）》，http://www.stats.gov.cn/tjsj/ndsj/2020/indexch.htm，2021 年 6 月 11 日；② 2020 年数据来源于国家统计局数据，https://data.stats.gov.cn/easyquery.htm?cn=C01，2021 年 8 月 11 日。

第二节　中国贫困治理现状的反思与面临的新形势

一、中国贫困治理现状的反思

（一）"运动式"扶贫困境

扶贫是我国政府长期以来的一项重要任务，但是在提出 2020 年全面脱贫的任务之前的一段时期，扶贫工作没有成为政府的中心任务，在一些注重发展经济的地方，扶贫部门的地位甚至是边缘化的。[1] 随着精准扶贫战略的实施，面对需要消除绝对贫困和确保脱贫攻坚目标如期实现的压力，扶贫工作在政府中的地位也迅速上升。

---

[1] 许汉泽、李小云：《精准扶贫：理论基础、实践困境与路径选择——基于云南两大贫困县的调研》，《探索与争鸣》2018 年第 2 期。

有研究者指出，随着脱贫成为我国政府的一项重要政治责任与政治任务，我国的扶贫工作具有鲜明的"压力型""项目制"以及"运动式"治理特点。[1]"运动式"治理的最大特点就在于，为了超越科层制的组织失败和危机而用政治动员替代科层制的常规过程，从而达到纠偏、规范边界的目的。[2] 在扶贫实践中，由于村干部的自利性、获得项目信息与权力的"差序格局"、农民分化与需求差异、项目配套资金对贫困村庄与群体的排斥、社区精英被扶贫项目俘获、缺乏集体行动等多个原因，扶贫工作很容易出现目标偏离的问题，从而导致扶贫工作的"内卷化"，使得扶贫投入没有带来成比例的脱贫效果，造成目标对象对扶贫项目和政府权威的不信任增加，反而拉大了群体与阶层间的贫富差距。[3] 来自政治及社会的压力也倒逼着地方政府重视因推卸责任、僵化服从与模糊治理等科层制惰性造成的诸多问题，运用"运动式"治理的手段调动各类资源和力量再造扶贫组织结构、识别流程等方面，从而实现扶贫政策的纠偏和扶贫机制的创新。[4] 这种再造包括"领导小组"、扶贫管理的任务——目标取向、对口支援、定向扶贫等多种形式。[5]

尽管这种"运动式"扶贫在一定程度上可以修正常规治理产生的部分弊端，但是它也面临着明显的困境。

一方面，短期内"下猛药"的负面影响明显。虽然这种常用于完成基层政府中心工作的基层"运动式"治理相比于国家层面"运动式"治理而言是一种更常规的而非任意发动的行政机制[6]，但是因为缺乏制度保障，这种扶贫方式依然可能带来急于求成的弊病，且容易引发目标偏离。同

---

[1] 郑吉峰：《困境与超越：扶贫工作的政治学分析》，《吉首大学学报（社会科学版）》2018年第2期。
[2] 周雪光：《运动型治理机制：中国国家治理的制度逻辑再思考》，《开放时代》2012年第9期。
[3] 邢成举：《村庄视角的扶贫项目目标偏离与"内卷化"分析》，《江汉学术》2015年第5期。
[4] 金江峰：《倒逼与反倒逼：精准扶贫中的国家与社会关系》，《西北农林科技大学学报（社会科学版）》2019年第1期。
[5] 林雪霏：《扶贫场域内科层组织的制度弹性——基于广西L县扶贫实践的研究》，《公共管理学报》2014年第1期。
[6] 欧阳静：《论基层运动型治理——兼与周雪光等商榷》，《开放时代》2014年第6期。

第一章 导论

时，扶贫工作对于驻村扶贫干部晋升的重要影响又让前者带上了政治锦标赛的色彩，从而导致地方政府不仅可能在脱贫指标上存在激进的"自我加码"做法，造成重视数量而忽视质量的偏向，而且"脱贫锦标赛"将财政等资源大幅向贫困治理领域倾斜的举措也只能在较短时期内凸显脱贫成果①，不符合地方政府长期、科学的资源配置要求，具有不可持续性。

另一方面，扶贫任务强大的政治压力与基层政府治理能力的有限性之间的矛盾又可能使得官员选择策略性扶贫，甚至虚假扶贫。很多地方政府为了强化官员责任而选择使用"扶贫军令状"，面对基层权责不匹配、治理资源有限以及压力型体制下扶贫工作严格考核的要求，基层政府需要在其中找到平衡，既要完成任务以满足上级检查，又不能简单地完全遵循上级要求行事②，因而出现了诸如"精心应付"③"数字脱贫"与"文本脱贫"，以及用大量资源包装出少数"示范点"应对考核验收④的问题。事实上，部分地方扶贫工作中存在着比较突出的官僚主义、形式主义问题，有的区县通过"精巧"的算账填表、玩数字游戏的方式，让当地贫困户虚假脱贫。比如，故意夸大贫困户的种养殖规模，将种1亩辣椒写成5亩辣椒，养3头猪写成10头猪，从而变相地给贫困户们"涨收入"，实现"纸上脱贫"任务的达标。⑤ 这种表面功夫、形式主义不仅损害了人民群众的切实利益，阻碍了脱贫攻坚事业和实现全面小康的步伐与进程，而且也损害了党和国家的形象，以及政府的公信力。

因此，尽管官方曾以比较积极的视角看待"扶贫军令状"，认为它具有明确领导干部责任的优点，却也指出了重压之下有些人可能仅仅通过

---

① 王刚、白浩然：《脱贫锦标赛：地方贫困治理的一个分析框架》，《公共管理学报》2018年第1期。
② 雷望红：《论精准扶贫政策的不精准执行》，《西北农林科技大学学报（社会科学版）》2017年第1期。
③ 魏程琳、赵晓峰：《常规治理、运动式治理与中国扶贫实践》，《中国农业大学学报（社会科学版）》2018年第5期。
④ 邢成举：《压力型体制下的"扶贫军令状"与贫困治理中的政府失灵》，《南京农业大学学报（社会科学版）》2016年第5期。
⑤ 《1亩辣椒当5亩 无中生有贫困户"被脱贫"》，2018年1月19日，https://www.cqrb.cn/content/2018-01/19/content_138663.html。

"纸上扶贫"或"以点代面"等手段假装完成任务。① 为此，习近平总书记多次强调了扶贫工作中"欲速则不达"的道理。2016年7月20日，习近平总书记在东西部扶贫协作座谈会上的讲话中指出："打赢脱贫攻坚战不是搞运动、一阵风，要真扶贫、扶真贫、真脱贫。要经得起历史检验。"② 2017年2月21日，习近平总书记在十八届中央政治局第三十九次集体学习时的讲话中明确指出："有条件的地方可以提前完成，但要量力而行、真实可靠、保证质量，不要勉为其难、层层加码，要防止急躁症，警惕'大跃进'，确保脱贫质量。"③ 2017年6月23日，他在深度贫困地区脱贫攻坚座谈会上又一次指出："脱贫攻坚工作要实打实干，一切工作都要落实到为贫困群众解决实际问题上，切实防止形式主义，不能搞花拳绣腿，不能搞繁文缛节，不能做表面文章。"④

（二）脱贫人口再返贫

扶贫工作的另一个急需解决的难题是返贫问题。全国"已脱贫人口中有近200万人存在返贫风险，边缘人口中还有近300万人存在致贫风险"⑤。贫困对象脱贫以后，如何巩固脱贫成果是一个非常值得重视的议题。2020年3月6日，习近平总书记在决战决胜脱贫攻坚座谈会上的讲话中指出，对这共计近500万存在返贫风险、致贫风险的人群实施针对性预防措施，及时将返贫人口和致贫人口纳入帮扶，是我国巩固脱贫攻坚成果的重要举措之一。⑥

有研究发现，部分基层干部因为担忧脱贫后支持政策和项目资金会减

---

① 熊建：《扶贫军令状专治不认账》，《人民日报》2015年12月2日，第12版。
② "历史性的跨越 新奋斗的起点——习近平总书记关于打赢脱贫攻坚战重要论述综述"，《人民日报》2021年2月24日，第3版。
③ "历史性的跨越 新奋斗的起点——习近平总书记关于打赢脱贫攻坚战重要论述综述"，《人民日报》2021年2月24日，第3版。
④ "历史性的跨越 新奋斗的起点——习近平总书记关于打赢脱贫攻坚战重要论述综述"，《人民日报》2021年2月24日，第3版。
⑤ 《筑牢脱贫攻坚兜底保障的坚固防线》，2020年3月27日，http://rmfp.people.com.cn/n1/2020/0327/c406725-31650649.html。
⑥ 《习近平在决战决胜脱贫攻坚座谈会上的讲话》，2020年3月9日，http://dangjian.people.com.cn/n1/2020/0309/c117092-31622831.html。

少，而贫困边缘人口的抗风险能力又很差，可能再次陷入贫困，因而没有很高的积极性去脱贫摘帽。① 还有研究认为，我国脱贫人口的自我发展能力还较为脆弱，脱贫能力尚不稳定，仍比较依赖国家现有的财政支持、专项政策和驻村帮扶等措施，而非建档立卡的贫困线边缘人群同样依靠着诸如小额信贷等许多攻坚期的帮扶政策，一旦这些政策在未来终止或减弱，很可能致使这部分人群陷入贫困。② 这一观点体现出对部分贫困户和低收入人群还未具备独立、稳定的脱贫能力的担忧，也反映出现有帮扶政策在提升上述群体抗风险能力方面仍存在一定不足之处，因而造成政策支持削减或停止后返贫风险的增加。

除了上述常见返贫原因外，已有研究对我国的农村返贫问题进行了更为细致的研究和分类，将返贫现象的产生归纳为外部环境因素与贫困人口自身因素两个层面。如有研究将返贫归因于可持续发展机制的缺失③，认为返贫根源在于贫困人口主体综合素质得不到提高、外部经济社会环境不平等以及贫困地区恶劣的自然生态环境得不到持续治理④；有研究对返贫类型进行了分类，划分出政策性返贫、能力缺失返贫、环境返贫及发展型返贫⑤；还有研究根据不同返贫原因进行了更细致的划分，如因丧失财富生产自主能力与自主意愿而产生的"断血式返贫"，由社会消极心理的干预导致的"狩猎式返贫"，原有政策激励失效导致的"失敏性返贫"，因社会角色与身份变迁而引发自我调适失败所产生的"转移性返贫"，以及在家族内部传递贫困的"传递性返贫"。⑥

由上可知，贫困人口的抗风险能力较低，在外部环境因素与贫困人口自身因素的作用下陷入贫困的风险非常大。这也是为什么我国在扶贫实践

---

① 陈晓兰、沙万强、贺立龙：《当前扶贫开发工作面临的问题及政策建议——来自四川省广元市苍溪县的调查报告》，《农村经济》2016年第1期。
② 燕继荣、王禹澔：《保障济贫与发展脱贫的主题变奏——中国反贫困发展与展望》，《南京农业大学学报（社会科学版）》2020年第4期。
③ 罗利丽：《农村贫困人口反弹与可持续性发展机制的缺失》，《贵州社会科学》2008年第12期。
④ 丁军、陈标平：《构建可持续扶贫模式治理农村返贫顽疾》，《社会科学》2010年第1期。
⑤ 郑瑞强、曹国庆：《脱贫人口返贫：影响因素、作用机制与风险控制》，《农林经济管理学报》2016年第6期。
⑥ 何华征、盛德荣：《论农村返贫模式及其阻断机制》，《现代经济探讨》2017年第7期。

中除了对贫困户给予物质援助外，还十分注重贫困人口的意识和思想贫困问题，并为贫困人口创造有利于摆脱贫困的外部环境。为了防止脱贫即返贫，解决扶贫干部和贫困群众的后顾之忧，习近平总书记在主持召开解决"两不愁三保障"突出问题座谈会时强调，贫困县摘帽后还要落实"四不摘"，即"摘帽不摘责任""摘帽不摘政策""摘帽不摘帮扶""摘帽不摘监管"①，保持脱贫攻坚政策稳定。

（三）贫困陷阱

自20世纪80年代我国确定的358个国家级贫困县，到2012年国家扶贫开发工作重点县调整的时候，绝大部分仍是国家扶贫开发工作重点县。②也就是说，这些区域的贫困状态持续了快30年，一直无法走出贫困陷阱。

所谓"贫困陷阱"，通常是指处于贫困状态的个人、家庭、群体、区域等主体或单元因贫困而不断产生贫困，长期处于贫困恶性循环中而难以自拔。③ 其形成的机制主要有以下三种④：第一，临界门槛效应机制，即认为对人力或物质等资本的投资需超越一定门槛后，经济机制才会发挥作用，否则就是无效的，而国家、地区、个人面临的门槛与其所处政治、经济、文化等多种环境密切有关。第二，制度失灵机制，即因原有的权力、财富、公共产品等资源的分配制度导致了分配不公，以及产权保护制度的缺失而产生了长期贫困。第三，邻里效应机制，即群体内成员之间的相互影响作用，如在有些地区的贫困人群中产生的嘲笑"外出闯荡"或忽视教育的文化将影响个体的行动，最终使该地区的人口难以脱贫，这种机制也被我国部分学者称为"文化贫困陷阱"⑤。

---

① 《习近平在解决"两不愁三保障"突出问题座谈会上的讲话》，2019年8月15日，http://jhsjk.people.cn/article/31298180，2021年6月11日。

② 郑长德：《贫困陷阱、发展援助与集中连片特困地区的减贫与发展》，《西南民族大学学报（人文社会科学版）》2017年第1期。

③ 鹿永华、辛德树：《浅谈"贫困陷阱"与新农村建设问题》，《农业经济》2008年第1期。

④ 习明明、郭熙保：《贫困陷阱理论研究的最新进展》，《经济学动态》2012年第3期。

⑤ 陈前恒、方航：《打破"文化贫困陷阱"的路径——基于贫困地区农村公共文化建设的调研》，《图书馆论坛》2017年第6期；李小云：《冲破"贫困陷阱"：深度贫困地区的脱贫攻坚》，《人民论坛·学术前沿》2018年第14期。

已有研究针对我国的贫困陷阱进行了实证研究。有学者在研究气候变化影响下内蒙古敖登嘎查的贫富分化时发现，当地贫困牧户甚至许多中等收入牧户抗风险的能力都不高，而遇到灾害时更是因缺乏从外界获得支持的能力而陷入贫困陷阱，仅仅依靠项目补贴很难达成减贫目标。[1] 对重庆农村低保和扶贫对象动态管理机制的研究发现，低保和扶贫资金功能具有有限性，贫困对象自身"造血"能力薄弱，导致其挣扎于贫困线上。[2] 对贵州麻山地区代化镇的贫困状况的研究发现，当地所存在的环境要素制约型贫困陷阱、物质资本因素制约型贫困陷阱、基础设施因素制约型贫困陷阱，以及人口因素制约型贫困陷阱，从多方面限制了贫困人口脱贫，而且这些贫困陷阱甚至还形成了一条循环的链扣，造成麻山地区长期深陷贫困不能自拔。[3] 除了农村地区外，我国城市居民最低生活保障制度中也存在贫困陷阱问题。[4]

（四）多维贫困

贫困的定义及其测量反映了决策者对其所在地区的贫困认知，影响着后续反贫困政策的制定与执行，尤其将决定哪类（些）贫困人口属于政策目标群体。基于收入贫困这一单维贫困定义而建立的"贫困线"是一种被广泛使用的方法，但是，学术界和实务界也意识到单纯提高贫困人口的收入并不能确保贫困问题的解决，仅仅从收入贫困这一个维度切入也无法全面掌握复杂的贫困问题，贫困的定义和测量应该是多维度的。

收入贫困线具有原理简单清晰、标准相对客观、容易制定贫困线政策等优点，但是其局限性也同样明显。例如，实际操作中，由于农村劳动者和城市灵活就业者、非正规就业者收入的模糊性，有关部门难以进行准确

---

[1] 张倩：《贫困陷阱与精英捕获：气候变化影响下内蒙古牧区的贫富分化》，《学海》2014年第5期。
[2] 杜毅、肖云：《农村低保和扶贫对象动态管理机制研究》，《西部论坛》2015年第4期。
[3] 王亮亮、杨意蕾：《贫困陷阱与贫困循环研究——以贵州麻山地区代化镇为例》，《中国农业资源与区划》2015年第2期。
[4] 白维军：《城市居民最低生活保障制度中的"贫困陷阱"研究——目标定位制下的负激励分析》，《西北人口》2010年第2期。

的收入监测与贫困识别。① 除此之外，它的一个默认前提是，人的一切需求都可以转换成价格通过市场得到满足，即人们能使用货币在市场上自由地购买自己所需要的产品和服务，从而改善自己的生活水平。收入贫困的逻辑遭到了部分学者的批评，如后来对多维贫困理论的形成产生重大影响的印度学者阿马蒂亚·森（Amartya Sen）。森认为，反贫困政策不能以减少收入贫困作为其终极动机，否则就是混淆了手段和目的，而需要更多地从人们实际享有的生活和拥有的自由去理解贫困。② 他还指出，贫困其实意味着贫困人口缺少获取和享有正常生活的可行能力；尽管低收入会限制人的可行能力，是贫困重要的诱发性条件，但是其他很多因素也会通过限制人的可行能力进而影响贫困状态。他还认为，收入对可行能力的影响也是随条件而变的，故以能力视角看待贫困比单纯从收入角度看待贫困更合理。③ 森的能力贫困理论催生了多维贫困理论，为后来的贫困研究者提供了很大的启发。

除了森之外，其他学者也各自提出了支持多维贫困理论的理由。王小林对这些意见进行了总结：第一，贫困者受到的剥夺是多方面的，且每一方面都很重要，因此测量贫困也应是多维的；第二，部分在其他维度陷入能力贫困的群体可能并不存在收入贫困问题，如国外学者们对越南、印度、秘鲁等国家贫困情况的研究表明，其中一部分人口存在多维贫困（如健康、教育等维度）却并无收入贫困的现象④；第三，收入贫困不能反映人在其他方面遭到的剥夺与排斥；第四，现有的人类发展指数（Human Development Index）包含的维度仍远不够；第五，多维贫困测量有利于政策找到优先干预的领域；第六，多维贫困可以对收入贫困进行补充，而非

---

① 李棉管：《技术难题、政治过程与文化结果——"瞄准偏差"的三种研究视角及其对中国"精准扶贫"的启示》，《社会学研究》2017年第1期。
② 阿马蒂亚·森：《以自由看待发展》，任赜、于真译，中国人民大学出版社2002年版，第89页。
③ 阿马蒂亚·森：《以自由看待发展》，任赜、于真译，中国人民大学出版社2002年版，第86页。
④ Le, H., Nguyen, C., & Phung, T., "Multidimensional poverty: evidence from Vietnam", *Economics Bulletin*, vol. 35, no. 4 (December 2015), pp. 2820-2831; Laderchi, C. R., Saith, R., & Stewart, F., "Does it matter that we do not agree on the definition of poverty? A comparison of four approaches," *Oxford development studies*, vol. 31, no. 3 (May 2003), pp. 243-274.

替代后者。①

在实践中,自 20 世纪 70 年代以来,多维贫困测量就在各个国家和地区的反贫困工作中渐渐兴起,诸如英国、菲律宾、墨西哥、南非等国家都非常具有代表性。② 在我国,多维贫困的标准也已在许多地区开始应用,如贵州威宁县迤那镇扶贫工作中总结出来的"四看法"(一看房,二看粮,三看劳动力强不强,四看家中有没有读书郎),而"两不愁三保障"更是直接体现了扶贫在多个指标上的要求,为我国多维扶贫工作提供了理论基础。③ 国内也有越来越多的研究者以多维贫困的视角去分析我国收入贫困与多维贫困人口的重叠情况,我国城乡、不同地区贫困人口在收入之外其他维度的贫困情况,收入与多维贫困的关系,以及不同维度的改善对摆脱贫困的效果差异等问题。

二、中国贫困治理面临的新形势

(一)与国际接轨的需要

贫困可分为绝对贫困和相对贫困,前者是根据实际生活水平是否达到了"最低生存需求"的水平加以确定。最早,英国管理学家西博姆·朗特里(Seebohm Rowntree)在其著作《贫困:城市生活的研究》(*Poverty: A Study of Town Life*)中开创性地从个体角度将贫困与维持生存的需求联系起来,提出用货币衡量维持人的基本生存需要的最低生活必需品,并制定贫困线。④ 绝对贫困主要体现的是人的基本生理需要难以得到满足,是一种低水平的生存状态。而在测量绝对贫困时人们通常使用"标准预算法"(又称"市场菜篮法"),由专家选择为了维持社会公认的最起码的生活水平所需要的必需品的种类及数量,再根据市场价格计算出所需的现金。绝

---

① 王小林:《贫困标准及全球贫困状况》,《经济研究参考》2012 年第 55 期。
② 丁建军:《多维贫困的理论基础、测度方法及实践进展》,《西部论坛》2014 年第 1 期。
③ 张琦、冯丹萌:《我国减贫实践探索及其理论创新:1978—2016 年》,《改革》2016 年第 4 期。
④ 张全红、周强:《多维贫困测量及述评》,《经济与管理》2014 年第 1 期。

对贫困的概念也招致了很多批评，英国贫困学者彼得·汤森（Peter Townsend）主要将其问题总结为两个方面：一是它忽视了人类物质需要之外的社会需要；二是计算"最低生存需求"的工作本身也是十分困难的，因为这常常与人们的社会角色、当地饮食习惯和食品的价格与可获得性紧密相关。①

所谓相对贫困，一般是指人们的生活需要与社会平均水平相比是否处于匮乏状态，这个概念的出现主要源于汤森的研究。汤森认为贫困不单纯是生活必需品（如食物）的缺乏，还包括参与社会生活等方面相较于他人处于一种匮乏状态②；这种匮乏状态导致处于该状态中的人们无法履行自己作为一般公民对社会的职能，从而使其被排斥在当地正常的社会生活之外。同样从"缺乏说"角度解释贫困的还有奥本海姆（Oppenheim），其认为贫困是在物质、情感、社会上处于一种匮乏状态，意味着在衣食上的开支低于平均水平。③ 可见，他们都强调一种以贫困者所在的社会的一般生活水平作为标准去看待贫困的观点，而不是将贫困的标准限定在维持人的基本生存上。

国内学者也尝试对相对贫困进行定义，他们认为相对贫困意味着这样一种状态："在当地特定的生产、生活条件下，在特定的经济社会发展约束下，个人或家庭获得的合法收入虽然可以维持家庭成员的基本生存性需求，但是无法满足当地条件下所认为的其他基本生活需求的状态。"④ 我们从中不难看出，这一定义吸收了"缺乏说"的思想。可以说，相对贫困与人的实际生活水平无关，而仅涉及一个社会中收入的差距，它通过与社会中其他非穷人进行比较来确定贫困，关注的是一种"不平等"。也就是说，即使在发达国家，也存在相对贫困。相比于绝对贫困，相对贫困是一种长期存在的状态，且具有较强的地域性和历史动态性。

---

① Townsend, P., *International analysis poverty*, New York：Harvester Wheatsheaf, 1993, p. 31.
② 唐钧：《社会政策的基本目标：从克服贫困到消除社会排斥》，《江苏社会科学》2002 年第 3 期。
③ 唐钧：《社会政策的基本目标：从克服贫困到消除社会排斥》，《江苏社会科学》2002 年第 3 期。
④ 邢成举、李小云：《相对贫困与新时代贫困治理机制的构建》，《改革》2019 年第 12 期。

至于相对贫困的测量，人们一般会对当地居民收入或消费的平均水平划定一个比例，该比例之下的就被认为处于相对贫困状态。例如，1976年，OECD（经济合作与发展组织）对其成员国进行了一次大规模调查后提出了一种贫困标准，将一个国家或地区社会中位收入或平均收入的50%（不同国家或地区的比例会有所不同）作为该国家或地区的贫困线。而世界银行设置了两条贫困线，包括1.9美元/天的"极端贫困线"（15个全球最穷国家的贫困标准的平均值）和"社会贫困线"，后者针对每个国家的经济发展水平而设计，标准高于"极端贫困线"。随着国家越来越富裕，消费水平中位数将增加，社会贫困线也随之提升。[1] 在欧洲，2002年颁布的欧洲社会指标把贫困线定在各国收入中位数的60%[2]，欧盟的各成员国则通常依据家庭收入是否低于中位数的50%或60%来衡量贫困。[3]

2018年，我国人均国民生产总值已达9700多美元，人均可支配收入达4200多美元[4]，已经迈入了中等偏上收入国家行列。按照世界银行发布的《贫困与共享繁荣报告2018：拼出贫困的拼图》（*Poverty and Shared Prosperity Report* 2018：*Piecing Together the Poverty Puzzle*）报告提出了三条贫困线：面向发展中国家的日均收入低于1.9美元的国际通用贫困线，以及面向中等收入国家的日均收入低于3.2美元的贫困线和低于5.5美元的贫困线。按照这个准则测量，我国在2015年的贫困率分别为0.7%、7.0%和27.2%[5]，差距极大。而从我国统计的数据来看，在2010年贫困

---

[1] The World Bank, Societal Poverty：A global measure of relative poverty, September 11, 2019, http://datatopics.worldbank.org/world-development-indicators/stories/societal-poverty-a-global-measure-of-relative-poverty.html, 2021-06-11.

[2] 顾昕：《贫困度量的国际探索与中国贫困线的确定》，《天津社会科学》2011年第1期。

[3] 鲜祖德、王萍萍、吴伟：《中国农村贫困标准与贫困监测》，《统计研究》2016年第9期。

[4] 赵同录：《经济运行稳中有进 发展质量不断提高》，2019年1月22日，http://www.stats.gov.cn/tjsj/sjjd/201901/t20190122_1646234.html，2021年6月11日；王有捐：《全国居民收入稳步增长 居民生活质量持续改善》，2019年1月22日，http://www.stats.gov.cn/tjsj/sjjd/201901/t20190122_1646262.html，2021年6月11日。

[5] The World Bank, *Poverty and shared prosperity report* 2018：*piecing together the poverty puzzle*, Washington, D.C.：World Bank, 2018, 转引自程蹊、陈全功《较高标准贫困线的确定：世界银行和美英澳的实践及启示》，《贵州社会科学》2019年第6期。

标准下，我国农村贫困发生率已从 2010 年的 17.2% 下降到 2018 年的 1.7%①。这一方面体现出我国在减贫事业方面取得了巨大的成就，另一方面也反映了随着我国社会经济的发展，当前的贫困标准在未来也必将不再适应我国的贫困治理需要，难以反映真实的贫困人口规模，故需要及时调整。在消除绝对贫困后采取适合我国国情的相对贫困标准，是基于我国经济发展变化与国际接轨的举措，有利于惠及更多贫困人群，在保障其生存权的基础上能更进一步保障其发展权。

（二）我国社会主要矛盾的变化

习近平总书记在党的十九大报告中指出，进入新时代，我国社会的主要矛盾已转化为人民日益增长的美好生活需要和不平衡不充分的发展之间的矛盾。"美好生活需要"包括了对民主、法治、公平、正义、安全、环境等多方面的需要，体现了人在精神、政治权利、价值等领域的需要。尽管如此，但最重要的需要还是体现在超越温饱之上的更高层次的物质文化需要，而这是绝对贫困理念下的扶贫标准所不能达到的。在实现全面小康后，我国贫困人口低层次的"吃饱穿暖"的生理需要及一部分安全需要得到普遍的基本满足，而其他更高层次的需要可能较以往更加鲜明地凸显出来，而且这些需要的种类也更为广泛和多样。例如，享受更好的医疗、教育等公共服务；劳动者权益能够得到更好的保障（如劳动报酬、劳动时长和强度、劳动环境、安全卫生条件等方面）；外来人口免受社会排斥，从而更好地融入城市；等等。但是，不平衡不充分的发展限制了人民美好生活需要的满足。这种发展的"不平衡"具体体现在很多方面，如区域发展的不平衡、城乡发展的不平衡、产业发展的不平衡，以及收入分配的不平衡等，而伴随这些不平衡的一个基本问题是相对贫困问题。

我国地区间的发展不平衡问题长期存在。《中国农村贫困监测报告（2019）》显示，按现行贫困标准测算，2018 年有 55.2% 的农村贫困人口集中在西部地区，而东部农村贫困人口仅占全国农村贫困人口数量的

---

① 国家统计局：《中国农村贫困监测报告（2019）》，中国统计出版社 2019 年版，第 296 页。

8.8%。① 2014年后，我国地区间发展水平呈现出新一轮的差距扩大趋势，各省人均 GDP 最高与最低之比在 2014 年为 3.9 倍，到 2017 年已扩大至 4.5 倍，而 2013 年至 2017 年间我国地区间的居民人均可支配收入的最大值与最小值之绝对差距扩大了 1.4 倍。② 有学者指出，这种差距不仅表现为在沿海和内陆地区之间，还表现在省域内中心与外围之间，以及城市群或都市圈与周边地区之间，呈现出十分复杂的内部景象。③

除区域发展不平衡外，我国城乡发展不平衡同样不可忽视。不过，近年来，随着国家加大对农村的投入，城乡收入差距已呈现出逐渐缩小的趋势。然而，城镇内部的"新二元结构"和农村内部的收入分化④表明，城镇与农村各自内部差距在不断扩大。绝对贫困的消除并没有从根本上改变我国现有贫困人口分布格局，原先的扶贫重点地区在未来依然需要投入大量资源进行重点支持。在原有差距尚且明显而新的差距业已产生的背景下，新的相对贫困标准的设立、实施、调整，以及与之相关的帮扶工作也面临着诸多挑战，例如，如何在兼顾地方特殊性与防止"碎片化"之间取得平衡，如何设立相对贫困线（如是基于收入、资产还是其他方面），如何考虑贫困标准提升所需包含的维度等。

此外，还应注意相对贫困中的特殊群体，例如，进城务工人员等流动人口。他们当中很多人是农村户口，按当地标准却不符合贫困人口的界定，很难享受农村扶贫或低保政策。然而，同时，由于户籍身份的限制，他们又无法享受城市的社会保障与福利。由于本身从事的职业薪资相对不高，加上城市对农村流动人口在资源、机会、文化等多方面存在着排斥现象，相对贫困在该类群体的收入、消费，以及居住、教育、医疗等权益上

---

① 国家统计局：《中国农村贫困监测报告（2019）》，中国统计出版社 2019 年版，第 15 页。
② 孙志燕、侯永志：《对我国区域不平衡发展的多视角观察和政策应对》，《管理世界》2019 年第 8 期。
③ 唐皇凤：《社会主要矛盾转化与新时代我国国家治理现代化的战略选择》，《新疆师范大学学报（哲学社会科学版）》2018 年第 4 期。
④ 高帆：《新时代我国城乡差距的内涵转换及其政治经济学阐释》，《西北大学学报（哲学社会科学版）》2018 年第 4 期。

都有体现。①

另外一个特殊群体是老年群体，特别是农村老年群体。伴随着人口老龄化的不断加剧，政府需要更加关注老年贫困问题。我国大多数老年人的主要生活来源是非正式制度的劳动收入或者家庭供养，而非养老金，且年龄越大的老年人，依靠家庭供养的比重就越高。② 从第六次人口普查数据看，我国乡村60岁及以上老年人以退休金为主要收入来源的不足5%，47.7%的老年人的主要收入来源是家庭成员供养，这一比例远高于城市60岁及以上老年人，后者该项的比例约为22.4%，且近66.3%主要依靠退休金生活。③ 对于农村老年人而言，他们不仅缺乏稳定的收入来源和社会保障，且由于其子女多在外地打工无法给予他们充足的家庭照料，加之往往罹患各类疾病，因此更容易陷入相对贫困。

再者，建立解决相对贫困的长效机制时还需要有性别视角。由于家庭资源分配常常向男性倾斜，往往导致对女性"投资"不足。再加上传统的性别分工，女性往往难以摆脱家务劳动和照顾家人的工作，致使其在劳动力市场上同男性相比往往竞争力不足，处于劣势地位。在贫困家庭中，女性也更倾向于牺牲自己的需要来优先保障其他家庭成员，尤其是孩子的需要，这使女性有更大的陷入相对贫困的风险。④

（三）消除绝对贫困后的新任务

2015年，《中共中央 国务院关于打赢脱贫攻坚战的决定》发布，指出我国打赢脱贫攻坚战的总体目标包括，到2020年确保我国现行标准下农村贫困人口实现脱贫，贫困县全部摘帽。2021年2月25日，习近平总书记庄严宣告："我国脱贫攻坚战取得全面胜利。"到2020年年底，现行标准下我国9899万农村贫困人口全部脱贫，这比联合国提出

---

① 杨舸：《流动人口与城市相对贫困：现状、风险与政策》，《经济与管理评论》2017年第1期。
② 陈友华、苗国：《老年贫困与社会救助》，《山东社会科学》2015年第7期。
③ 国务院人口普查办公室：《中国2010年人口普查资料》，http://www.stats.gov.cn/tjsj/pcsj/rkpc/6rp/indexch.htm，2021年6月11日。
④ 霍萱、林闽钢：《为什么贫困有一张女性的面孔——国际视野下的"贫困女性化"及其政策》，《社会保障研究》2015年第4期。

的要于 2030 年在全球消除绝对贫困的目标提前了十年。毫无疑问，中国为加速世界减贫进程贡献了巨大力量，贫困治理的中国经验可以为其他发展中国家提供有益借鉴。

然而，全面建成小康社会，消除绝对贫困，只意味着我国人民不再需要为"温饱"而挣扎，并不代表我国将不再存有贫困现象，更不代表我国扶贫减贫工作的终结。相反，它意味着我国反贫困事业将面临一系列更复杂的任务，其中的一个关键任务就是如何治理相对贫困。如前所述，相对贫困是一个长期存在的现象，因而无法通过大规模的、短时间的集中努力来予以解决。在社会生产力还不足以弥合不同社会阶层间生活水平的鸿沟时，总有一部分人口处于相对贫困的境地，因此，相对贫困状态将在未来相当长的一段时间内持续存在。

同时，相对贫困本身的一些特征也加大了未来贫困治理的难度。

首先，一方面，由于相对贫困不像绝对贫困那样可以设置一个比较固定的"底线"数值作为需要超越的目标，为治理相对贫困而设置的贫困标准需要对社会经济发展、财富分配状况的变动有更高的灵敏度，从而适时予以调整，进而也对我国扶贫的"瞄准"与退出机制建设提出了更高的要求，尤其对标准临界范围内的低收入人口将产生较大影响。同时，也需要完善低收入人口的长期监测和动态预警机制，将符合条件的及时纳入，让应该退出的及时退出，加强对脱贫边缘户、容易返贫户、特殊困难人员等低收入人口的监测，更精准地聚焦特殊相对贫困群体。另一方面，也要求政府构建更为制度化、常规化的帮扶方式。尤其要注意的是，在未来帮扶工作中需要增强脱困户自身的"造血"能力，通过教育让部分受帮扶群众摆脱"等、靠、要"的消极思想，通过技能与职业培训提高劳动者素质，并大力促进产业帮扶、就业帮扶、创业帮扶，让帮扶工作与"扶志""扶智"紧密结合。同时，还要改变农村或贫困群体间存在的一些与现代社会发展不相适应的落后认知、习俗、文化，强化脱贫内生动力和脱贫人群抗风险能力，提高脱贫质量，从而减少受帮扶人口脱贫后返贫的现象。

其次，随着我国集中、连片的区域性贫困问题的缓解，贫困将更加呈现出散点化、高流动性的特征①，如进城务工人员在农村时可能并不属于当地贫困人员，但当其来到城市打工时却成了城市中的相对贫困者。这与我国当前地区、城乡间发展依然不平衡的现状与社会成员地域流动性的增强有关，也为相对贫困标准的设置在因地制宜与"碎片化"、全国统筹与"一刀切"间寻找平衡的过程增加了难度，更督促着我国需想办法进一步推进不同区域、城乡之间居民收入水平、所享受公共服务水平的均衡发展，减小区域间、城乡间的发展差距。

最后，致贫原因的多元性也需要人们以更宽阔的视野去看待困难人群的"需要"（如考虑如何满足人的社会需要与消除社会排斥），并关注不同地区、聚落、群体、社区等的不同致贫因素组合。② 一方面，在信息社会中，部分人群可能因为客观或主观条件的限制缺乏凭借互联网收集、挖掘和使用所需信息的能力，导致对致富信息、资源和机会的掌握不足，从而陷入相对贫困。另一方面，致贫原因及其外在表现形式的复杂多样，也意味着我国的减贫工作不可能仅仅依靠政府单方面的力量就能得到完美解决。应深化培育社会多元帮扶主体，继续倡导和动员企业、社会组织、个人等多种力量依法依规参与我国减贫事业，扩大汲取各项帮扶资源的途径和渠道，创新公共服务提供方式，满足脱贫人口多层次、多样化的需要，形成全社会广泛参与帮扶的格局，为解决相对贫困提供全方位的支持。

综上，如何优化顶层设计，将社会各主体有序纳入减贫治理体系中，同时激发脱贫人群的内生动力，最终构建出解决相对贫困的有力制度保障，所有这些，都是我国未来减贫事业新征程上需要思考的问题。

---

① 叶兴庆、殷浩栋：《从消除绝对贫困到缓解相对贫困：中国减贫历程与2020年后的减贫战略》，《改革》2019年第12期。
② 吕方：《精准扶贫与国家减贫治理体系现代化》，《中国农业大学学报（社会科学版）》2017年第5期。

第三节 研究问题与研究意义

一、研究问题

从社会救助制度与扶贫开发政策的制度建设和制度运行结果可以看出,在社会救助制度与扶贫开发政策两项制度的共同作用下,我国已经消除了绝对贫困人口。在这种形势下,党的十九届四中全会及时提出了探索建立解决相对贫困治理长效机制的要求。也就是说,在2020年消除绝对贫困以后,我国减贫治理工作的重心将转向相对贫困治理。那么,2020年后我国究竟如何治理相对贫困呢?

认识到2020年以后我国的贫困治理事业将从解决绝对贫困问题转向缓解相对贫困状况,因此,很多学者都把研究重点放在了2020年后我国相对贫困标准的制定上。综观来看,学界对于2020年以后我国采用何种相对贫困标准主要有两种不同的视角。

第一,相对收入视角。相对收入视角主要是参考了欧盟、OECD国家设定相对贫困线的做法。例如,沈扬扬、李实提出以居民可支配收入中位数的40%分城乡设定相对贫困标准,并对相对贫困标准进行周期性调整,即调整收入中位数比例。[①] 叶兴庆、殷浩栋也和上述两位学者持类似观点,主张采用中位收入的一定比例确定相对贫困线,并随着经济发展水平的提高而逐步提高这一比例。[②] 孙久文、夏添建议2021年选用2020年农村居民中位数收入的40%作为相对贫困线,以5年为调整周期,直至与高收入

[①] 沈扬扬、李实:《如何确定相对贫困标准?——兼论"城乡统筹"相对贫困的可行方案》,《华南师范大学学报(社会科学版)》2020年第2期。

[②] 叶兴庆、殷浩栋:《从消除绝对贫困到缓解相对贫困:中国减贫历程与2020年后的减贫战略》,《改革》2019年第12期。

国家接轨并实现城乡相对贫困线的合并。① 杨力超、沃克（Robert Walker）认为，应考虑城乡和区域差异，按照家庭可支配收入分城乡设定贫困线，以及按照家庭可支配收入分省设定贫困线。② 邢成举、李小云认为选择收入中位数的40%作为2020年后的相对贫困线较为合理，因为这一新的贫困标准不会与现有贫困标准相差太大。③ 虽然上述研究在设定相对贫困线的基数以及设定相对贫困线的水平方面有所差异，但是相对收入视角下的既有研究认为，设定相对贫困线时需要考虑城乡差异、地区差异和阶段差异。

第二，多维贫困视角。相对收入视角反映的贫困实际上是单一维度下的相对贫困。多维贫困视角强调，除了收入维度以外，还需要考虑其他维度的贫困，并形成一种综合多个维度的相对贫困标准。例如，王小林、冯贺霞提出了多维相对贫困标准的概念框架。该概念框架认为，多维相对贫困包括货币和非货币两个方面：货币方面属于收入相对贫困，按照收入中位数一定比例界定；非货币方面属于能力相对贫困，按照教育、医疗等服务需要确定相对贫困线。④ 林闽钢根据王小林对"贫"与"困"的贫困内涵的解析⑤，结合森的可行能力视角，认为相对贫困的识别应遵从"收入+多维"贫困识别的检验，即在收入贫困的基础上兼顾多维剥夺取向，而不是直接采取发达国家常用的相对贫困和剥夺指标。⑥

值得注意的是，也有一部分学者对2020年后中国采用的相对贫困标准存疑。例如，汪三贵、曾小溪认为，2020年后的贫困标准应考虑把社会公认的基本需求水准转换成与之相对应的价值量，并根据经济社会发展

---

① 孙久文、夏添：《中国扶贫战略与2020年后相对贫困线划定——基于理论、政策和数据的分析》，《中国农村经济》2019年第10期。
② 杨力超、Robert Walker：《2020年后的贫困及反贫困：回顾、展望与建议》，《贵州社会科学》2020年第2期。
③ 邢成举、李小云：《相对贫困与新时代贫困治理机制的构建》，《改革》2019年第12期。
④ 王小林、冯贺霞：《2020年后中国多维相对贫困标准：国际经验与政策取向》，《中国农村经济》2020年第3期。
⑤ 王小林：《贫困测量：理论与方法》，社会科学文献出版社2017年版。
⑥ 林闽钢：《相对贫困的理论与政策聚焦——兼论建立我国相对贫困的治理体系》，《社会保障评论》2020年第1期。

和生活水平调整贫困标准。① 汪晨、万广华和吴万宗通过比较中国及各省份的绝对贫困发生率和相对贫困发生率，认为中国采用相对贫困标准为时过早。②

学界关于 2020 年后中国贫困标准的设定存在多种观点，既有研究主要是基于微观调查数据的分析或通过理论与实践的推演，从而论证 2020 年后贫困标准的合理性。与既有研究思路不同，本书直面相对贫困治理的实践活动，通过对 2016 年以来广东省江门市在探索解决相对贫困治理长效机制方面的实践经验进行分析和总结，试图为 2020 年以后的贫困治理提供政策思路和经验支撑。在具体分析过程中，本书以江门市社会救助制度与扶贫开发政策两项制度的衔接为切入口，对江门市探索相对贫困治理过程进行深度的案例分析，结合江门市贫困人口调查数据的统计分析，希冀对我国 2020 年以后相对贫困治理政策实践有所贡献。

为此，本书主要围绕以下问题展开研究：在国家政策模糊的情况下，地方政府如何探索相对贫困治理？具体来说，包括以下两个子问题：地方政府如何定义和测量相对贫困？地方政府探索建立了何种相对贫困治理的长效机制？

二、研究意义

（一）实践意义

脱贫攻坚任务完成以后，并不意味着贫困的终结，而是标志着贫困治理从绝对贫困转向相对贫困。在贫困治理转型背景下，选取发达省份广东省下辖的中等发达地级市江门市展开实证研究，剖析江门市解决相对贫困治理的长效机制探索的实践历程及其结果，可以为广东省乃至全国 2020 年以后贫困治理提供思路借鉴。前文已述，既有研究已经就相对贫困的标

---

① 汪三贵、曾小溪：《后 2020 贫困问题初探》，《河海大学学报（哲学社会科学版）》2018 年第 2 期。

② 汪晨、万广华、吴万宗：《中国减贫战略转型及其面临的挑战》，《中国工业经济》2020 年第 1 期。

准展开了积极讨论。与此同时，学界还就 2020 年以后的贫困治理提出了诸多路径选择。例如，强调基本公共服务在减贫中的作用①；重视政府、市场和社会三种力量在减贫中的分工与合作②；激发贫困人口和贫困社区的内生动力③；提升贫困家庭的人力资本④；等等。

本书基于江门市建立解决相对贫困治理的长效机制探索的分析，可以丰富上述研究。自 2013 年广东省提出要解决农村相对贫困问题后⑤，江门市已经迈出了重要的一步，那就是实施统筹城乡扶贫，而不是单纯地以减少农村相对贫困人口为政策目标。在后续的政策创新改革过程中，自 2016 年开始，江门市以扶贫线和低保线"两线合一"为切入点，积极探索社会救助制度与扶贫开发政策的有效衔接，在推进相对贫困治理探索方面已经取得了阶段性成果。特别值得一提的是，江门市从 2019 年起就开始使用"低收入人口"来指称相对贫困人口。虽然"低收入人口"概念没有得到相关职能部门的支持而在后来改为"相对贫困人口"，但 2021 年中央一号文件对"低收入人口"概念的采纳和使用，充分显示了江门市在探索相对贫困治理长效机制中的前瞻性。事实上，江门市在反贫困政策创新改革过

---

① 岳经纶：《专栏导语：精准扶贫与社会救助》，《公共行政评论》2017 年第 3 期；林闽钢：《相对贫困的理论与政策聚焦——兼论建立我国相对贫困的治理体系》，《社会保障评论》2020 年第 1 期；叶兴庆、殷浩栋：《从消除绝对贫困到缓解相对贫困：中国减贫历程与 2020 年后的减贫战略》，《改革》2019 年第 12 期。

② 吕方：《迈向 2020 后减贫治理：建立解决相对贫困问题长效机制》，《新视野》2020 年第 2 期。

③ 左停、苏武峥：《乡村振兴背景下中国相对贫困治理的战略指向与政策选择》，《新疆师范大学学报（哲学社会科学版）》2020 年第 4 期；左停、贺莉、刘文婧：《相对贫困治理理论与中国地方实践经验》，《河海大学学报（哲学社会科学版）》2019 年第 6 期。

④ 汪三贵：《中国扶贫绩效与精准扶贫》，《政治经济学评论》2020 年第 1 期。

⑤ 尽管相对贫困概念在学术上存在争论，但并没有妨碍地方政府在政策上的探索。根据笔者调研，在广东省第二轮扶贫开发"双到"阶段（2013—2015 年），曾以农民年均可支配收入 3480 元为扶贫标准认定相对贫困户。进入精准脱贫攻坚阶段（2016—2020 年）后，广东省对其进行了调整。根据《中共广东省委 广东省人民政府关于新时期精准扶贫精准脱贫三年攻坚的实施意见》（粤发〔2016〕13 号），广东省相对贫困人口的标准为 2014 年农村居民年人均可支配收入（12246 元）的 33%（约 4000 元），广东省相对贫困村为村年人均可支配收入低于 8000 元（2014 年不变价）。本书认为，广东省实施的相对贫困认定标准是一种略高于国家绝对贫困标准的相对贫困标准。当然，地方政府有关相对贫困的政策探索也体现了关于相对贫困概念认知的模糊性和复杂性。

程中积累了较为丰富的相对贫困治理经验。

从江门改革的规模来看,其在探索建立解决相对贫困治理长效机制过程中所涉及的贫困家庭超过 2 万户,无论是从国内还是国际标准看,均是一场规模壮观的反贫困政策试验。作为先行先试的改革试验田,经过四年多的探索,江门市在设定相对贫困标准、建立相对贫困对象识别机制、实施相对贫困治理的长效机制等方面均积累了一定经验,这对于广东省乃至全国 2020 年后的贫困治理,都具有重要的实践意义。

(二) 理论意义

在探索建立相对贫困治理的长效机制的过程中,涉及三个重要的理论问题:第一,如何定义相对贫困?第二,如何测量相对贫困?第三,建立何种相对贫困治理机制?这三个问题的回答,既关系到与既有理论的对话,又直接关系到贫困治理转型实践的成效。

第一,增进贫困定义研究的资料积累。在贫困研究中,绝对贫困和相对贫困是一对重要的对贫困的定义。从历史角度来看,我们一般将布思(Booth)、朗特里(Rowntree)等早期贫困研究者基于基本生活物质条件匮乏定义的贫困视作绝对贫困。不过,真正将绝对贫困标准普遍应用于各国贫困发生率的测算要归功于世界银行的推动。2008 年,世界银行根据 75 个发展中国家中 15 个最穷的国家的平均贫困线,确定 1.25 美元/天为极端贫困标准或绝对贫困标准,并将 75 个发展中国家中位数贫困线(相当于 2 美元/天)作为"稳定温饱水平"的高贫困标准。2015 年以后,世界银行将这两个贫困标准分别提到了 1.9 美元/天和 3.1 美元/天。在绝对贫困的身体视角(physical perspective)或物质视角(material perspective)的基础上,汤森引入社会视角(social perspective),将社会排斥或社会剥夺视作贫困问题的本质。[①] 如同绝对贫困的"绝对性"一样,相对贫困的相对性也是"绝对的"。在欧盟、OECD 国家中,相对贫困普遍被定义为收入中位数的某个比例。

---

① 李棉管、岳经纶:《相对贫困与治理的长效机制:从理论到政策》,《社会学研究》2020 年第 6 期。

基于上述两种对贫困定义的思路，本书在定义相对贫困时综合考虑了多种致贫原因。在绝对贫困标准下，贫困的定义是基于生存需要。随着由绝对贫困治理转向相对贫困治理，我们将相对贫困群体的参照系设定为既有的绝对贫困群体。而相对贫困群体之所以贫困，主要是因为其在家庭结构、住房、生产资料和生活资料等维度方面的综合水平低于普通家庭。宽泛而言，本书定义的相对贫困实际上是将贫困归于收入型贫困和支出型贫困两个方面共同作用的结果。在这个意义上，本书对相对贫困与绝对贫困的划分与童星和林闽钢对绝对贫困和相对贫困的划分类似[1]，但本书在理解相对贫困上与其并不相同，而是与唐钧将基本贫困（度日型贫困）和绝对贫困（生存型贫困）都包含在相对贫困内的思路类似[2]，认为相对贫困人口是使用新的贫困标准后所包含的现行社会救助制度与扶贫开发政策下的绝对贫困人口和新增的相对贫困人口。在中国政策情景下，本书将绝对贫困与相对贫困统一到一个分析概念中再进行实证分析，这一做法可以增进贫困定义研究的资料积累。

第二，为测量相对贫困提供新思路。从贫困测量研究的既有成果来看，学界提供了多样化的测量方法。在绝对贫困测量方面，有标准预算法、食物支出份额法、食物—能量摄取法；在相对贫困测量方面，有社会指标法、扩展线性支出系统法（extended linear expenditure system，ELES）、收入法。[3] 在测量贫困过程中，江门市的做法是一方面将识别贫困人口的代理家计调查机制本土化；另一方面将收入也作为重要的识别贫困的指标，由此形成了一套综合考虑贫困家庭支出与收入，包含收入、家庭结构、住房、生产资料和生活资料等多个维度的综合性识别指标体系。在对各个维度下指标的选取和赋权过程中，不但考虑了理论模型下的指标选取，更为重要的是，指标的选取及其赋权吸收了政策专家、政府多部门多层级工作人员的意见。因此，最终的贫困测量指标体系实际上是理论指导与实践面向双重标准下的产物。

---

[1] 童星、林闽钢：《我国农村贫困标准线研究》，《中国社会科学》1994年第3期。
[2] 唐钧：《确定中国城镇贫困线方法的探讨》，《社会学研究》1997年第2期。
[3] 池振合、杨宜勇：《贫困线研究综述》，《经济理论与经济管理》2012年第7期。

第三，为建立解决相对贫困治理的长效机制提供地方经验。我国贫困治理的一个显著特点是"运动式治理"，而非常态化、长效化的贫困治理。江门市从2016年开始探索实施的扶贫线与低保线"两线合一"改革，是希望建立起常态化和长效化的贫困帮扶机制，为2020年以后的贫困治理探索提供经验。对于2016年就已经完成省定贫困人口帮扶任务的江门市来说，绝对贫困人口的急剧减少乃至消除后，如果继续实施"运动式"的贫困治理，极有可能造成帮扶资源的低效化。有鉴于此，江门市适时地开展了相对贫困治理的探索实践。江门市在解决相对贫困治理的长效机制探索中形成了整体性机制、发展性机制、政策整合机制和内生动力机制四大长效机制。其中，整体性机制明确了不同主体在相对贫困治理中的边界，发展性机制则指出了改善相对贫困人口的生存基础与发展条件的政策指向，政策整合机制强调既有不同反贫困政策目标群体和帮扶政策措施的整合，而内生动力机制注重激发相对贫困人口的脱贫动力。我们认为，江门市探索实施的上述四大解决相对贫困治理的长效机制对于其他地区开展相对贫困治理实践具有较高的参考价值。

第四节　研究方法与本书架构

一、研究方法

（一）数据收集方法

1. 问卷调查

在协助江门市探索相对贫困治理长效机制的实践过程中，笔者所在的研究团队在江门市有关部门的支持下先后进行了两次问卷调查。2018年7月至8月开展了第一次问卷调查。采取多阶段整群抽样方法，问卷调查对象包括江门市城乡特困人员、低保对象、低收入家庭、建档立卡贫困户和普通家庭。问卷调查内容主要包括入户家庭的家庭结构、住房情况、生产资料情况和生活情况、家庭收支情况、主观贫困程度五大部分。调查范围覆盖江门市七个市区，共收集到有效户问卷1927份。其中，城市部分942份，农村部分985份。为了全面了解江门市贫困家庭情况，2019年9月至11月开展了第二次问卷调查。采取判断式抽样（judgmental sampling）方法，问卷调查对象包括江门市特困人员、低保对象、低收入家庭、建档立卡贫困户和新增申请家庭五类群体。问卷调查内容包括入户家庭的家庭结构、住房情况、生产资料情况、生活资料情况、收入情况五大部分。调查范围覆盖江门市七个市区，最终收集到有效问卷28465份，其中城镇问卷为3097份，农村问卷为25368份。

2. 会议、文件、网络、数据系统资料

在探索解决相对贫困治理的长效机制的过程中，江门市就相对贫困人口识别的指标体系设计、江门市相对贫困标准的设定、江门市相对贫困人口覆盖的范围、江门市相对贫困治理的长效机制设计、江门市相对贫困人口的财政支出等问题进行了多次会议研讨。其中，既有江门市横向部门之间的会议，也有江门市与下级政策主管部门、江门市与上级政策主管部门之间进行政策沟通的会议，还有市委书记、市长、副市长等江门市重要领导参加的多部门研讨会议。作为政策咨询专家，笔者出席了其中的诸多重要会议，借助这些会议资料，我们可以深度描述江门市相对贫困治理的探索过程，阐释江门市相对贫困治理中关键政策议题的决策过程。

在参与江门市探索相对贫困治理的过程中，我们还收集到了大量有关贫困人口的政策文件、公开数据和内部数据。通过收集与贫困人口有关的政策文件，我们进一步了解了江门市探索相对贫困治理过程中的政策体系建设和政策形成过程情况。这些政策文件的出台部门包括江门市农业局、民政局、人社局、财政局、妇联、残联等。最后，我们还借助江门市精准扶贫网、江门市扶贫信息系统、广东省救助申请家庭经济状况核对系统等获得了江门市贫困人口的大量基础数据。

（二）数据分析方法

1. 回归分析法

在构建江门市城乡低收入对象识别指标体系过程中，本书参考了代理

家计调查（Proxy Means Test）方法，运用最小二乘法建立回归模型来判断代理指标。在模型构建过程中，因变量为不包含转移收入的家庭人均收入，自变量包括家庭结构、住房情况、生产资料和生活资料等方面。其思路是通过回归分析，判断表征家庭贫困的指标与该家庭的收入是否具有显著性关系，将其作为选择代理指标的依据。

2. 案例分析法

本书使用案例分析法，深度描述了江门市探索解决相对贫困治理的长效机制的过程。具体来讲，本书将江门市探索解决相对贫困治理的长效机制的过程分为三个阶段，呈现了江门市探索相对贫困治理过程中相对贫困标准、相对贫困人口和相对贫困治理的长效机制等政策内容的确立过程，分三个阶段归纳总结了江门市相对贫困治理创新的结果。同时，本书还对调研过程中收集到的相对贫困人口案例进行分析，有助于加深读者对江门市探索相对贫困治理的理解。

二、本书架构

本书共分十章，具体内容如下。

第一章阐述了选题的研究背景、研究问题、研究意义、研究方法和本书的内容结构。社会救助制度和扶贫开发政策两项制度的运行特点及其结果表明，我国将从重视绝对贫困治理转向以缓解相对贫困为主，这是本书的政策背景；而近几年国内学界有关2020年后贫困治理的研究构成了本书的学术背景。在上述研究背景下，本书提出了2020年后地方政府如何治理相对贫困这一核心研究问题，并从政策实践和理论研究两个层面论述了研究意义，提出了回答研究问题使用的研究方法。

第二章梳理了贫困理论的历史演进与主要争论，对其进行述评后，还就中国反贫困政策的研究视角进行了分析和述评。本章构成了全书的学术背景。

第三章描述了低保制度和扶贫开发政策两项制度的历史演进后，从政策理念、政策目标、政策工具、政策主体等多个维度对上述两项制度进行了比较分析。本章构成了全书的政策背景。

第四章就解决相对贫困治理的长效机制的江门探索展开了论述。在简要介绍江门市市情和江门市贫困治理状况以后，分三个阶段描述了江门市探索解决相对贫困治理的长效机制的过程。

第五章从相对贫困治理的政策目标群体的确定和相对贫困治理的长效机制设计两个方面介绍了恩平市实施相对贫困治理试点的实践。

第六章介绍了江门市相对贫困瞄准的思路、方法和调整过程，还从"获得保障家庭"和"目标家庭"两个维度构建了四种不同类型的瞄准结果，并使用问卷调查数据，就江门市城乡低收入对象识别指标体系的瞄准结果进行了分析。

第七章就边缘贫困群体、潜在返贫群体和可能脱贫对象三类不同相对贫困人口的定义、数量规模进行了分析，然后进一步运用典型案例分析了上述三类不同相对贫困人口的瞄准结果。

第八章就江门市在相对贫困治理探索中如何运用信息技术助力精准帮扶的情况进行了介绍。江门市依托信息管理平台，有效解决精准施策、资源整合、监督管理等问题，实现扶贫工作的未雨绸缪和精准聚焦。

第九章提炼了江门市治理相对贫困的长效机制设计。包括促进相对贫困治理的发展性机制、整体性机制和内生动力机制三大方面。

第十章总结了江门市探索建立相对贫困治理的长效机制的经验，讨论了实施更具整体性的贫困治理的政策思路。

第二章 当代贫困理论的发展与贫困治理研究[①]

第一节 世界贫困理论的发展历程：概念、测量与话语争论

贫困是历史悠久的世界现象。[②] 虽然社会学者认为只要存在社会分层就会存在贫困[③]，但真正提出"谁是穷人"并把穷人以及贫困现象作为研究对象的却是英国学者查尔斯·布思（Charles Booth），他在19世纪80年代开创了关于贫困的研究[④]。1887年，布思运用社会调查方法对伦敦贫民窟进行了为期五年的大范围调查，对贫困问题进行了测量；首次根据收入和生活水平对居民生活状态划分了层次（他当时一共划分了8个层次），并根据倒数三、四、五层次的食品、衣服、房租、燃料、清洗和照明等生活必需品的消费支出水平来确定"贫困线"。此后，聚焦于穷人或生存状态恶劣的社区的"贫困"研究得以真正开始。不过，由此也开启了英美等国家对贫困概念的长期争论，而其中最核心的争论就是绝对贫困和相对贫

[①] 本章源自吴高辉、岳经纶：《面向2020年后的中国贫困治理：一个基于国际贫困理论与中国扶贫实践的分析框架》，《中国公共政策评论》2020年总第16卷，有改动。感谢吴高辉博士和《中国公共政策评论》的授权。

[②] Beaudoin, S. M., *Poverty in world history*, London: Routledge, 2007.

[③] 李小云：《为什么扶贫几十年穷人反倒越来越多》，2016年6月15日，http://inews.ifeng.com/mip/49053580/news.shtml，2021年6月11日。

[④] Milbourne, P., "The geographies of poverty and welfare", *Geography Compass*, vol. 4, no. 2, 2010, pp. 158–71.

困之争。①

一、绝对贫困与相对贫困：争论与测量

在布思的基础上，英国学者西博姆·朗特里进一步推进了贫困研究，并从物质匮乏的角度对贫困进行了界定：家庭总收入不足以获取维持纯粹体能所需的最低数量的生活必需品。② 绝对贫困是基于维持人们生存最低生活必需品（主要是食物、衣物和住房）的客观标准来界定的。③ 换言之，绝对贫困关注人的生理与物理需要，而没有涉及更广阔的社会与文化需要。④ 到 20 世纪中后期，随着英国平均生活标准的不断提升，绝对贫困存在的合理性受到了政界和学界的质疑。1976 年，时任英国社会服务大臣（Secretary of State for Social Services）的基思·约瑟夫（Keith Joseph）声称"无论用什么绝对标准来衡量，英国几乎没有贫困"⑤。1986 年，时任英国社会服务大臣的约翰·摩尔（John Moore）则声称"'终结（绝对）贫困线的时候到了'，不断积累的富足已经消除了绝对贫困"⑥。以凯莉·奥本海姆（Carey Oppenheim）为代表的学者对此重点提出了两点质疑：第一，如果一般的生存标准（General Standards of Living）是穷人自己决定的且会变化的，而最低生存标准（Minimum Standard of Living）则需要全社会所接受的话，那么绝对贫困的最低标准是很难界定的；第二，绝对贫困概念几乎没有考虑穷人的社会与文化需要。⑦ 在这样的争论中，相对意义上的贫困研究逐渐出现。根据皮特·阿尔科克（Pete Alcock）的说法，在一个逐渐富起来的国家也仍然和没富裕之前一样，存在着远低于平均水

---

① Milbourne, P., *Rural poverty: marginalisation and exclusion in Britain and the United States*, London: Routledge, 2004.
② Rowntree, B. S., *Poverty: a study of town life*, London: Macmillan, 1902.
③ Alcock, P., *Understanding poverty*, London: Macmillan, 1997.
④ Oppenheim, C., *Poverty: the facts*, London: CPAG, 1993.
⑤ Joseph, K., *Stranded on the middle ground?: reflections on circumstances and policies*, Centre for Policy Studies, 1976.
⑥ Moore, J., "The end of the line for poverty", speech to the Greater London Area CPC, 11 May, 1990. Quoted in P. Alcock, *Understanding Poverty*, London: Macmillan, 1997.
⑦ Oppenheim, C., *Poverty: the facts*, London: CPAG, 1993.

第二章　当代贫困理论的发展与贫困治理研究

平的贫困，例如，尽管英国福利体系能够最大限度地抵制物质缺乏所造成的贫困，但是相对于平均社会水平而言，生活在 20 世纪五六十年代的最贫困人群的生活状态并不比 40 年代的更好。[①]

相对贫困真正成为一个学术概念得益于彼得·汤森（Peter Townsend）的研究，他在 20 世纪 70 年代后期提出了相对贫困的操作性定义（working definition）：对该社会中的个人、家庭或群体而言，当他们缺乏资源而无法维持正常饮食、无法参加社会活动，以及无法获得符合社会惯例的生活条件和设施时，或者至少从广义上来说都不被鼓励拥有或允许享用时，那么就可以说他们处于贫困中。[②] 汤森的定义对之后 20 年或更久的贫困研究和政策讨论产生了极其重要的影响，并确认了当代社会贫困研究的两大内容：物质匮乏（material deprivation）和限制穷人参与一般社会活动（prevent people from participating in customary activities）。同样，相对贫困概念也引起了广泛的讨论。右翼政治势力认为相对贫困更适合被界定为一种不平等（inequality），目的是把贫困限定在"需要得不到满足"（prevent want）而不是"财富再分配"（redistribute wealth）。[③]

当然，自从相对贫困意味着物质和社会两方面的缺乏之后，如何界定与测量（definition and measurement）相对贫困又成了更有争议的问题，因为绝对贫困是基于客观的物质基础，而相对贫困则纳入了社会规范以及主观判断。在英美贫困研究中，比较有代表性的贫困测量路径有两种。第一种是绝对贫困途径，由朗特里在研究英国约克郡的贫困时所开创的标准预算法（budget standards），他借鉴了最低膳食能量需要和基本营养标准参数，将贫困界定为：（缺乏）维持最低生存标准的一揽子物品。[④] 后来这一路径被批标准太低，且没有考虑到穷人家庭的实际支出（actual expenditure），因而后来的研究者们基于社会的家庭平均支出对标准预算法进行了改进。例如，美国瓦茨委员会（Watts Commission）以低于社会家庭支出

[①] Alcock, P., *Understanding poverty*, London: Macmillan, 1997.
[②] Townsend, P., *Poverty in the United Kingdom: a survey of household resources and standards of living*, Berkeley: University of California Press, 1979.
[③] Alcock, P., *Understanding poverty*, London: Macmillan, 1997.
[④] Rowntree, B. S., *Poverty: a study of town life*, London: Macmillan, 1902.

中位数50%为"社会最低标准",用这个数来界定贫困线。① 第二种是相对贫困途径,指基于剥夺指数(indicators of deprivation)的贫困线(poverty threshold)测量。奥珊斯基(Orshansky)开创了美国的相对贫困测量,他测量了不同收入家庭用于必需品的支出占家庭收入的比例,发现低收入家庭的必需品支出占比更高,并据此推算出基于支出水平的贫困线。② 英国的相对贫困测量则主要受"汤森指数"(Townsend Indicator)影响。汤森以人们的物质占有情况和参加公认的社会活动为基础,围绕低收入设计了由12项关键剥夺指标组成的量表,在调查了大约2000个家庭后推算出了"汤森指数"。③ 乔安娜·麦克(Joanna Mack)和斯图尔特·兰斯利(Stewart Lansley)进一步推进了汤森的研究,他们采用相似的途径,但是剥夺指标的选择方法则略有不同。④ 具体而言,应答者不仅要回答他们缺乏哪些指标,还要回答:这些指标缺乏是否是因为低收入造成的,以及这些指标是否是生活所必需的。基于此,他们的界定标准是:只要一个家庭因为缺钱而缺乏三项被大多数家庭认为是必要的生活必需品,那么它就是贫困家庭。

二、超越贫困概念:剥夺与社会排斥

相对贫困概念在逐步完善中与从剥夺(deprivation)以及社会排斥(social exclusion)这些更广阔的视角来理解贫困的研究产生了联系。阿尔科克首先从剥夺的视角做了关联性解释:从穷人的经历来看,他们不只是简单的收入不足,而是包含着剥夺以及需要无法满足等使他们无法像其他人一样参与社会活动的多层面因素。⑤

首先,剥夺概念并非用来推算与收入水平相关的特定贫困线,而是关

---

① Alcock, P., *Understanding poverty*, London: Macmillan, 1997.
② Orshansky, M., "How poverty is measured", *Monthly Labor Review*, 92 (2), 1969, pp. 37–41.
③ Townsend, P., *Poverty in the United Kingdom: a survey of household resources and standards of living*, Berkeley: University of California Press, 1979.
④ Mack, J., & Lansley, S., *Poor Britain*, London: G. Allen & Unwin, 1985.
⑤ Alcock, P., *Understanding poverty*, London: Macmillan, 1997.

第二章　当代贫困理论的发展与贫困治理研究

注物质和社会参与的匮乏对贫困经历的影响。一般认为，汤森最早设计了一套相对剥夺的科学指标，其中包含两个部分：一是饮食、衣物和生活设施的缺乏；二是生存标准低于社会可接受程度。① 此后，剥夺与贫困逐步联系起来，并用来指影响穷人生活与经历的更广阔的社会、福利和物理环境。这一视角给人们带来的启发是：生活在贫困中的特定的个人、家庭或群体，同时也在经历各种形式的剥夺。而多种形式的剥夺促使研究者们特别关注空间和位置（space and place），因为大量的贫困研究文献都表明多重剥夺（multiple forms of deprivation）现象高度集中于特定的城市区域，尤其是内城区（inner city）。因此，地理学者们就试图从地图上标出不同城市中剥夺水平最高的位置，进而将资源集中在这些位置上开展反贫困工作。② 这就是日益受到重视的贫困地理学研究的由来，我们将在下一节重点介绍它。

其次，继剥夺概念之后，欧美学界及政策部门曾一度从更宽广的社会排斥概念来理解贫困。这一视角先后影响了欧盟委员会和英国的社会政策，以及相应的学术研究，但最终因为概念本身过于宽泛、复杂且难以操作而淡出。社会排斥起源于欧洲大陆社会和福利意义上的团结（solidarity）话语，它意味着个人和社会的关系断裂。③ 具体而言，它是当时法国社会政策中用来指称特定的个人和群体被国家社会救助体制所排斥的现象。1993年，欧盟委员会采用了这一概念，并在随后的差不多20年的社会政策项目中沿用它，目的是在欧盟主要国家中将结构基金（structural fund）的关注重点由反贫项目转向社会排斥问题。④ 随后，欧洲学术界也将社会排斥概念引入社会福利研究，关注的主要内容包括社会排斥的不同维度、排斥与贫困的具体联系。其中，较具有突破性的维度是由大卫·戈登

---

① Townsend, P., *Poverty in the United Kingdom: a survey of household resources and standards of living*, Berkeley: University of California Press, 1979.

② Milbourne, P., *Rural poverty: marginalisation and exclusion in Britain and the United States*, London: Routledge, 2004.

③ Silver, H., "Social exclusion and social solidarity: three paradigms", *International Labour Review*, vol. 133, no. 5, 1994, pp. 531–578.

④ Percy-Smith, J., *Policy responses to social exclusion: towards inclusion?*, McGraw-Hill Education (UK), 2000.

（David Gordon）等学者提出的四维度划分：赤贫或收入排斥、劳动力市场排斥、服务排斥和社会关系排斥。[①] 一般认为，社会排斥具有过程式的、多维度的和动态的特征。例如，艾伦·沃克（Alan Walker）和卡罗尔·沃克（Carol Walker）将社会排斥定义为个人完全或部分地被社会、经济、政治或文化等决定个人之社会融入程度的体制所排斥的动态过程。[②] 此外，社会排斥还曾一度与社会中的两个群体——被包容群体（the included）和被排斥群体（the excluded）之间的社会割裂（social cleavage）研究联系起来。例如，安东尼·吉登斯（Anthony Giddens）曾将社会排斥与（不）平等联系起来，指出不平等就是排斥，平等就是包容[③]；而且，在被排斥群体之外，他还讨论了被包容群体或优势群体中的"精英反叛"（revolt of the elites）（即部分精英从公共服务中撤退）现象[④]。最终，由于社会排斥概念本身过于宽泛和复杂，更多指涉的是社会结构或社会关系，主流研究还是回到了贫困研究上来，社会排斥因而逐渐与贫困研究分离。

尽管社会排斥概念在贫困研究中逐渐淡出，但是它引出了关于后工业社会中的技术排斥造成的失业贫困及其相应的反贫困研究，这将在下文阐述。

三、超越贫困理论：政策、媒体、大众以及穷人的理解

贫困理论在争论中演进，贫困的话语却广泛、散乱地分布在由政治、政策、媒体以及普通大众构成的复杂网络之中，而且呈现出重要的关联。杰拉尔德·戴利（Gerald Daly）称之为"贫困产业"（poverty industry）：由为穷人代言并设定贫困议程的政府官员、专家以及众多公共或私人机构

---

① Gordon, D., et al., *Poverty and social exclusion in Britain*, York: Joseph Rowntree Foundation, 2000.
② Walker, A., & Walker, C. (eds.), *Britain divided: the growth of social exclusion in the 1980s and 1990s*, London: Child Poverty Action Group, 1997.
③ Giddens, A., *the third way: the renewal of social democracy*, London: Polity Press, 2007.
④ Giddens, A., *The third way and its critics*, London: Polity Press, 2007.

第二章　当代贫困理论的发展与贫困治理研究

所组成的贫困问题活动者在生产、表述和消费贫困的含义中所形成的复杂联系。① 彼得·贝雷斯福德（Peter Beresford）将其进一步细分为四大群体：第一，学术界，重在发现、定义、测量和讨论当代社会的贫困；第二，游说团体，重在通过自上而下的游说方式影响政府、政治家以及官员等对贫困的重视，例如，英国的儿童贫困行动小组（Child Poverty Action Group）；第三，政党及政治家，不同党派对贫困的理解差异集中在绝对贫困与相对贫困的争论上，例如，英国左派认同相对贫困而右派则赞同绝对贫困；第四，媒体，不仅呈现其他三大行动者的贫困议程，而且还能通过自身资源塑造他们自己的贫困议程，例如，英国20世纪60年代的纪录片《凯西回家》（Cathy Come Home）不仅引起了全社会对无家可归者的关注，直接催生了英国的住房游说组织"避难所"（Shelter），而且还改变了政治议程。② 当然，上述四大力量并非彼此孤立，而是相互关联的，例如，学者成为游说团体的顾问或政党的参事，游说团体的领导有可能自己成为政治家或学者，而媒体从业者也可以如此。他们在形塑公民的贫困认知中都扮演着重要作用，既有冲突也有合作。

实际上，正是上述行动者的互动塑造了大众的贫困认知。但是，吊诡的是，他们自始至终似乎都忽略了穷人自己的声音（the voice of the poor）。正如戴利所指出的，"穷人一直处于被代言的状态，是政治家、专家等代他们发声"③。基于此，贝雷斯福德等人从穷人发声的角度研究了文献中的贫困理论与实际的贫困认识之间的差别，他们发现：与非穷人的公众更关注绝对贫困的严格定义与测量相比，穷人更关注相对贫困。④ 穷人对自身的生活状况有自己的认识，具体包括三大方面：一是物质与资金匮乏，主要表现为收入不足以购买生活必需品；二是强调行为方式或选择上的限制，主要是没有能力参与某些应当做的活动；三是一种与缺钱关系

---

① Daly, G., *Homeless: policies, strategies and lives on the streets*, London: Routledge, 2013.
② Beresford, P., et al., *Poverty first hand: poor people speak for themselves*. London: Child Poverty Action Group, 1999.
③ Daly, G., *Homeless: policies, strategies and lives on the streets*, London: Routledge, 2013.
④ Beresford, P., et al., *Poverty first hand: poor people speak for themselves*. London: Child Poverty Action Group, 1999.

不大的"心理状态"(a state of mind),主要是指即便是富人也会感到缺乏的那种状态,体现为思路贫穷、知识贫穷和精神贫穷。保罗·米尔本(Paul Milbourne)进一步认为,穷人几乎不认为自己穷,也不愿意被认为穷,总体上呈现一种"自我否认贫困"(self-denial of poverty)的状态。[①]他认为,导致这种状况的原因,一是外来的贫困帽子的污名化(stigma)促使穷人拒绝它;二是有限的社会流动(restricted mobilities)导致穷人产生了两种比较机制:一方面,他们不与外界比而只与内部比,从而不会产生太大的差距;另一方面,他们倾向于与第三世界的发展中国家相比,从而可以找到慰藉。后来的研究者在这一视角的基础上发展出了心理贫困研究,后文将对此做出介绍。

以上我们梳理了欧美国家的贫困基础理论,尤其是概念、测量与话语在争论中的演进历程。这既是贫困研究的历史背景,也是贫困现象学理化的主要过程。下文将进一步梳理贫困理论的主流研究视角。

第二节 当代贫困研究的主要视角

20世纪80年代之后,人们逐渐意识到贫困不仅仅是收入或物质匮乏,而且也是发展机会、选择权利以及基本公共服务缺乏等方面的产物,甚至涉及特定的社会、地理、文化、心理因素。因此,各国学者、跨国援助机构以及政策部门从不同视角展开了贫困理论研究与反贫困实践,使得贫困研究进入了跨学科、跨国家与跨层次的多元发展局面。

一、可行能力视角下的多维贫困

森(Amartya Kumar Sen)从人的可行能力视角将贫困界定为:人们创

[①] Milbourne, P., *Rural poverty: marginalisation and exclusion in Britain and the United States*, London: Routledge, 2004.

第二章　当代贫困理论的发展与贫困治理研究

造收入、维持正常生活和参与社会活动的可行能力的剥夺。① 具体而言，它既包含选择机会与选择能力的缺乏，也包括选择权利的缺乏。② 森的可行能力贫困分析框架直接影响了联合国的反贫困议程和方案。1990 年，可行能力贫困的理论框架被联合国开发计划署（UNDP）采用而发展出了"人类发展指数"（Human Development Index，HDI），主要涵盖了三大指标：出生时的预期寿命、预期受教育年限（包括成人识字率），以及购买力平价折算的实际人均国内生产总值。1997 年，联合国开发计划署在年度《人类发展报告》中进一步提出了"人类贫困指数"（Human Poverty Index，HPI）。2000 年，联合国《千年发展目标》（The Millennium Development Goals，MDGs）提出了包括消除贫困、普及小学教育等在内的八大目标，进一步奠定了多维贫困的理论基础。2007 年，在森的发起下，牛津大学成立了牛津贫困与人类发展中心（Oxford Poverty and Human Development Initiative，OPHI）。随后，在可行能力框架基础上，由该中心主任萨比娜·阿尔基尔（Sabina Alkire）和詹姆斯·福斯特（James Foster）领导的"牛津贫困与人类发展项目"小组于 2010 年提出了计算"多维贫困指数"（Multidimensional Poverty Index，MPI）的"Alkire-Foster 方法"，以此评价全球各国的多维贫困状况。③ 从涵盖面上看，这是绝对贫困和相对贫困的综合考量。一方面，它承认贫困的绝对性，把生活水平设定在最合适而不是最小的程度上；另一方面，这种最合适水平是在充分考虑不同环境下特定文化和社会价值观的基础上形成的。因此，贫困不仅仅是缺乏物质资料，还包括没有能力积极地参与社会生活（从接受教育到谋求体面职位，再到获得金钱时间从事各种休闲活动），以及政治自由、人身安全、尊严或自尊的缺失。基于此，贫困是建立在社会理念和准则基础上的，所以它不能被客观界定；也因为如此，许多学者认为贫困是不会被消除的。在这

---

① Sen, A., *Poverty and famines: an essay on entitlement and deprivation*, Oxford: Oxford University Press, 1982.

② Biondo, K. D., "The tyranny of experts: economists, dictators and the forgotten rights of the poor", *Population & Development Review*, vol. 27, no. 1, 2015, pp. 186–188.

③ Alkire, S., et al., *Multidimensional poverty measurement and analysis*, Oxford: Oxford University Press, 2015.

个基础上，不少学者又加了一些指标，例如入学率、犯罪率和长期失业率等。尽管如此，这种观点也存在一些无法解释的问题：第一，帮扶人员应该怎样帮助贫困人口，尤其是如何维护他们的尊严和权利？第二，它牵涉到更加深刻的哲学讨论，即存不存在绝对的人身安全和自由？第三，怎么保证所有公民都享有政治自由和尊严？特别是妇女和儿童尤其困难；某些特定的伊斯兰文化对妇女的限制，是不是也是某种形式的贫困？这些问题进一步催生了下面将要介绍的贫困文化视角下的心理贫困研究。

二、贫困文化视角下的心理贫困

如前面所述，心理贫困是在贫困基础理论演进中产生的，主要是根据穷人社区的生活特点和穷人的生活方式来研究穷人的行为、内在心理以及穷人的社会文化特征。"心理贫困"的定义来源于奥斯卡·刘易斯（Oscar Lewis）的"贫困文化"理论。[1] 贫困文化表现为人们有一种强烈的宿命感、无助感和自卑感；这些人目光短浅，没有远见卓识；他们视野狭窄，不能在广泛的社会文化背景中去认识他们的困难。[2] 关于"心理贫困"的研究又可以细分为两种路径：一种路径沿袭刘易斯的贫困文化视角，认为穷人之所以难以摆脱贫困，是因为他们被这种与主流文化相对脱离的贫困亚文化所束缚，并表现为一种相对贫困的适应状态。[3] 例如，吴理财认为，"心理贫困"使穷人陷入"自我设限"的藩篱，扼杀了他们行动的欲望和潜能。[4] 另一种路径从穷人的心理角度去探讨穷人安于现状或陷入"贫穷文化"而消极行动的原因。这个路径以罗伯特·沃克（Robert Walker）的"贫困羞耻"研究为代表，他们认为穷人之所以安于现状，并不是他们没有进取之心，而是因为资源匮乏导致他们容易失败，失败又进一步增加了

---

[1] Lewis, O., *Five families: Mexican case studies in the culture of poverty*, New York: Basic Books, Inc, 1959.
[2] 张克中：《贫困理论研究综述》，向德平、黄承伟编：《减贫与发展》，社会科学文献出版社2015年版。
[3] 王兆萍：《贫困文化的性质和功能》，《社会科学》2005年第4期。
[4] 吴理财：《论贫困文化（上）》，《社会》2001年第8期。

他们的羞耻感,久而久之就只能陷入贫穷而无法自拔。① 沃克等在对全球范围内的七个发展中国家贫困社区进行的比较研究中发现,除了物质匮乏的共性外,穷人存在着普遍的贫困羞耻感,这种羞耻感导致伪装、自憎、他者化、逃避、自杀倾向、自我贬低等行为倾向。② 他们还指出,媒体、政府以及政策执行者的行动往往会增加穷人的羞耻感,因而提醒我们重新思考贫困的定义、扶贫政策的设计。

三、社会地理视角下的贫困空间与贫困住地③

贫困的地理学研究在英国有较长的历史,最早的开创性研究可以追溯到布思和朗特里。其中,布思开创性地通过地理标注的方法将财富水平和贫困状况标注在以街道为基础的地图上,从而让贫困分布一目了然④;而朗特里对19世纪末期约克郡的贫困调查改变了当时人们对贫困的看法,并且产生了持续性影响:不仅在社会学领域首次使用贫困线,而且引起了贫困相关的研究者对社区贫困状况的广泛关注。⑤ 随后,汤森对20世纪60年代英国的贫困研究产生了重大影响。基于全国性的调查和以住区为基础的案例研究(place-based case studies),汤森不仅阐明了贫困发生的空间差别,而且挑战了当时传统意义的空间贫困视角下认为贫困是城市社区发展的不利现象的观点。⑥

20世纪七八十年代,一批激进的人文地理学者将焦点转移到解决英

---

① Walker, R., & Bantebya-Kyomuhendo, G., *The shame of poverty*, Oxford: Oxford University Press, 2014.
② Walker, R., et al., "Poverty in global perspective: is shame a common denominator?", *Journal of Social Policy*, vol. 42, no. 2, 2013, pp. 215 – 33.
③ 在关于贫困研究的英文文献中,place 一词的应用比较广泛,诸如 placed-based case study、poverty of places、poverty-place relation 等,我们认为 place 是指人居住的微观空间,有家庭住址、居住地或家所在社区等几方面的含义,为了便于读者理解,本书翻译为"住地"。特此注明。
④ Booth, C., *Life and labour of the people in London* (*Vol. 1*), London: Macmillan, 1903.
⑤ Hunter, R., "Poverty: a study of town life by B. Seebohm Rowntree," *Journal of Political Economy*, vol. 11, no. 1, 1902, pp. 158 – 165.
⑥ Townsend, P., *Poverty in the United Kingdom: a survey of household resources and standards of living*, Berkeley: University of California Press, 1979.

国和美国的不平等上。例如，诺克斯（P. L. Knox）认为，人文地理学的基本目标是解决福利的空间差异。① 到20世纪90年代中期，研究焦点又开始回到人文地理学领域被边缘化的贫困研究上来。1995年，由克里斯·菲洛（Chris Philo）、儿童贫困行动小组（Child Poverty Action Group）和社会文化地理研究小组（Social and Cultural Geography Study Group）联合出版的专著首次全面介绍了英国贫困的空间维度，而且对空间—贫困—住地间关系（Space-Poverty-Place Relations）进行了新的理论解释。在这个基础上，米尔本回顾并梳理了最近的贫困地理研究，主要关注了贫困的空间分布、贫困与住地/社区的复杂关系、央地福利制度改革的影响。② 他指出：①传统的贫困地区（places of poverty）研究往往忽略了穷人所生活的贫困社区所在住地，空间对穷人发展机会、生活习惯以及信息来源等方面的限制以及由此所造成的贫困社区物理上及社会与文化上的不利，因而需要进行将研究焦点转向空间贫困视角下的住地/社区贫困（poverty of places）；②传统的研究更加注重定量的宏观测量与统计，忽视了穷人所在社区的生活环境、行为方式与制约因素等微观的定性研究，因而需要两者的结合；③传统的研究习惯于比较贫困与非贫困人口的差别，忽视了空间因素对穷人的限制，因而需要进行更加细致的贫困地区与非贫困地区的比较研究。③

这一视角给我们带来了两点启发：第一，要关注中国的精准扶贫政策在将特定地区中的贫困社区与非贫困社区分类治理的同时又进一步将贫困社区中的穷人与非穷人区别帮扶所造成的两难困境④，以及由此带来的忽视贫困社区的整体性与发展动力的内生性等问题；第二，要关注中国社会

---

① Knox, P., *Social well-being: a spatial perspective*, Oxford: Oxford University Press, 1975.
② Milbourne, P., "Putting poverty and welfare in place", *Policy & Politic*, vol. 38, no. 1, 2010, pp. 153 – 169.
③ Milbourne, P., "Putting poverty and welfare in place", *Policy & Politic*, vol. 38, no. 1, 2010, pp. 153 – 169.
④ 吴高辉：《国家治理转变中的精准扶贫——中国农村扶贫资源分配的解释框架》，《公共管理学报》2018年第4期。

福利与公共服务提供的地区差异、身份差别。① 例如，与城市贫困、农村贫困密切相关的非正规经济（如城市的合同工、进城务工人员、下岗人员、临时工等的工作贫困）以及失业贫困等。下面，我们会将第二点启发纳入世界贫困研究的视野中进行论述。

四、非正规经济视角下的工作贫困

非正规经济（informal economy），或者说，经济中的非正规部门（informal sector of the economy）、灰色经济（grey economy），是指既不征税也不受任何形式的政府监管，且其活动不包括在国民生产总值（GNP）或国内生产总值（GDP）中的经济形式。② 尽管一般都认为它可以为穷人提供重要的经济机遇，但是在非正规经济中，平均收入要低得多，而且形成了较大比例的"工作贫困"（working poor）现象。

国际劳工组织（International Labour Organization，ILO）把非正规经济中的就业人员定义为缺乏就业保障、福利和法律保护的劳工③。非正规经济理论的出现是对流行于20世纪五六十年代的"现代化理论"（modernization theory）话语及以美国经济学家刘易斯为代表的二元经济理论的实践性批判。具体而言，二元经济理论将经济类型分为现代工业部门（modern industrial sector）和"非正规部门"（informal sector），或理解成"现代部门"与"传统部门"（traditional sector），并用后者指称那些未被国家税收、社会福利和法律覆盖但是又在其他所有方面合法的经济类型。④ 这种现代化理论话语下的二元经济模式使得人们乐观地认为，发展中国家的经济增长会导致传统的工作类型与生产模式消失，进而逐步实现现代化。然而，这种乐观毫无根据。国际劳工组织和学者们转而更密切地研究所谓的

---

① 岳经纶：《建构"社会中国"：中国社会政策的发展与挑战》，《探索与争鸣》2010年第10期。

② Becker, K. F., *The informal economy: fact finding study*, Stockholm: Sida, 2004.

③ National Commission for Enterprises in the Unorganised Sector, *Report on Conditions of Work and Promotion of Livelihods in the Unorganized Sector*, New Deli: Academic Foundation, 2008.

④ Lewis, W. A., *Theory of economic growth*, London: Routledge, 2013.

传统部门。他们发现，该部门不仅继续存在，而且实际上扩展出了新的发展类型。国际劳工组织首先运用"非正规部门"这一概念（后来考虑到正规部门中的非正规就业人员而改为"非正规经济"）。在1972年的一份关于肯尼亚的研究报告中，国际劳工组织发现，城市就业人员并非都是在正规部门就业，而是存在着大量未被国家法律认可的小企业员工、小摊贩、修理工、临时工、钟点工等"工作贫困"人员或"穷忙族"（Working Poor）。几乎与此同时，英国经济人类学家基思·哈特（Keith Hart）在1973年发表的关于加纳经济发展模式的研究中也运用了非正规部门的概念。[1]

非正规经济理论的形成具有多方面的意义。首先，它挑战了现代化理论话语，对二元经济模式进行了批判。例如，黄宗智在研究中国的非正规经济后提出了解释中国经济模式的"农业/正规/非正规"分析框架，并批判了现代化话语中的社会结构理论的意识形态化偏颇。[2] 这一分析框架囊括了城乡工作贫困现象，为统筹城乡贫困问题提供了理论支持。其次，它促进了国际组织对工作贫困的关注，尤其是对其福利缺乏的关注。国际劳工组织鲜明地提出要为非正规劳工争取"体面的"（decent）待遇，世界银行则在"人类发展网络"（Human Development Network）下组建了"社会保护小组"（Social Protection Unit）以突显对其社会福利缺乏的关注。这些发展给我们的启示是，提供稳定、完整的社会福利是解决工作贫困的突破口，中国需要建设城乡一体化的社会福利体系。再次，它推动了非正规经济的反贫困实践与研究，例如童工、妇女贫困。一个十分瞩目的案例是，孟加拉国的经济学家穆罕默德·尤努斯（Muhammad Yunus）创办了乡村格莱珉银行（Grameen Bank），旨在为非正规经济中最底层、最弱势的工作贫困人员（孟加拉国农村从事非农就业的妇女）提供小额金融服务。它启发我们关注城乡妇女贫困、儿童贫困，以及重视包括金融服务在内的社会服务反贫困路径。最后，它推动了关于技术性失业的前瞻性研

---

[1] Hart, K., "Informal income opportunities and urban employment in Ghana", *The Journal of Modern African Studies*, vol. 11, no. 1, 1973, pp. 61–89.

[2] 黄宗智：《中国被忽视的非正规经济：现实与理论》，《开放时代》2009年第2期。

究。考虑到这一研究主题的新颖性和理论复杂性,笔者将在下文进行论述。

五、技术变革视角下的失业贫困与无条件基本收入构想

新兴科技发展和技术变革可能会因为技术排斥而造成非正规经济中的大规模失业,并由此产生新的贫困。具体而言,有两方面的原因造成了新的贫困:一是劳动力市场分割(labor market segmentation),二是低端工作被淘汰。20世纪60年代,美国一批经济学家在与新古典经济学理论的竞争性对话中提出了劳动力市场分割理论。前者认为存在一个买方和卖方公开竞争的统一劳动力市场,工人工资与条件产生于个人人力资源特征(如技能、经验与教育等)和个人偏好,工人的补偿性工资差异(compensating wage differentials)只出现在供给侧,即劳动力市场和其他市场一样起作用且本身无差别;而后者则认为劳动力市场并非完全竞争市场,而是根据职业、地理和行业等分割成了不同的、彼此交叉很少的部门,这种分割使得不同类型的部门间的竞争和转换都很低,因此工资差异不能仅由个人禀赋决定,且补偿性工资差异主要出现在需求侧。[1] 例如,医生和服装设计师就业于不同的劳动力市场,劳动力部门不同、技能不同、差异逐步扩大,且几乎没有竞争和转换的可能性。

詹姆斯·阿尔特(James Alt)和托本·艾弗森(Torben Iversen)认为,一方面,分割体现了工业生产体系中福特制(Fordist)这种标准化、大规模化而非专业技能的生产模式的式微,并逐步转向技能密集型(skill-intensive)生产模式;另一方面,它也反映了去工业化(deindustrialization)的趋势,使得低技能劳动者逐步陷入高风险、无固定或临时性工作状态中。[2] 其中,首当其冲的是缺乏公认技能的流动性工人(如跨国的移

---

[1] Bauder, H., *Labor movement: how migration regulates labor markets*, Oxford: Oxford University Press, 2006.

[2] Alt, J., & Iversen, T., "Inequality, labor market segmentation and preferences for redistribution", *American Journal of Political Science*, vol. 61, no. 1, 2016, pp. 21–36.

民工人、进城务工人员），他们不仅会遭到新工作地的语言风俗的区割或难以融入流入地社会的困ës，而且也会遭遇更低端工作的竞争。当技术变革逐步淘汰常规的低端工作后，本来就陷入更低端工作竞争的工人必然会陷入失业的困境，进而又会造成大量的贫困问题。

为了回应上述问题，"无条件基本收入"（Unconditional Basic Income，UBI，主要见于比利时、荷兰等欧陆国家），或称公民基本收入（Citizen's Basic Income，主要见于英国），或称基本收入保障（Basic Income Guarantee，主要见于美国和加拿大）的构想和政策进入了人们视线。"基本收入全球网络"（Basic Income Earth Network，BIEN）于1986年成立，致力于向全球介绍、推广和研究基本收入理念、制度和经验；他们将基本收入界定为：无条件交付给所有人的定期现金支付，无须家计调查或工作要求。① 这一构想可以追溯到16世纪初的国营基本收入（State-run Basic Income）概念，当时托马斯·莫尔（Thomas More）在其《乌托邦》一书中倡导每个人都应该得到有保障的收入。② 到18世纪末，英国激进思想家托马斯·斯宾塞（Thomas Spence）和英裔美国革命者托马斯·潘恩（Thomas Paine）宣布支持保证所有公民都有一定收入的福利制度。在整个19世纪，关于基本收入的辩论是有限的。但是，在20世纪早期，被称为"国家奖金"的基本收入得到了广泛的讨论，并且在1946年英国实施了无条件家庭补贴（Unconditional Family Allowances）。20世纪60年代和70年代，美国和加拿大进行了与基本收入类似的"负所得税"（negative income tax）实验。从20世纪80年代开始，有关基本收入的争论已经从欧洲扩展到了世界许多国家。少数国家实施了与基本收入有一些相似之处的大规模福利制度，例如巴西的家庭补助金。

此后，学者们从反贫困、就业、经济增长、福利陷阱、性别平等以及形式自由等角度对基本收入议题进行了广泛的讨论。其中，比利时学者菲利普·范·帕里斯（Philippe Van Parijs）较为权威地构建了基本收入的哲

---

① 详见Basic Income Earth Network官网，https://basicincome.org/，2021年6月15日。
② Bryce, C., "What money can buy: the promise of a universal basic income and its limitations", *The Nation*, vol. 307, no. 6, 2018, pp. 33.

学基础。他认为,维持最高可持续的基本收入是带来真正自由的保证,或者是自由地做"任何想做的事"的基础。[1] 换言之,他确定了收入权优先于工作权的原则。从工作权优先到收入权优先的这一转变,对根本消除一切形式的贫困具有重大意义。[2] 无条件基本收入构想为从根本上消除包括失业贫困在内的收入贫困问题提供了理论前瞻和现实路径。至此,我们可以看到两种不同视角的反贫困设计:社会福利制度与无条件基本收入制度。

六、简要评述

总的来看,主流贫困研究一般都采用相对贫困的界定方法,并且认为贫困是多维的,受政治、经济、文化、社会以及地理环境等多方面的影响。但是,对于如何界定贫困尚没有定论,而且贫困研究还呈现出研究视野越来越广阔、学科层次越来越复杂的趋势。

首先,贫困基础理论发展中涉及诸多概念论争和诸多主体间的话语分歧,并非简单的"缺钱""收入不足"或"绝对贫困与相对贫困"。一方面,绝对贫困与相对贫困是解释贫困的两大基本视角,在欧美学者的争论中不断演进。并非解决了绝对贫困才出现相对贫困,解决了绝对贫困就要解决相对贫困;或者说,解决相对贫困时就不再有绝对贫困。两者没有解决先后或阶段性的含义。按照英国独立的事实核查组织(Full Fact)的解释,"前者(绝对贫困)是指维持基本生存需要的物质(诸如食物、衣物、庇护所等)的缺乏,可以根据固定的、不变的生存标准来衡量,因此是绝对意义的贫困;后者(相对贫困)是指无法过上一般的生活方式(例如被一般人能够参与的活动或获得的机会排除在外),以低于国家或特定地区的家庭收入中位数的60%为衡量标准,也就是根据社会中其他人的

---

[1] Van Parijs, P., *Basic income and social justice: why philosophers disagree*, Joseph Rowntree Foundation, 2009.
[2] 林闽钢:《如何面对贫困和消除贫困——贫困视角及其政策转换的社会历程》,《南国学术》2018年第1期。

生活方式或收入标准来衡量的，因而是相对意义的贫困"①。2006 年，英国时任首相戴维·卡梅伦（David Cameron）提出以相对贫困视角进行贫困治理，但是，到 2011 年，又是他发现相对贫困的衡量办法容易造成不合逻辑的结论。② 例如，当某个家庭周围的其他家庭变得更穷时，这个家庭会自动地被脱贫。另一方面，如果认为相对贫困阶段没有绝对贫困，这种看法会忽视贫困人群与地区的贫困化特征和返贫现象。在我国，2020 年后现行标准下如期脱贫并不意味着贫困的消除，精准扶贫也未与城乡社会保障制度、基层组织建设、社会治理与农村妇女儿童赋权等有效整合。假如没有建立起完善的城乡基本公共服务制度，如果没有消除贫困化的趋势，那么，2020 年后脱贫地区仍然面临着返贫的风险。尽管主流贫困研究和反贫困政策设计还是回到了贫困概念上来，但是很少涉及穷人的声音。这为从穷人的视角研究心理贫困与贫困文化提供了空间，也引导我们思考如何"激发贫困户内生动力"的议题。如果我们不关注穷人的想法和呼声，就很难从符合穷人生活实际的角度开展针对性帮扶，以及进行合理性研究。

其次，当前的主流视角引导我们反思官方话语与政策设计，促使我们从支持和使能（support and enable）社区发展的角度思考我国农村贫困治理的微观路径。既有的反贫困政策设计是基于绝对贫困和相对贫困结合的产物，即在以家庭年收入设定绝对贫困线的同时，结合了特定公共服务或社会福利的获得状况（表现为贫困线和"两不愁三保障"等混合识别方法）来界定脱贫标准。这意味着官方贫困话语与反贫困政策设计还没有兼顾贫困研究的多重视角，例如，没有从多维贫困角度开展可行能力实践与贫困测量，没有关注穷人的偏好、真实想法以及穷人社区的生活方式与文化特征，过分注重贫困户与非贫困户的划分而忽略了贫困社区的整体性，缺乏对社区发展的关注，忽视了包括广大城市贫困人口的工作贫困以及即将可能产生的技术性失业贫困。

---

① Full Fact, *Poverty in the UK: a guide to the facts and figures*, https://fullfact.org/economy/poverty-uk-guide-facts-and-figures/, 2019.

② Full Fact, *Poverty in the UK: a guide to the facts and figures*, https://fullfact.org/economy/poverty-uk-guide-facts-and-figures/, 2019.

第二章　当代贫困理论的发展与贫困治理研究

从国际经验来看（以英国和美国为例），以社区为基础的"农村未来"（Rural Future）计划①融合了上述主要视角，在社区可持续发展的目标导向下关注产生贫困的多维因素，以及由穷人心理、行为与非正规经济环境等综合形成的贫困文化。国际经验也重视探讨穷人的尊严、权利和内在心理的影响机制，以及持续造成贫穷状态的多维因素。因此，我们认为，理解贫困社区的文化现象与多维贫困现状，通过支持和使能社区发展、改善社区文化可以成为下一步扶贫工作的重要方向。

最后，在相对贫困意义上，几乎每种视角都试图从增加穷人的社会福利或收入的角度进行反贫困实践，这启发我们从更加符合中国实际的城乡基本公共服务均等化的角度开展2020年以后的贫困治理。一方面，我国当前的扶贫目标和路径不仅涵盖了基本公共服务的主要方面，而且正体现出一种扶贫政策与农村低保、社会救助等社会保障政策有效融合的趋势，这奠定了实现城乡基本公共服务均等化的政策基础。另一方面，目前我国较大规模非正规经济的工作贫困人员基本覆盖了城市贫困的主要类别，而他们绝大部分都被排斥在基本公共服务体系之外。换言之，他们迫切需要的是享受城乡基本公共服务；而基本收入的构想虽然具有根本性意义，但是在当下的社会经济条件下显得不现实，难以解决他们的主要问题。

第三节　中国贫困治理研究的主要视角

改革开放以来，中国的扶贫工作逐步由政府专项业务、重要任务，提升为国家战略乃至全球（反贫困）事业，不仅是实现第一个百年奋斗目标

---

① 详见网页英国https://www.ruralfutures.wales/和美国http://ruralfutures.nebraska.edu/why/。两国的计划在项目内容和进度等方面有所差异，但是设计思路一致：选定若干农村社区为对象，综合解决包括就业、收入、交通、基本公共服务、宽带和数据服务、住房和能源缺乏等多维生存困难；而其核心目标在于通过支持和使能让社区成员能够发展本地潜能来应对多维贫困和改善贫困文化。

的中心工作,而且是增强中国参与全球治理话语权的重要路径。这一前所未有的、波澜壮阔的伟大实践不仅取得了举世瞩目的减贫成就,还为世界反贫困事业提供了中国经验,而且催生了以精准扶贫为核心机制的习近平扶贫思想。随着中国贫困治理实践的发展,学术界也从多个学科的视角对中国的反贫困政策进行了研究,形成了多元的贫困治理研究视角。

一、发展经济学视角下的亲贫性增长

持这种视角的学者认为,在收入分配比较公平的条件下,经济增长是减贫的决定性因素,因此政府应该通过制定亲贫性经济政策来减贫,同时,缩小城乡差距并改善收入分配。① 客观上来说,在1978—1985年,我国并没有专门的扶贫政策和制度安排,主要依赖经济增长的普惠式减贫作用。这种依托宏观经济政策的普惠式减贫模式虽然没有直接瞄准穷人,但是大大降低了贫困发生率。② 不过这种减贫效应的发挥取决于三个条件:一是增长的亲贫性(pro-poor growth),即经济增长能促进减贫而不是扩大贫富差距;二是发展的平衡性,因为不平衡发展会进一步加大贫富差距和城乡差距,导致贫困问题更加突出;三是收入分配的相对公平,这可以保证经济增长所带来的收入增加不过分有利于富人。事实上,20世纪90年代以来,以经济增长消除贫困的模式也面临着减贫难度大、经济发展的低包容性,以及发展不平衡的难题。事实上,90年代后农民的实际收入增长率大幅下降,农村内部不平等加剧。③

尽管如此,我国的贫困治理,特别是农村扶贫理念还是以发展为核心。所谓"开发式扶贫",实际上就是一种以发展为核心的扶贫理念。这种扶贫理念不同于以为贫困人口提供救济为核心的扶贫理念,强调经济发

---

① Montalvo, J. G. & Ravallion, M., "The pattern of growth and poverty reduction in China", *Journal of Comparative Economics*, vol. 38, no. 1, 2010, pp. 2–16.
② 汪三贵:《在发展中战胜贫困——对中国30年大规模减贫经验的总结与评价》,《管理世界》2008年第11期。
③ 李小云:《我国农村扶贫战略实施的治理问题》,《贵州社会科学》2013年第7期。

展特别是产业发展在减少贫困中的作用。① 需要指出的是，这种以经济发展为核心的扶贫理念不是强调宏观经济增长及其带来的涓滴效应，更多的是强调贫困地区的经济发展以及贫困群体的自我发展，强调通过经济发展和产业发展找到贫困地区的比较优势，从而提升脱贫能力。

二、行政主导视角下的瞄准式扶贫

由于城乡差距扩大，农村内部收入不平等加剧，20 世纪 90 年代的经济增长过分有利于富人，② 导致中国的经济增长由有利于穷人的发展阶段演变为不利于穷人的低包容性发展阶段。为了调节发展不平衡问题，国家的扶贫开发工作开始引入行政干预的治理机制，通过区域瞄准的方式划定国家贫困县，并且专门制定扶贫优惠政策、定向输入财政扶贫资金。然而，由于贫困区域内发展不平衡、扶贫对象的市场竞争力弱，扶贫优惠政策无法真正落实到贫困区域内的真正贫困县和穷人，③ 从而导致"扶富不扶贫"。另外，由于扶贫财政资金本身的普惠性而出现了大量的腐败与精英俘获。④⑤⑥ 因此，为了更准确地瞄准穷人，使扶贫资源向真正的穷人传递，中国的扶贫战略进一步缩小瞄准范围，由区域瞄准缩小为贫困县瞄准，进而缩小为整村推进下的瞄准贫困村，直到最后的瞄准到户的精准扶贫。

中国的扶贫战略在瞄准思路的影响下越来越精细，其本身是技术治理逻辑下的不断细化。⑦ 但是，由于缺乏直接、有效链接穷人的中间制度载

---

① 王曙光：《中国扶贫——制度创新与理论演变（1949—2020）》，商务印书馆 2020 年版。
② Chen, S. H. & Wang, Y., *China's growth and poverty reduction: recent trends between 1990 and 1999*, The World Bank, 2001.
③ 汪三贵等：《中国新时期农村扶贫与村级贫困瞄准》，《管理世界》2007 年第 1 期。
④ Alatas, V., et al., "Does elite capture matter? Local elites and targeted welfare programs in Indonesia", *CID Working Papers*, 2013.
⑤ 邢成举：《乡村扶贫资源分配中的精英俘获——制度、权力与社会结构的视角》，中国农业大学博士学位论文，2014 年。
⑥ Platteau, J.-P., "Monitoring elite capture in community-driven development", *Development & Change*, vol. 35, no. 2, 2004, pp. 223–246.
⑦ 王雨磊：《数字下乡：农村精准扶贫中的技术治理》，《社会学研究》2016 年第 6 期。

体,以及混合识别法①的运用,不能排除精英俘获以及普通村民争抢贫困户资格的逐利行为。在这种情况下,无论怎么细化瞄准单元,即便是瞄准到村、到户,由于大多数村内4/5以上的家庭是非贫困的,因此还是无法确保资源准确到户。扶贫开发思路仍然是行政干预下的瞄准式扶贫,大量扶贫资源也源源不断地沿着这种线条传到基层,但是如果不能发育出有效链接政府和穷人的中间型制度载体②,瞄而不准的问题依然无法解决。

三、社会政策视角下的社会保障与基本公共服务供给

尽管从 2000 年后中国的扶贫思路大体是行政主导下的瞄准模式,但是,进入 21 世纪以来,农村出现了更多的新社会保障政策和基本公共服务供给政策。以"一费制"改革、"两免一补"、新农合、农村低保、农村养老保险等为代表的"保护性扶贫"措施开始实施,扶贫治理开始进入开发和收入补贴并重的阶段③。尽管大量研究证明了农村社会保障的减贫功能显著④,但是直到中央政府构建大扶贫格局前,农村社会保障与农村扶贫并没有显著的关联。更确切地说,农村社会保障的对象并没有被视为官方定义的"穷人",而是基于特定生存状态或特定需要下的群众。直到构建大扶贫格局后,各地政府才陆续将低保、五保、医疗救助等社会救助项目作为扶贫的政策工具。之所以如此,是基于政府对穷人的假设,即目前农村主要存在两种穷人,一种是绝对贫困户,另一种是相对贫困户或称为低收入困难户。而根据这两种不同的假设,农村社会保障的部分项目被用来解决绝对贫困,即官方所指出的"低保政策兜底一批"等;而行政干预的农村扶贫开发以及其他农村社保项目则主要解决低收入困难户,即官

---

① 政府通过瞄准贫困区域控制贫困村或户指标,再在更低层次的范围内(如村庄)通过村庄评议识别贫困户,然后通过家庭调查来核实。
② 李小云:《我国农村扶贫战略实施的治理问题》,《贵州社会科学》2013 年第 7 期。
③ 李小云:《我国农村扶贫战略实施的治理问题》,《贵州社会科学》2013 年第 7 期。
④ 徐霞:《新农合的减贫效应研究:基于 CHNS 微观数据的实证分析》,东北财经大学硕士学位论文,2016 年。

第二章　当代贫困理论的发展与贫困治理研究

方定义的"六个一批"中的其他五项（即扶持生产和就业发展一批、移民搬迁安置一批、医疗救助扶持一批、灾后重建帮扶一批、教育资助解困一批）。至此，我们可以看到，农村社会保障和农村扶贫出现了有效融合的局面。值得指出的是，融合之后的扶贫模式仍然是行政主导的瞄准式，因此依然没有摆脱瞄准的难题。另外，超出农村扶贫视野来看社会政策设计与福利供给，会发现存在严重的地域差异。岳经纶从空间差异的角度将这种社会政策"地方化"与"碎片化"的现象称为"地域不公平"和"地域不正义"。① 政策设计的微观地方化需要和宏观一体化正义的内在冲突是造成这种局面的根本原因。② 再加上地方政府在 GDP 竞争中对招商引资、财政收入等"赚钱"项目的偏好，本地居民福利和服务供给的"花钱"行为自然得不到足够重视。因此，化解社会政策设计的地域差异与身份差异，构建城乡基本公共服务体系将可能是 2020 年后改善相对贫困的政策方向。

四、参与式发展视角下的社区赋权

作为一种微观的区域发展研究视角，它区别于传统的自上而下的发展视角；它强调尊重差异、平等协商，在"外来者"的协助下，发展主体在发展或发展项目的决策、执行等过程中积极参与并发挥作用的一种发展方式。③④ 该发展模式的核心思想是通过向社区公众赋权和让利（empower and benefit local people）等方式将社区公众纳入社区决策、执行以及福利分配过程，从而实现社区"资源可持续管理"（sustainable management of resources）。⑤ 本土的参与式发展理论与实践最早可追溯到 20 世纪二三十年代的乡村建设运动，较为典型的是晏阳初的定县实验和梁漱溟的邹平实

---

① 岳经纶：《社会政策与"社会中国"》，社会科学文献出版社 2014 年版。
② 欧阳琼：《中国社会保障地区差异研究》，中国矿业大学（北京）博士学位论文，2012 年。
③ 李小云：《参与式发展概论》，中国农业大学出版社 2001 年版。
④ 崔效辉：《乡村建设运动：参与式发展理论的本土来源与贡献》，《人口与社会》2005 年第 2 期。
⑤ Agrawal, A., "Common property institutions and sustainable governance of resources", *World Development*, vol. 29, no. 10, 2001, pp. 1649–1672.

验。在国际上，参与式发展实践最早可追溯至 20 世纪五六十年代西方部分发达国家对第三世界发展中国家的对外援助，较为典型的是"社区发展战略"。直到 20 世纪八九十年代，参与式发展才真正引起国内学者的关注，代表人物有诸如李小云、叶敬忠、荣尊堂等学者。后来的参与式发展实践主要应用于农村扶贫，其次也应用于教育、农业、林业、灌溉、微信贷以及社区基金等方面的发展与保护行动之中①。然而，国内外最近 20 年左右的参与式扶贫却被指容易衍生精英俘获。②③④⑤ 值得关注的是，近年来，随着国家层面的精准扶贫战略的实施，参与式扶贫中的外部援助者协助、穷人参与模式逐渐呈现为向公益慈善或社会组织参与、以穷人为中心的模式转变。较有代表性的是国内学者李小云及其团队组建的"小云助贫中心"在云南勐腊县河边村的扶贫实践。⑥

五、社会建设视角下的基层党建扶贫

王春光、孙兆霞、曾芸⑦梳理并总结了贵州省近 30 年来的党建扶贫经验后，提出了社会建设和扶贫开发协调发展的理论，认为社会建设是扶贫开发的基石，其核心在于提升社会行动能力以承接并维持扶贫开发所带来的脱贫成效。社会建设理论认为，已有的能力理论致力于个人能力的提升而忽略了个人所处的社区的集体能力和个人能力的关系，应当通过村庄整

---

① Lund, J. & Saito-Jensen, M., "Revisiting the issue of elite capture of participatory initiatives", *World Development*, vol. 46, no. 2, 2013, pp. 104 – 12.

② Platteau, J.-P., "Monitoring elite capture in community-driven development", *Development & Change*, vol. 35, no. 2, 2004, pp. 223 – 246.

③ Alatas, V., et al., "Does elite capture matter? Local elites and targeted welfare programs in Indonesia", *CID Working Papers*, 2013.

④ 邢成举：《乡村扶贫资源分配中的精英俘获——制度、权力与社会结构的视角》，中国农业大学博士学位论文，2014 年。

⑤ 吴高辉：《国家治理转变中的精准扶贫——中国农村扶贫资源分配的解释框架》，《公共管理学报》2018 年第 4 期。

⑥ 欧阳永志：《河边村来了"筑梦人"——李小云和他团队的扶贫故事》，2018 年 3 月 1 日，http://news.cau.edu.cn/art/2018/3/1/art_8769_558470.html，2021 年 6 月 15 日。

⑦ 王春光、孙兆霞、曾芸：《社会建设与扶贫开发新模式的探求》，社会科学文献出版社 2014 年版。

体的能力成长，推动农村社区以合作和协调为核心的组织能力成长、自我供给的文化能力成长、资源整合和可持续利用的环境能力成长，以及信息、技术、市场等自我控制能力的成长。① 而基层党建扶贫正是在这一理论预设下开展的扶贫行动，主要包含了四个维度：①人民主体性原则，即用人民主体性理念整合政府、社会、市场等主体形成"大扶贫"格局。具体而言，以中国共产党的政治优势和组织优势构建人力资源平台，再以这个平台作为资源整合中心，推动村庄集体行动能力的提升，从而稳定减贫效果；②社区共同体原则，即将基层党建和村庄扶贫紧密结合起来，外来帮扶力量通过基层党组织参与村庄扶贫，展现村庄作为整体的场域意义；③尊重地方知识，强调必须充分尊重、运用好当地基层干部和群众的经验和力量，并与系统性、全局性的脱贫攻坚战略结合起来；④在党建扶贫中，党的自身能力得以提升，更进一步密切了党群关系，夯实了党的执政基础。

六、简要评述

以上五种视角从多角度解读我国的贫困治理实践，有利于对我国扶贫政策的多方位认识。比较而言，前三种视角都指向了共同的症结：难以瞄准穷人。显然，习近平总书记精准扶贫战略的提出是对这一"瞄准难题"的理论回应，也是一种伟大的理论创新。然而，在政策实践中，一系列经验研究都告诉我们，精准扶贫仍然面临着难以瞄准的症结。②③④ 对此，学界主要有三种解释。贺雪峰从组织建设的角度进行总结，认为"最后一公里"的治理问题是组织问题：一方面，基层组织涣散，难以有效回应分散农户的需求和偏好，导致基层组织威信降低，进而

---

① 孙兆霞等：《贵州党建扶贫30年——基于X县的调查研究》，社会科学文献出版社2016年版。

② 贺雪峰：《精准扶贫最大的问题是识别不精准》，2017年11月6日，https://www.sohu.com/a/204811382_696217，2021年6月11日。

③ 王雨磊：《精准扶贫何以"瞄不准"？——扶贫政策落地的三重对焦》，《国家行政学院学报》2017年第1期。

④ 许汉泽：《扶贫瞄准困境与乡村治理转型》，《农村经济》2015年第9期。

进一步弱化了基层组织的作用；另一方面，国家担心掌握公共资源的基层干部用公共资源谋私，国家现在正通过确权和清产核资的办法将所有村社集体资源量化到人，进一步弱化本已涣散的基层组织，"最后一公里"也就无解。① 李小云从资源分配的角度进行总结，认为"缺乏有效链接政府和穷人的中间型制度载体"：当前扶贫的关键不在于顶层设计，而是乡村底层的各种制度发育和各种扶贫资源的公平传递。② 岳经纶、左停等则从社会政策设计的角度进行总结，认为政策间衔接的关系问题：一方面是扶贫开发政策与低保救助政策之间的关系；另一方面是反贫困政策与基本公共服务均等化之间的关系。③④

前三种视角也突出了贫困治理的政府或市场角度。不过，从政府或市场角度去看待穷人的需要和发展问题也存在一定的局限。因为这种自上而下、由外而内的扶贫方式，无法解决与穷人有效对接的问题。一方面，因为依靠科层体系传递的扶贫资源到达村级组织后缺乏监管，且没有有效链接穷人的制度化渠道，易于滋生腐败或精英俘获，这的确是组织或制度问题；另一方面，扶贫资源即便是经过项目制等专项渠道抵达村庄，由于项目"设计于上"而不是"内生于下"，也容易与贫困村庄或穷人的偏好脱离，从而脱嵌于村庄或穷人的真实需要，这的确又是政策设计问题。从这个角度看，"参与式发展视角下的社区赋权"和"社会建设视角下的党建扶贫"或许能从根本上回应这一问题。其一，基层党建扶贫本来就是从加强基层组织建设的路径去推动扶贫政策执行"最后一公里"难题，从而回应组织或制度问题，具有源头性解决问题的实践优势；而社区赋权则关注社区成员在发展项目或经济发展中的参与、决策和行动，具有明确发展主体的理论优势。其二，基层党建扶贫与社会建设理论密切相关，是一种自下而上、由内而外的扶贫思路，具有识别穷人需要、发展社会行动能力的理论优势，从而回应政策设计问题。

---

① 贺雪峰：《"最后一公里"问题是基层组织治理问题》，《农村工作通讯》2018年第8期。
② 李小云：《我国农村扶贫战略实施的治理问题》，《贵州社会科学》2013年第7期。
③ 岳经纶：《专栏导语：精准扶贫与社会救助》，《公共行政评论》2017年第3期。
④ 左停、贺莉：《制度衔接与整合：农村最低生活保障与扶贫开发两项制度比较研究》，《公共行政评论》2017年第3期。

第二章 当代贫困理论的发展与贫困治理研究

尽管以上五种研究视角从不同的侧重点对我国理解中国的贫困治理提供了指引，但也存在着一些不足，主要表现在没有对我国贫困治理在政策设计上存在的城乡分治思路及其影响给予足够的关注，因而也不利于认识我国贫困问题及其治理的整体性和复杂性。

由于我国的贫困治理在政策设计上存在城乡分治的思路，因而贫困治理，或者说，扶贫政策主要面向农村地区和农民，因此，贫困治理的研究视角缺乏对城市贫困问题的足够关注。城乡分治的思路给我国的贫困治理带来了三个显著的影响：一是割裂了社会救助制度与反贫困政策，具体表现为低保线与扶贫线的分设，忽视社会救助制度的反贫困功能；二是没有认识到基本公共服务的缺乏是致贫的重要因素，对基本公共服务的减贫作用关注不够，实践中的具体扶贫政策更多的是为了如期快速脱贫而采取的超常规政策；三是在基本公共服务发展不足且递送不均衡的情况下，社会救助制度不得不扮演超越其能力的作用，导致社会救助制度架屋叠床，日趋繁复。[①]

在城乡分治的贫困治理思路下，在实践上最突出的问题是社会救助制度和扶贫开发政策在城乡间得不到均衡施策。当前社会救助制度实施的一大特点是城市社会救助制度不断发展完善，但是农村社会救助制度的发展相对滞后。而扶贫开发政策主要是针对农村地区，城市地区则没有扶贫开发政策。乐观地看，两项制度在城乡间形成了互补，但实际上这也正是两项制度的短板。

正是在这样的宏观贫困治理政策环境下，江门市开展了相对贫困治理，并试图改变城乡分治的贫困治理思路。这种探索凸显了我国贫困治理中的主要问题，因而对理解我国的贫困治理实践具有特别重要的意义。本书也正是基于这种特别的意义而对江门的相对贫困治理实践进行了深度剖析。早在 2016 年，江门市就开始了城乡统筹扶贫的探索实践。也就是说，江门的扶贫工作不只局限在农村地区。紧接着，江门市又率先开展了低保标准和扶贫标准"两线合一"的政策创新，对城乡贫困对

[①] 岳经纶：《香港社会救助制度的发展及其对中国内地的借鉴》，《暨南学报（哲学社会科学版）》2017 年第 7 期。

象实施力度差距不大的帮扶措施，同时也致力于推进城乡基本公共服务的均等化。这种改革探索改变了城乡分割的贫困治理思路，促进了城乡贫困治理政策的协调与均衡，有利于形成更具整体性和均衡性的贫困治理政策体系。

第三章　最低生活保障制度与扶贫开发政策的演进与比较

江门市低保线与扶贫线"两线合一"改革涉及低保制度与扶贫开发政策两项制度的有效衔接,而上述两项制度的差异为"两线合一"提供有效衔接机会的同时也会阻碍两项制度的有效衔接。江门市低保线与扶贫线"两线合一"改革就是这一制度情景下的地方自主性创新。本章首先阐述低保制度与扶贫开发政策两项制度的演进历程,然后分析低保制度与扶贫开发政策两项制度在政策目标、贫困线设置、贫困人口识别、政策目标群体、政策构成、政策主体等方面的差异。

第一节　最低生活保障制度的历史演进

一、城市居民最低生活保障制度的历史演进

(一) 建立阶段

1993年5月,上海市发布《关于上海市城镇居民最低生活保障线的通知》,标志着中国城市居民最低生活保障制度的诞生。此后,多个城市先后试点建立城市居民最低生活保障制度。地方试点扩散过程得到了中央政府的积极推动。1994年,民政部在全国民政工作会议上提出要在东部沿海城市部署试点。[①] 民政部的积极推动促成了中央级别城市低保制度的

---

① 唐钧、沙琳、任振兴:《中国城市贫困与反贫困报告》,华夏出版社2003年版。

出台。① 1997年9月，国务院下发《关于在全国建立城市居民最低生活保障制度的通知》（以下简称《通知（1997）》）。

《通知（1997）》规定，城市居民最低生活保障制度的保障对象为家庭人均收入低于当地最低生活保障标准且持有非农业户口的城市居民。城市居民最低生活保障标准确立的基本原则是综合考虑当地基本生活必需品费用和财政承受能力。最低生活保障金采用差额（家庭人均收入与最低生活保障标准的差额）发放，鼓励财政和保障对象所在单位共同分担最低生活保障支出的城市逐步过渡到只由财政负担。整体来看，《通知（1997）》明确了保障对象、保障标准、筹资方式、救助方式等具体内容。

1999年9月，国务院颁布《城市居民最低生活保障条例》（以下简称《条例（1999）》），标志着城市居民最低生活保障制度走向规范化和法制化。相较于《通知（1997）》，《条例（1999）》的各项规定更加具体清晰。更为重要的是，它明确规定了城市居民最低生活保障的管理内容。第一，街道办事处、镇政府、县民政部门可以委托社区居民委员会负责城市居民最低生活保障的日常管理和服务工作。第二，确立了城市居民最低生活保障对象识别程序，包括户主申请、街道办事处和镇政府初审、县民政部门审批等步骤。第三，城市居民最低生活保障对象的识别方式包括入户调查、邻里访问和信函索证等。第四，城市居民最低生活保障实施动态管理。根据城市居民最低生活保障对象的收入变化确定停发，或增发、减发相应的城市居民最低收入保障待遇。第五，在监督管理方面，针对享受城市居民最低生活保障待遇的公民和从事城市居民最低生活保障审批的工作人员设计了惩罚措施。

总括而言，为了应对20世纪90年代国企改革过程中出现的城市贫困问题，保障下岗职工和失业人员的基本生活，我国建立了城市最低生活保障制度。② 城市居民最低生活保障制度的建立经历了从地方试点到全国推广的演变。特别要注意的是，如果没有政府间的横向竞争和纵向激励，城

---

① Hammond, D. R., "Policy entrepreneurship in China's response to urban poverty," *Policy Studies Journal*, vol. 41, no. 1, 2013, pp. 119–146.

② 岳经纶：《中国劳动政策：市场化与全球化的视野》，社会科学文献出版社2007年版。

第三章　最低生活保障制度与扶贫开发政策的演进与比较

市居民最低生活保障制度不可能在短短七年时间内向200多个城市实现从无到有的迅速扩散。① 表3-1-1详细呈现了各直辖市和省会城市建立最低生活保障制度的时间。

表3-1-1　各直辖市和省会城市建立最低生活保障制度的时间

序号	城市	创立时间	序号	城市	创立时间	序号	城市	创立时间
1	上海	1993.6	12	长春	1996.7	23	长沙	1997.7
2	福州	1995.1	13	济南	1996.7	24	成都	1997.7
3	海口	1995.1	14	合肥	1996.7	25	西宁	1997.8
4	沈阳	1995.3	15	南京	1996.8	26	天津	1998.1
5	广州	1995.7	16	郑州	1996.8	27	贵阳	1998.1
6	南宁	1995.9	17	拉萨	1997.1	28	西安	1998.1
7	石家庄	1996.1	18	呼和浩特	1997.1	29	兰州	1998.1
8	武汉	1996.3	19	杭州	1997.1	30	银川	1998.1
9	北京	1996.7	20	南昌	1997.1	31	乌鲁木齐	1998.1
10	重庆	1996.7	21	哈尔滨	1997.4			
11	昆明	1996.7	22	太原	1997.7			

资料来源：王海燕、修宏方、唐钧《中国城乡最低生活保障制度：回顾与评析》，《哈尔滨工业大学学报（社会科学版）》2011年第2期。

（二）扩面阶段

在国企改革不断深化的同时，需要获得城市最低生活保障的贫困人口不断增加。2001年，国务院办公厅发布《关于进一步加强城市居民最低生活保障工作的通知》（国办发〔2001〕87号），要求地方政府加大财政投入力度，将符合条件的城市贫困人口纳入最低生活保障范围，还提出要进一步推动城市最低生活保障管理的规范化。例如，完善申请人财产收入申报制度，规范城市最低生活保障申请办理程序，加强监督管理、信息化

---

① 朱旭峰、赵慧：《政府间关系视角下的社会政策扩散——以城市低保制度为例（1993—1999）》，《中国社会科学》2016年第8期。

管理和社会化管理。

自该通知出台后,中央政府和地方政府的财政投入明显增加,城市居民最低生活保障人数也出现跳跃式增加。2001年至2003年间,中央财政负担的城市居民最低生活保障经费连续翻番,从2001年的23亿元增加到了2003年的92亿元。① 加上地方财政支出后,城市居民最低生活保障支出从2001年的41.6亿元增加到了2003年的150.5亿元。② 2000年至2003年间,城市居民最低生活保障人数分别为402.6万、1170.7万、2064.7万和2246.8万。短短几年间城市最低生活保障人数增加了约1800万。③

在中央确立基本的政策法规和管理规范后,政府还通过扩大覆盖面实现了"应保尽保"的目标。然而,统一的最低生活保障补差标准缺乏灵活性和针对性,无法保障不同类型最低生活保障对象的基本生活。具体来说,就是最低生活保障收入并不足以保障有特殊困难的最低生活保障对象的基本生活。为此,民政部在2003年的全国民政厅局长会议上提出"分类施保"的要求。对最低生活保障家庭中的老年人、未成年人、重度残疾人、重病患者等重点社会救助对象上调一定比例的最低生活保障待遇,从而提高其社会救助水平。

此外,为了缓和最低生活保障对象的特殊困难,中央建立了医疗、教育、住房等方面的配套政策或者说是专项救助政策。基于这一政策思路,2003年,民政部颁布《关于建立城市医疗救助制度有关事项的通知》;2004年,民政部和建设部等联合颁布《城镇最低收入家庭廉租住房管理办法》,民政部后又与教育部联合颁布《关于进一步做好城乡特殊困难未成年人教育救助工作的通知》;2004年,民政部还颁布《关于做好普通高等学校困难毕业生救助工作的通知》,以进一步落实"分类施保"的目标。

---

① 王海燕、修宏方、唐钧:《中国城乡最低生活保障制度:回顾与评析》,《哈尔滨工业大学学报(社会科学版)》2011年第2期。
② 《中国民政统计年鉴(2004)》,https://data.cnki.net/yearbook/Single/N2004120010,2021年6月11日。
③ 《中国统计年鉴(2004)》,https://data.cnki.net/yearbook/Single/N2006010336,2021年6月11日。

第三章　最低生活保障制度与扶贫开发政策的演进与比较

（三）规范化阶段

在城市居民最低生活保障制度迅速发展的同时，最低生活保障对象认定不准确问题也开始凸显。作为一项兜底性的社会政策，最低生活保障制度最重要的是要保障贫困人口基本生活和维持社会稳定。但是，由于最低生活保障对象认定不准确，"错保"和"漏保"引起的社会压力要求城市最低生活保障制度的设计及其运行更加规范。

2010年，民政部出台《关于进一步加强城市低保对象认定工作的通知》（民函〔2010〕140号），就最低生活保障对象的认定条件和认定方法做出了具体说明。认定条件主要是指户籍条件、收入条件和财产条件，认定方法包括民主评议、公示制度、随机抽查制度、收入核对机制等。在一定程度上，可以认为该政策的出台意味着政府在倡导"应保尽保"的同时也开始注重"应退尽退"。

2012年，民政部印发《最低生活保障审核审批办法（试行）》（民发〔2012〕220号），以求进一步规范最低生活保障审核审批流程。该政策最大的特点是明确了城市最低生活保障制度执行中的细节性规定，在后续最低生活保障制度执行中基本上以这一政策为依据。主要包括以下内容。

第一，在资格条件方面，不仅明确了共同生活家庭成员的构成，还规定了收入和财产的核对内容。其中，家庭收入由工资性收入、经营性收入、财产性收入和转移性收入构成，家庭财产主要包括金融资产和实物财产。

第二，在认定方法方面，除了前述提倡的入户调查、邻里访问、信函索证以外，还增加了信息核对这一方法，要求县级以上人民政府民政部门与公安、人力资源和社会保障、住房和城乡建设、税务、金融、工商等部门和机构，对最低生活保障申请家庭的户籍、车辆、住房、社会保险、养老金、存款、证券、个体经营、住房公积金等收入和财产信息进行核对，并根据信息核对情况，对申请人家庭经济状况声明的真实性和完整性提出意见。

第三，在民主评议方面，确立民主评议的基本程序为：宣讲政策、介绍情况、现场评议、形成结论和签字确认。

二、农村居民最低生活保障制度的历史演进

(一)建立阶段

与城市地区快速建立全国性的城市居民最低生活保障制度相比,农村居民最低生活保障制度的建立相对缓慢。从1992年山西省左云县开始试点农村居民最低生活保障制度,到2007年7月国务院颁布《关于在全国建立农村最低生活保障制度的通知》,由地方试点推广到全国经历了15年。

1996年,民政部发布的《关于加快农村社会保障体系建设的意见》指出:"各地要积极试点,稳步推进。凡开展农村社会保障体系建设的地方,都应该把建立最低生活保障制度作为重点,即使标准低一点,也要把这项制度建立起来。"① 此时,上海、北京、广东、辽宁等省市纷纷提出了"整体推进城乡最低生活保障制度建设"的政策设想。② 2004年9月中共十六届四中全会以后,党中央开始确立构建社会主义和谐社会的战略目标,在这个背景下,农村最低生活保障制度建设摆上了党和政府的议事日程:"2004年的说法是'有条件的地方,要探索建立农村最低生活保障制度';到2005年,'探索'之前加上了'积极'二字;2006年干脆就说'逐步建立'了。"③ 到2007年3月,国务院《政府工作报告》明确提出要在全国范围建立农村最低生活保障制度。

2007年7月,国务院正式颁布《国务院关于在全国建立农村最低生活保障制度的通知》(国发〔2007〕19号)。建立农村最低生活保障制度的目标是将符合条件的农村贫困人口全部纳入保障范围,稳定、持久、有效地解决全国农村贫困人口的温饱问题。农村最低生活保障对象是家庭年人均纯收入低于当地最低生活保障标准的农村居民,主要是因病残、年老体弱、丧失劳动能力以及生存条件恶劣等原因造成生活常年困难的农村居

---

① 李学举:《民政30年》,中国社会出版社2008年版。
② 唐钧:《城乡低保制度:历史、现状与前瞻》,《红旗文稿》2005年第18期。
③ 唐钧:《农村低保的果实已经成熟》,《社会观察》2007年第6期。

第三章 最低生活保障制度与扶贫开发政策的演进与比较

民。农村最低生活保障管理包括申请、审核和审批,民主公示,资金发放,动态管理四大方面。

值得注意的是,农村最低生活保障管理与城市最低生活保障管理有所差别。比如在资金发放方面,农村最低生活保障金原则上按照申请人家庭年人均纯收入与保障标准的差额发放,也可以在核查申请人家庭收入的基础上,按照其家庭的困难程度和类别分档发放。

(二) 规范化阶段

在全国建立和实施农村最低生活保障制度后,最低生活保障范围不断扩大。农村最低生活保障人数从2006年的1593.1万快速增加至2007年的3566.3万,增加了近2000万农村最低生活保障对象。持续扩大的农村最低生活保障规模在2013年达到最大值——5388万。在农村最低生活保障对象规模扩大的同时,中央政府也在积极推动农村最低生活保障制度的规范实施。

2010年11月,民政部颁布《关于进一步规范农村最低生活保障工作的指导意见》(民发〔2010〕153号),在家庭经济状况调查、村级民主评议、社会公示、动态管理、宣传培训、监督检查等方面提出了具体要求。要求乡(镇)人民政府对农村最低生活保障申请人家庭经济状况进行调查,调查覆盖面要达到100%。建立举报核查制度,防止农村最低生活保障领域的腐败问题。

面对农村居民收入难以调查的问题,民政部一直倡导最低生活保障对象识别的信息化。2015年,民政部和国家统计局发布《关于进一步加强农村最低生活保障申请家庭经济状况核查工作的意见》(民发〔2015〕55号),对核查范围、核查程序、核查主体、核查方式、保障措施做出了具体规定。要求将民政部门、公安、人力资源和社会保障、国土资源、住房和城乡建设、农业、金融、保险、工商、税务、住房公积金等部门和机构的数据互联互通,核对农村低保申请家庭的户籍、机动车、就业、保险、住房、农机、农业补贴、存款、证券、纳税、公积金等方面信息和个体工商户信息。

到了2018年4月,民政部印发《全国农村低保专项治理方案》,集中治理"人情保""关系保""错保""漏保",坚决查处农村低保工作中的腐败和作风问题,标志着农村最低生活保障规范管理进入新阶段。2019年12月,民政部和国家统计局发布《关于在脱贫攻坚中切实加强农村最低生活保障家庭经济状况评估认定工作的指导意见》(民发〔2019〕125号),对农村低保的家庭收入评估认定方法、家庭财产评估认定方法、家庭刚性支出评估认定方法、家庭经济状况评估认定辅助指标等方面做出了规定,这有利于在脱贫攻坚决战决胜、全面收官的关键阶段进一步提升社会救助兜底保障能力,精准认定农村最低生活保障对象。

三、广东省最低生活保障制度的历史演进

(一)建立阶段

1995年7月,广州市建立了城市居民最低生活保障制度,成为继上海市之后又一批率先建立城市低保制度的城市之一。两年后,广东省于1999年7月通过了《广东省城乡居(村)民最低生活保障制度实施办法》(以下简称《实施办法(1999)》),建立了覆盖城乡的最低生活保障制度,为省内最低生活保障制度的实践提供了法制基础,也是最早建立覆盖城乡的低保制度的省份之一。

《实施办法(1999)》的创新之处是没有对低保保障对象进行城市和农村的分割,符合当地低保标准的城乡居民都可以申请。保障对象主要包括四类人员:一是无经济来源、无劳动能力、无法定赡养人或抚养人的居民;二是领取失业救济金期间或失业救济期满仍未能重新就业,家庭人均收入低于当地最低生活保障标准的居民;三是在职和下(待)岗人员在领取工资或最低工资、基本生活费,以及退休人员领取养老金后,其家庭人均月收入仍低于当地最低生活保障标准的居民;四是其他家庭人均月收入低于当地最低生活保障标准的城乡居(村)民(不包括农村五保对象)。此外,《实施办法(1999)》在保障对象家庭收入的计算、保障标准、保障资金等方面也做了具体规定。

重视对低保资金的投入和管理。2005年,广东省财政厅和广东省民

第三章 最低生活保障制度与扶贫开发政策的演进与比较

政厅发布《关于广东省最低生活保障资金管理暂行办法》，规定省财政对14个困难地区和恩平市城镇、农村低保资金按省确认数的30%和50%的比例分别给予补助；同时，文件对低保资金的来源、管理等方面进行了具体规定，如要求开设"低保专户"，专款专用。2008年，广东省民政厅、广东省财政厅发布《关于进一步做好最低生活保障工作的通知》，将省财政对14个经济欠发达市和恩平市的城乡低保金补助比例调整为城镇40%、农村60%，体现了广东省人民政府对低保资金财政投入的高度重视。

加强信息系统建设。广东省于2005年开发了全省民政业务统一软件，其中包含了最低生活保障业务，此后在各市逐步推广应用。2007年，广东省民政厅发布《关于加强全省最低生活保障信息系统建设的通知》，要求有效推进统一的低保软件在各市的使用，加强人员软件操作培训，加强软件应用，加强数据联网，加强相关领导工作。此举有利于方便、规范低保的申请、审核、审批、发证等业务，并增进了低保信息的互联互通与对信息的监督。

（二）规范化阶段

十八大以后，广东省的最低生活保障制度有了进一步突破与发展。2013年，广东省人民政府颁布《关于建立广东省城乡低保最低标准制度的通知》（粤府办〔2013〕17号），旨在建立全省城乡低保最低标准制度。该政策有几个特征：一是率先实行低保标准自然调整分类管理办法，基于省内区域经济发展不平衡的实际，根据各地生活水平和财政承受能力，把城乡低保最低标准的设立分为四类地区；二是率先建立城乡低保补差水平最低标准自然调整机制，由省政府依据各地实际情况，分区制定城乡低保标准和城乡低保补差水平最低标准；三是率先建立全省低保对象核定指导制度，由省政府测算并通报各地低保对象人数占当地人口比例的指导指标，各地根据指导指标实现应保尽保；四是率先实现社保卡覆盖城乡低保群体；五是率先将低保工作纳入各级政府政绩考核。

随后，广东省又陆续出台多项政策文件，如《广东省最低生活保障申请家庭经济状况核对及认定暂行办法》（粤民发〔2014〕202号）、《广东省社会救助条例》（广东省第十二届人民代表大会常务委员会第85号公告）、《关于在脱贫攻坚三年行动中切实做好社会救助兜底保障工作的实施意见的通知》（粤民发〔2018〕156号）、《广东省最低生活保障制度实施办法》（粤府令第262号）、《广东省最低生活保障家庭经济状况核对和生活状况评估认定办法》（粤民规字〔2019〕9号）等。最低生活保障的覆盖范围逐步扩大，从收入型贫困家庭扩展到因病、因残、因学等刚性支出负担过重、影响基本生活的支出型贫困家庭。

其中，2019年通过的《广东省最低生活保障制度实施办法》突破了一定的地域限制，面对人户分离、人户不一的情况，申请人可申请异地办理，无须返回原户籍地。此外，还引入了家庭生活状况综合评估，改变了过去贫困认定中"收入贫困"的单一视角，并坚持"保户"与"保人"相结合，以及建立主动申报激励机制。作为《广东省最低生活保障制度实施办法》的配套措施，《广东省最低生活保障家庭经济状况核对和生活状况评估认定办法》不仅具有扩大保障对象范围、体现支出型贫困理念的亮点，还采用了"信息化核对＋生活状况综合评估"的双重核查机制，对家庭存款和有价证券等金融资产、车辆信息、不动产、工资等较易客观取得和认定的数据采用信息化直接调查，对救助申请家庭人口状况、居住条件、生产资料和生活资料等需要实地调查了解的科目，通过相对标准化的设置，使入户评估生活状况进一步规范化，使低保对象认定更精准、更公平。以上情况表明，广东省最低生活保障制度在不断规范、发展，并为打赢脱贫攻坚战起到了有效的兜底保障作用。

第二节　扶贫开发政策的历史演进与广东实践

改革开放以来，我国扶贫开发政策经历了体制性扶贫阶段、开发式扶贫阶段、大扶贫格局阶段、精准扶贫阶段四个主要阶段。在消除绝对贫困人口后，我国扶贫工作并没有结束，新的任务是实现巩固拓展脱贫攻坚成果与乡村振兴有效衔接，监测与帮扶农村低收入人口，进而实现从巩固拓展脱贫攻坚成果到乡村振兴的历史性过渡。考虑到目前已有众多文献分析

第三章　最低生活保障制度与扶贫开发政策的演进与比较

了我国扶贫开发政策的历史演进过程①，本节无须另辟蹊径来讨论我国的扶贫开发政策的历史进程，而是在全国扶贫开发政策实践的大背景下，简述扶贫工作在广东省的地方实践过程。

一、体制性扶贫阶段②

新中国成立以后，党和政府通过综合性的制度变革调整社会生产关系，发展农业生产和农村经济，以平等的收入分配、普惠型的基本公共服务供给和基本的社会福利制度来缓解极端贫困问题。③ 例如，通过土地改革、人民公社等制度安排有效地缩小了全社会的贫富差距问题。然而，在平均主义意识形态的影响下，劳动者缺乏足够的激励，导致生产效率低下。同时，重工业轻农业的发展模式制约了农业的发展，损害了农民的利益，也造成了农村与城市之间的严重不均衡。要发展农村生产力，提高农民生活水平，必须变革制约农村发展的制度。换句话说，在体制性扶贫阶段，制约农村发展的主要因素是制度。④

党的十一届三中全会后，为了激发农民的生产积极性，改善农民的经济状况，我国开始取消人民公社制度，在农村实施家庭联产承包责任制，推动了农业生产的大发展和农民收入的提高。与此同时，还取消了制约农业发展的统购统销制度，放松了农产品价格管制，实施了农产品交易制

---

① 这方面的代表性研究参见：李小云、徐进、于乐荣《中国减贫四十年：基于历史与社会学的尝试性解释》，《社会学研究》2018 年第 6 期；燕继荣《反贫困与国家治理——中国"脱贫攻坚"的创新意义》，《管理世界》2020 年第 4 期；汪三贵、曾小溪《从区域扶贫开发到精准扶贫——改革开放 40 年中国扶贫政策的演进及脱贫攻坚的难点和对策》，《农业经济问题》2018 年第 8 期；王曙光、王丹莉《中国扶贫开发政策框架的历史演进与制度创新（1949—2019）》，《社会科学战线》2019 年第 5 期；左停、徐卫周《改革开放四十年中国反贫困的经验与启示》，《新疆师范大学学报（哲学社会科学版）》2019 年第 3 期。
② 1978 年至 1985 年间国家没有专门开展扶贫工作，农村脱贫主要是农村经济体制改革的结果。参见宋洪远《中国农村改革三十年》，中国农业出版社 2008 年版。
③ 汪三贵、殷浩栋、王瑜：《中国扶贫开发的实践、挑战与政策展望》，《华南师范大学学报（社会科学版）》2017 年第 4 期。
④ 李小云、徐进、于乐荣：《中国减贫四十年：基于历史与社会学的尝试性解释》，《社会学研究》2018 年第 6 期。

度,从而进一步激发了农民从事农业生产的积极性。对于缺乏农业基础的贫困地区,特别是"老、少、边、穷"地区,我国政府还实施了一系列扶贫的政策措施。例如,1980年设立"支持经济不发达地区发展资金",将"三西"① 专项建设列入国家计划,划定18个集中连片贫困区实施重点扶持。

在这一时期,按照分类指导的原则,广东省将其所辖区域区分为经济特区、珠江三角洲、东西两翼和山区。扶贫工作主要以山区扶贫为主,并由广东省委农村工作部和广东省政府农业委员会统筹规划和组织实施。从扶贫措施来看,主要采取了"包、定、调、放"四大措施。其中,"包"指对山下的种养业实行家庭联产承包责任制;"定"指对山上林业落实稳定山林权,划定自留山,确定林业生产责任制的"三定";"调"指调整山下"以粮唯一"和山上"以用材唯一"的生产结构;"放"指放宽生产流通政策,扩大市场调节范围。在上述四大扶贫措施的作用下,广东省的47个山区县(含海南行政区的4个)的工农业产值和总产值、乡镇企业总收入和农民人均年纯收入均获得了明显增长。②

二、开发式扶贫阶段

虽然在体制性扶贫阶段我国也实施了开发式扶贫政策,但是真正实现开发式扶贫政策的制度化始于1986年。因为我国自1986年起开始设立专门的扶贫工作机构和安排专项扶贫资金。体制性扶贫在取得显著减贫效果的同时,还在一定程度上抑制了贫富差距的扩大。然而,随着改革开放进程的推进,农村经济体制改革带来的减贫效果逐步衰减,并导致我国收入差距逐渐扩大。以基尼系数为例,在1981年,我国基尼系数为0.288。到1985年,我国的基尼系数下降到0.2656。然而,自此之后,基尼系数一直提高,到1988年已提高到0.382。为了强化减贫效果,我国政府自1986年开始有组织、有计划地针对贫困地区实施开发式扶贫。自此,我

---

① "三西"指甘肃定西、河西和宁夏西海固的集中连片地区。
② 广东省扶贫开发领导小组办公室:《广东扶贫志(1984—2005)》,2007年。

第三章　最低生活保障制度与扶贫开发政策的演进与比较

国的扶贫理念开始从救济式扶贫转向开发式扶贫，扶贫政策目标也从减少"老、少、边、穷"地区贫困开始转向以县为单位的贫困舒缓和满足农村人口的温饱需要。

为了推进开发式扶贫的政策理念和政策目标，各级政府都建立了相应的组织保障。在中央层面，1986年5月，成立了"国务院贫困地区经济开发领导小组"（后来在1993年12月改名为"国务院扶贫开发领导小组"）。与此同时，省、市、县也建立了相应的行政组织体系，确立了一套从上至下实施扶贫开发政策的组织基础。就广东省而言，1984年11月，广东省委、省政府发布《中共广东省委、广东省人民政府关于贯彻执行中共中央中发〔1984〕19号文件的通知》（粤发〔1984〕44号），决定成立"广东省贫困地区工作领导小组"，并于1985年1月正式任命了组长和副组长。小组下设办公室，与省农委农建办合署办公。到1985年2月，广东省贫困地区工作领导小组改名为"广东省贫困地区山区工作领导小组"，成员包括省政府办公厅、省农委等26个部门的领导。1994年11月，广东省贫困地区山区工作领导小组再度更名为"广东省扶贫开发领导小组"。2021年5月，广东省扶贫开发领导小组办公室易名为"广东省乡村振兴局"。

与此同时，这一时期还确立了以贫困县为主要扶贫对象的扶贫战略。按照人均收入低于150元的贫困标准，1986年确定了331个贫困县列入国家重点扶持范围。1994年，国务院制定并颁布《国家八七扶贫攻坚计划》，提出用七年时间解决近8000万贫困人口的温饱问题，并将贫困县的数量调整为592个。在制定扶贫开发措施方面，按照《国家八七扶贫攻坚计划》，提出要加强贫困县基础设施建设，强化贫困县的基本公共服务供给，为贫困县提供信贷优惠、财税优惠和经济开发优惠等多项政策保障。

在广东，按照以县为单位开展扶贫工作的国家战略，山区县成为省扶贫工作的重点。所谓山区县，指的是辖区内海拔200米以上、坡度25度以上的山地、丘陵面积占全县总面积70%以上的县，广东全省共有50个山区县。① 为了贯彻实施分类指导、发展区域经济的战略，缩小贫困山区

---

① 广东省扶贫开发领导小组办公室：《广东扶贫志（1984—2005）》，2007年。

与珠三角的经济发展差距，广东省实施了一系列卓有成效的扶贫措施与改革创新。例如，在 1985 年至 1990 年间，通过走治山致富大路，在 90 年代初初步实现了"五年消灭荒山"的战略目标，显著地提高了山区农民年人均纯收入水平，减少了山区的贫困人口规模。1991 年至 2000 年间，广东省出台了多种策略和手段对山区贫困县实行帮扶，包括：组织沿海城市对口帮扶贫困县，实施省直机关挂钩帮扶贫困县，大力发展开发性农业和乡镇企业，对粤北石灰岩地区 20 多万人实施异地搬迁，在山区建设各具特色的农业商品基地，扶持 16 个贫困县创办扶贫农业龙头企业，实施产业化开发扶贫，等等。① 这些措施的实施有力地支持了山区贫困县的发展。

三、大扶贫格局阶段

经历了十多年的制度化扶贫以后，我国基本解决了全国贫困人口的温饱问题。同时，贫困人口的分布特点发生了从区域整体性贫困到点状分散性贫困的转变。换言之，按照当年的贫困标准，贫困人口的空间分布日趋分散。另一个情况是，随着市场经济的发展，城乡之间和阶层之间的差异也日趋扩大。在这种情况下，我国扶贫工作重点开始转向了解决绝对贫困与相对贫困并重，城乡统筹发展的大扶贫格局阶段。②

2001 年，国务院颁布实施《中国农村扶贫开发纲要（2001—2010）》，确立了扶贫开发的重点由贫困县转至贫困乡和贫困村，强调扶贫开发的对象不仅要注重未能解决温饱问题的贫困人口，也要帮助解决温饱问题的贫困人口增加收入。基于上述政策对象和政策重点的变化，扶贫开发政策也进行了适时的调整，整村推进、产业化扶贫、劳动力转移和异地扶贫搬迁成为重点措施，并在全国得到推广。③ 整村推进可以让扶贫开发政策不仅能够继续覆盖重点贫困县的贫困人口，还可以覆盖非贫困县的贫困人口。

---

① 广东省扶贫开发领导小组办公室：《广东扶贫志（1984—2005）》，2007 年。
② 朱小玲、陈俊：《建国以来我国农村扶贫开发的历史回顾与现实启示》，《生产力研究》2012 年第 5 期。
③ 黄承伟：《中国扶贫开发道路研究：评述与展望》，《中国农业大学学报（社会科学版）》2016 年第 5 期。

第三章 最低生活保障制度与扶贫开发政策的演进与比较

产业化扶贫则让农民不仅可以实现本地化就业，还有利于激活农村特色资源和发展特色农业。劳动力转移政策则尝试通过就业培训，有效地提升农民的综合素质和就业能力。而针对生存条件恶劣地区实施异地扶贫搬迁，可以有效改善贫困人口的生产生活条件。

与全国大部分地区仍然以绝对贫困治理为重点不同的是，广东省在1998年至2000年巩固温饱成果以后，即根据《中国农村扶贫开发纲要（2001—2010）》制定了适合广东省省情的《广东省农村"十五"扶贫开发纲要》，将广东的贫困治理重点从绝对贫困转向了相对贫困。根据广东的实际情况，相对贫困对象被界定为2001年年纯收入在1500元以下的农村贫困人口，全省相对贫困人口总数是411万人。与此同时，尽管广东省仍然将山区发展作为一项重要的区域协调发展战略，但是其扶贫的重点不再以贫困县为单位，而是转变为进村到户、整村推进。

在这一时期的广东扶贫工作中，除了出台《广东省农村"十五"扶贫开发纲要》这一纲领性文件以外，广东省还出台了一系列政策法规推进扶贫工作。2001年12月，通过《广东省人大常委会关于继续扶持革命老区发展经济的决议》，将老区脱贫奔康列入当地的扶贫开发计划；2002年9月，颁布《关于加快山区发展的决定》，扶持山区的农业、工业、教育、卫生、信息、交通、水利、林业等多个领域；2002年12月，出台《广东省人大常委会关于继续解决水库移民遗留问题的决议》，旨在解决水库移民这一类广东特困群体所面临的生活水平偏低，居住条件、饮用水水质和基础设施较差等突出问题；2003年8月，广东省委、省政府做出实施《十项民心工程》的决定，从全民安居、扩大与促进就业、农民减负增收、教育扶贫、济困助残、外来员工合法权益保护、全民安康、治污保洁、农村饮水、城乡防灾减灾等方面进一步解决群众生产生活中的突出问题；2004年9月，发布《扶持边远分散革命老区村庄搬迁安置方案》，对全省有需要搬迁的3432个边远分散革命老区村庄中的873个革命老区村庄的1.4万户、6.5万人进行生态移民和易地扶贫；2004年11月，发布《关于组织十百千万干部下基层驻农村深入推进固本强基工程的意见》，选派干部下基层驻农村开展社会扶贫工作。

2011年，国务院在延续《中国农村扶贫开发纲要（2001—2010）》政策措施的基础上,颁布《中国农村扶贫开发纲要(2011—2020)》,将 14 个集中连片特困地区纳入扶贫攻坚计划,标志着我国反贫困斗争进入了片区攻坚的新阶段。而广东省则根据贫困人口的新情况和新特点,在 2009 年 6 月开创性地提出和实施扶贫开发"双到"("规划到户、责任到人")政策,并在 2009 年至 2012 年、2013 年至 2015 年实施了两轮"双到"扶贫。在第一轮"双到"扶贫(2009—2012)中,以村集体经济年收入低于 3 万元作为贫困村的认定标准,以农民家庭年人均纯收入低于 2500 元作为贫困户的认定标准,对广东省 3407 个贫困村、36.7 万贫困户、158.6 万贫困人口实施帮扶;在第二轮"双到"扶贫(2013—2015)中,以村集体经济年收入低于 3 万元且全村农民家庭年人均收入低于 5623 元作为贫困村的认定标准,以农民家庭人均纯收入低于 3480 元作为贫困户认定标准,对 2571 个重点帮扶村、20.9 万贫困户、90.6 万相对贫困人口实施帮扶。

四、精准扶贫阶段

经历上述三轮扶贫之后,我国贫困人口的分布愈加分散。与此同时,经济增长的涓滴效应也逐渐减少,整个社会出现了较为严重的不平等现象。这就要求反贫困措施必须实现精准识别、精准扶贫和精准脱贫。其中,精准识别是精准扶贫和精准脱贫的前提条件。为了实现这一目标,我国贫困人口瞄准经历了从区域瞄准再到瞄准贫困县、贫困乡和贫困村之后,转向瞄准到户和瞄准到人。

按照这一思路,党中央、国务院于 2015 年 12 月颁布《中共中央国务院关于打赢脱贫攻坚战的决定》,确立了扶贫开发政策到 2020 年的新目标:实现农村贫困人口的"两不愁三保障"[①],贫困地区农民人均可支配收入增长幅度高于全国平均水平,贫困地区基本公共服务主要领域接近全国平均水平。前一个目标针对的是"建档立卡"贫困户,而后两个目标则主要针对集中连片贫困地区。

[①] "两不愁三保障"是指不愁吃、不愁穿、义务教育、基本医疗和住房安全有保障。

第三章 最低生活保障制度与扶贫开发政策的演进与比较

进入精准扶贫阶段后,我国开始了前所未有的反贫困努力。从人员投入来看,最为明显的是,在党政一把手脱贫攻坚工作责任制下,不仅政府一把手要亲抓扶贫,而且党建扶贫也成为新特点,形成了自上而下的"五级书记挂帅"现象。从2015年到2020年2月,全国共派出25.5万个驻村工作队、累计选派290多万名县级以上党政机关和国有企事业单位干部到贫困村担任第一书记或驻村干部(期限1~3年)。从政策实施来看,按照"六个精准、五个一批"① 要求,形成了包括产业帮扶、就业帮扶、教育帮扶、健康帮扶、残疾帮扶、住房帮扶、养老帮扶、异地搬迁等在内的多元化扶贫措施。按照"扶持谁、谁来扶、怎么扶、如何退"的要求,精准识别贫困人口,明确帮扶主体,实施精准化的政策供给,确保贫困人口稳定脱贫,反贫困斗争取得了显著的成效。到2020年12月,我国已实现全国22个省区市的832个贫困县全部脱贫摘帽,意味着贫困人口从整体上已经告别贫困,全面建成小康社会有了重要基础。2021年2月25日,习近平总书记庄严宣告:"我国脱贫攻坚战取得全面胜利。"也就是说,按照人均纯收入2300元/人的贫困标准(2010年不变价),2012年年底确定的9899万绝对贫困人口全部实现脱贫。

需要注意的是,在精准扶贫阶段,虽然全国大部分地区都是以国家统一的贫困标准,也即每人每年2300元(2010年不变价)的贫困认定标准实施反绝对贫困斗争,但是广东省结合其经济社会发展实际,在第二轮"双到"扶贫中已提出"相对贫困"的概念。2016年,广东省出台《中共广东省委、广东省人民政府关于新时期精准扶贫精准脱贫三年攻坚的实施意见》,以当地人均可支配收入为参照,按照收入比例法,将相对贫困标准设定为2014年农村人均可支配收入的33%。对照国家统一的贫困标准来看,广东省对相对贫困的定义实际上是在收入层面的一种略高于国家统

---

① "六个精准"指扶贫对象精准、措施到户精准、项目安排精准、资金使用精准、因村派人(第一书记)精准、脱贫成效精准;"五个一批"指发展生产脱贫一批、易地搬迁脱贫一批、生态补偿脱贫一批、发展教育脱贫一批、社会保障兜底一批。

一的贫困标准的相对贫困①,可以称之为"低线相对贫困"。② 作为广东省的一个地级市,与广东省从收入维度认定相对贫困的做法不同的是,江门市在探索相对贫困治理机制的过程中,一直坚持多维度的相对贫困认定标准,也即是一个在综合贫困家庭的收入、住房、生产和生活状况后,再结合江门市贫困发生率来确定的相对贫困标准。

总体来看,改革开放40多年来,在不同的发展阶段,我国的扶贫开发政策根据贫困人口的特点,在保持扶贫政策连续性的同时,实施差异化的政策目标,并据此进行相应的帮扶政策设计,取得了反贫困斗争的巨大胜利。尽管我国已经消除了绝对贫困人口,但是我国的反贫困斗争并没有因此而结束。党的十九届五中全会审议通过的《中共中央关于制定国民经济和社会发展第十四个五年规划和二〇三五年远景目标的建议》和2021年2月21日发布的《中共中央 国务院关于全面推进乡村振兴加快农业农村现代化的意见》明确提出,要"实现巩固拓展脱贫攻坚成果同乡村振兴有效衔接"。2021年2月25日,"国务院扶贫开发领导小组办公室"更名为"国家乡村振兴局","三农"工作的重心开始从脱贫攻坚向乡村振兴的历史性转移。所有这些均表明,我国在2020年消灭绝对贫困之后并不会停止反贫困斗争,而是转向更加深化的贫困治理阶段。

第三节 最低生活保障制度与扶贫开发政策的比较

在我国反贫困事业的演进过程中,作为我国最重要的两项反贫困政策——最低生活保障制度与扶贫开发政策相互补充、相辅相成,共同提升了我国的反贫困效果。在宏观政策目标上,二者都是帮扶贫困人口;在具

---

① 吴高辉、岳经纶:《面向2020年后的中国贫困治理:一个基于国际贫困理论与中国扶贫实践的分析框架》,《中国公共政策评论》2020年总第16卷。
② 李棉管、岳经纶:《相对贫困与治理的长效机制:从理论到政策》,《社会学研究》2020年第6期。

第三章 最低生活保障制度与扶贫开发政策的演进与比较

体的政策设计和政策实施中,二者既有相似的地方,也有相异的地方。

彼得·霍尔（Peter Hall）在探究政策变迁过程时指出,政策制定是一个通常包含了三个主要变量的过程：第一,指导特定领域政策制定的总体性目标（overarching goals）；第二,为实现政策目标所使用的政策工具（instrument）；第三,政策工具的精准设置（precise setting）。① 我们结合霍尔提出的这三个变量,同时增加政策主体这一变量,梳理出最低生活保障制度体系与扶贫开发政策体系的主要构成,具体如表3-3-1所示。

表3-3-1 最低生活保障制度体系与扶贫开发政策体系的主要构成

政策名称		最低生活保障制度
政策目标		保障城乡低保户（贫困人口）的基本生活
政策工具及其精准设置	贫困标准	救助水平：最低生活保障金水平及其调整 救助资金：设置分级财政资金构成比例 救助方式：现金救助与实物救助
	贫困识别	贫困识别标准：人均可支配收入低于低保标准,户籍和财产状况符合当地最低生活保障政策规定 贫困识别方法：社区民主评议、信息核对、入户调查、邻里访问等 贫困识别程序：申请人提出申请；乡（镇）审核；县（区）审批
	政策构成	就业救助：贷款贴息、补贴、费用减免、公益性岗位安置 教育救助：减免费用、助学金、生活补助、安排勤工助学 医疗救助：医疗补贴、医疗补助 住房救助：配租公共租赁住房、发放住房租赁补贴、农村危房改造 分类施保：针对重度残疾人、重病患者、老年人和未成年人等,适度提高最低生活保障标准
政策主体		民政部门主导,人力资源和社会保障部门、教育部门、医疗部门、住房和城乡建设部门,残联、妇联、工会、共青团等群团组织协同

---

① 彼得·霍尔：《政策范式、社会学习和国家：以英国经济政策的制定为例》,《中国公共政策评论》第一卷,2007年。

续表 3-3-1

政策名称	扶贫开发政策	
政策目标	为农村贫困户（建档立卡户）实现"两不愁三保障"	
政策工具及其精准设置	贫困标准	扶贫标准：按照农民人均收入测算 扶贫资金：分级财政扶贫资金、扶贫信贷资金和社会捐赠资金 扶贫方式：非现金扶助
	贫困识别	贫困识别标准：人均可支配收入低于扶贫标准，结合贫困人口的住房、教育、健康等综合考量 贫困识别方法：社区民主评议、"N看"法，设置排除条件 贫困识别程序：初选对象；乡（镇）复核；县（区）复审
	政策构成	专项扶贫；行业扶贫；社会扶贫*
政策主体	扶贫办统筹，涉及党、政、军、群团、国企、企业、社会组织与志愿者等多元化的政府主体和非政府部门主体参与	

资料来源：作者据相关资料整理。

＊详细政策参见张腾等，2018。

一、政策目标

最低生活保障制度和扶贫开发政策都是针对贫困人口的反贫困政策，主要政策目标是为了改善贫困人口的生活状况。最低生活保障制度和扶贫开发政策在反贫困的宏观目标上具有一致性，都是帮扶贫困人口。[①] 李迎生和李金珠从政策群的视角审视最低生活保障制度和扶贫开发政策后，认为二者的制度理念和制度导向相近，都具有落实共享发展的制度理念和坚持了以人民为中心的制度导向。[②]

[①] 左停、贺莉：《制度衔接与整合：农村最低生活保障制度与扶贫开发两项制度比较研究》，《公共行政评论》2017年第3期。

[②] 李迎生、李金珠：《走向一体化的反贫困政策框架——扶贫开发与农村低保衔接的路径与趋势研究》，《江苏行政学院学报》2019年第4期。

第三章 最低生活保障制度与扶贫开发政策的演进与比较

但是，正如左停和贺莉所述，最低生活保障制度和扶贫开发政策尽管在宏观目标上具有一致性，但是在政策目标的具体设置方面还是存在一些差异。① 最低生活保障制度主要是为了保障没有劳动能力的长期贫困人口的基本生活，注重贫困人口的"生存权"。扶贫开发政策主要是为了确保有劳动能力且有劳动意愿的贫困人口能够获得机会脱贫，强调贫困人口的"发展权"。总而言之，最低生活保障制度重在保障贫困人口生活的最低需求，而扶贫开发政策强调减少贫困人口，它除了促进个体或家庭脱贫外，还强调减少区域整体性贫困。

二、贫困标准

贫困标准包括贫困标准的确定与调整、贫困标准下的贫困资金的构成，以及贫困资金的支出方式三个方面。在最低生活保障制度中，最低生活保障标准由省市人民政府按照维持当地居民全年基本生活所必需的食品、生活用品、用水、用电等费用确定。一般而言，首先由省级人民政府制定指导性的最低生活保障标准，市级人民政府最终确定最低生活保障标准，但不得低于省定的最低生活保障标准，以及当地过去施行的最低生活保障标准。

最低生活保障资金主要由中央政府和地方各级政府的财政资金共同构成，部分地区的社区也投入相应配套资金。换言之，最低生活保障资金由各级财政资金按照一定比例构成。最低生活保障金原则上按照居民人均可支配收入与最低生活保障标准的差值发放，即现金补差。在具体的政策执行过程中，无法测量居民人均可支配收入的地区，特别是针对农村地区的最低生活保障对象，分档次对其实施现金救助。

在扶贫开发政策中，扶贫标准是国家统计局每年3月按照上一年农民人均收入测算并发布，测量方法较为多元，例如绝对贫困线、相对贫困线和主观贫困线法等。扶贫资金主要由财政扶贫资金、扶贫信贷资金、社会

---

① 左停、贺莉：《制度衔接与整合：农村最低生活保障与扶贫开发两项制度比较研究》，《公共行政评论》2017年第3期。

捐赠资金等组成。其中，财政扶贫资金由中央财政扶贫资金和地方财政扶贫资金组成，各级政府的财政扶贫资金按照一定比例配备。与最低生活保障资金采用现金援助的支出方式不同，扶贫资金主要以帮扶的形式惠及贫困人口，例如，以项目制来改善贫困地区的基础设施和发展农业生产。

三、贫困识别

贫困识别主要包括贫困人口识别标准、贫困人口识别方法和贫困人口识别程序三个方面。最低生活保障制度规定从户籍、收入和财产三个方面识别最低生活保障对象。其中，户籍是指共同生活家庭成员的户籍状况，收入（主要是工资性收入、经营净收入、财产净收入和转移净收入）必须不高于当地最低生活保障标准；财产方面各地采取了差异化的政策，主要是就金融资产（银行存款、有价证券、基金等）和实物财产（不动产、机动车辆等）两大方面设置准入条件。

按照上述最低生活保障对象识别标准，当前地方政府主要采用社区民主评议和信息核对相结合的方法识别最低生活保障对象。最低生活保障对象的识别程序遵循贫困家庭申请、乡镇人民政府审核（入户调查、信息核对等）、县（区）人民政府审批三个步骤。对于有争议的贫困家庭，一般采用社区民主评议的形式确定是否将其纳入最低生活保障。

与最低生活保障制度不同的是，扶贫开发政策并没有从上至下确立大体的贫困人口识别内容，而是由各地根据自身实际确立相应的贫困人口识别标准。精准识别一般遵循"三步工作法"：第一步，进村入户"算账"；第二步，组织专班逐户逐人调查；第三步，调查结果与建档立卡数据比对后进行公示。[1] 为了达到精准识别的目标，基层政府主要采用民主评议和量化识别两种不同的方式，其中民主评议是识别贫困人口最主要的方式。[2] 量化识别的大致做法是根据"两不愁三保障"的内容，对其中的一些指标

---

[1] 朱丽君：《多维贫困与精准脱贫——以中部地区少数民族自治县Y县为例》，《社会保障研究》2019年第1期。

[2] 汪三贵：《中国扶贫绩效与精准扶贫》，《政治经济学评论》2020年第1期。

的贫困程度进行打分或者设置否决项。比如贵州实施的"四看"法；宁夏实施的"五看"法[①]；云南实施的"七评"法；安徽实施的"六看六必问"[②]；以及其他地方实施的"X不进"[③]。

从扶贫对象的识别程序来看，按照《扶贫开发建档立卡工作方案》，首先由贫困人口提出申请，然后经村民代表大会民主评议，村委会和驻村干部工作队核实后第一次公示，再由乡镇人民政府审核并第二次公示，县扶贫办最后对乡镇人民政府的公示名单进行复审后再公告。简而言之，主要有初选对象、乡镇复核和县级复审三个步骤。

由此可见，在贫困人口识别标准和程序方面，最低生活保障制度和扶贫开发政策具有较大的差异。尽管如此，二者在贫困人口识别方法方面上还是具有相似性。值得注意的是，从政策目标群体来看，最低生活保障制度针对的是城市和农村不能维持基本生活的贫困人口。而扶贫开发政策针对的是农村地区而不包括城市地区，甚至主要是针对中西部22个省的农村地区。再结合政策目标群体的贫困程度来看，大致而言，最低生活保障对象的贫困程度要比建档立卡贫困户严重。

四、政策构成

围绕保障贫困人口的基本生活，按照2014年颁布的《社会救助暂行办法》，民政系统形成了"最低生活保障+专项救助"的政策体系设计。其中，专项救助主要包括就业救助、教育救助、医疗救助和住房救助。具体来说，就是使用贷款贴息、补贴（社会保险补贴、岗位补贴、培训补贴等）、费用减免、公益性岗位安置等方式对有就业能力的贫困对象实施就业救助；通过减免费用、助学金、生活补助、安排勤工助学等方式进行教

[①] 李博、左停：《精准扶贫视角下农村产业化扶贫政策执行逻辑的探讨——以Y村大棚蔬菜产业扶贫为例》，《西南大学学报（社会科学版）》2016年第4期。

[②] 汪磊、伍国勇：《精准扶贫视域下我国农村地区贫困人口识别机制研究》，《农村经济》2016年第7期。

[③] 左停、贺莉：《制度衔接与整合：农村最低生活保障与扶贫开发两项制度比较研究》，《公共行政评论》2017年第3期；李博、左停：《精准扶贫视角下农村产业化扶贫政策执行逻辑的探讨——以Y村大棚蔬菜产业扶贫为例》，《西南大学学报（社会科学版）》2016年第4期。

育救助；采用医疗补贴和医疗补助的形式开展医疗救助；住房救助则主要包括配租公共租赁住房、发放住房租赁补贴、农村危房改造等途径。同时，最低生活保障制度还按照特殊困难群体实施分类施保机制。分类施保对象主要是指重度残疾人、重病患者、老年人和未成年人。分类施保金实行动态调整，各地按照城乡最低生活保障标准的百分比确定。

扶贫开发政策则围绕专项扶贫、行业扶贫和社会扶贫形成了大扶贫工作格局及其具体扶贫措施。[①] 专项扶贫主要包括异地搬迁、整村推进、老区建设、就业促进、教育扶贫、健康扶贫、残疾人扶贫、生态扶贫、集中连片贫困地区扶贫等。行业扶贫主要包括科技扶贫、旅游扶贫、电商扶贫、网络扶贫、金融扶贫、水利扶贫、交通扶贫、资产收益扶贫、农林渔业扶贫等。社会扶贫包括定点帮扶、军队帮扶、企业帮扶、法律援助、社会救助、国际合作、东西部扶贫协作、社会组织与志愿者扶贫等。[②]

由此可见，最低生活保障制度和扶贫开发政策的政策构成具有较大差异。但是，值得注意的是，扶贫开发政策的一个重要目标是实现农村贫困对象的"两不愁三保障"，其中"不愁吃"和"不愁穿"主要通过就业救助的方式得以实现，教育保障、医疗保障和住房保障的实施方式则与最低生活保障对象享受的教育救助、医疗救助和住房救助基本相近。

五、政策主体

最低生活保障制度由民政部门负责实施，建立了"民政部—省民政厅—市民政局—县（区）民政局—乡镇（街道）民政办"五级职能机构。最低生活保障对象享受到的专项救助项目，亦有相应的职能部门负责实施。例如，就业救助、教育救助、医疗救助和住房救助分别由人力资源和社会保障部门、教育部门、医疗保障部门，以及住房和城乡建设部门负责实施。此外，还有残联、妇联、工会、共青团等群团组织针对各自的政策

[①] 黄承伟：《党的十八大以来脱贫攻坚理论创新和实践创新总结》，《中国农业大学学报（社会科学版）》2017年第5期。

[②] 张腾、蓝志勇、秦强：《中国改革四十年的扶贫成就与未来的新挑战》，《公共管理学报》2018年第4期。

第三章 最低生活保障制度与扶贫开发政策的演进与比较

对象,深化实施最低生活保障制度。

虽然扶贫开发政策也自上而下建立了相应层级的扶贫办负责政策实施,但是扶贫开发政策涵盖的政策措施种类繁多,涉及党、政、军、群团、企事业单位、社会组织与志愿者等多元化的政府部门和非政府部门主体,因而扶贫部门实际上主要扮演了统筹角色。借助党委领导、书记挂帅的政治优势,以"小组"机制协调部门间的合作。

因此,就政策主体而言,最低生活保障制度主要由民政部门实施,也包括部分职能部门、群团组织及社会组织。而扶贫开发政策由扶贫办统筹,其实施机构则包括党政机关、企事业单位和社会组织。

第四章 江门市探索相对贫困治理长效机制的实践过程

第一节 江门市探索相对贫困治理长效机制的背景与阶段

一、江门市市情简介

江门市地处广东省中南部,属省辖地级市,是粤港澳大湾区重要节点城市,全国著名侨乡。总面积约9506.92平方千米,下辖三区四市,分别为蓬江区、江海区、新会区,鹤山市、台山市、开平市和恩平市。2018年江门市实现地区生产总值2900.41亿元,人均地区生产总值63328元,属广东省中等发达水平地区。但从其在珠三角九市的生产总值排名来看,2016年至2018年间,江门市的地区生产总值和人均地区生产总值均仅高于肇庆市。(见表4-1-1)

表4-1-1 珠三角各市生产总值与人均生产总值(2016—2018年)

城市	2016年		2017年		2018年	
	地区生产总值	人均地区生产总值	地区生产总值	人均地区生产总值	地区生产总值	人均地区生产总值
广州	19782.19	143638	21503.15	150678	22859.35	155491
深圳	20079.70	172453	22490.06	183544	24221.98	189568
珠海	2267.02	137005	2675.18	155502	2914.74	159428

第四章 江门市探索相对贫困治理长效机制的实践过程

续表 4-1-1

城市	2016 年		2017 年		2018 年	
	地区生产总值	人均地区生产总值	地区生产总值	人均地区生产总值	地区生产总值	人均地区生产总值
佛山	8757.72	117606	9398.52	124324	9935.88	127691
惠州	3453.14	72465	3830.58	80205	4103.05	85418
东莞	6937.08	84007	7582.09	91329	8278.59	98939
中山	3248.68	100897	3430.31	105711	3632.70	110585
江门	2444.09	53932	2690.25	59089	2900.41	63328
肇庆	2100.64	51586	2110.01	51464	2201.80	53267

注：地区生产总值的单位为"亿元"，人均地区生产总值的单位为"元"。

数据来源：广东省统计局《广东统计年鉴（2019）》，http://stats.gd.gov.cn/gdtjnj/content/post_3098041.html，2021 年 6 月 11 日。

上述特征同样反映在 2016 年至 2018 年珠三角各市常住居民人均可支配收入方面（见图 4-1-1）。以 2018 年为例，江门市常住居民人均可支配收入约为 29547 元，仅高于肇庆市（约 24071 元），而九市中名列第一的深圳市的常住居民人均可支配收入约是江门市的 1.95 倍。不过，在 2016 年至 2018 年期间，江门市无论是城镇常住居民还是农村常住居民，人均可支配收入都有不同幅度的增长。其中，城镇常住居民人均可支配收入由 29557.2 元增加到 35465.8 元，增加了 5908.6 元；而农村常住居民人均可支配收入由 15226.3 元增加至 18153.6 元，增加了 2927.3 元。在 2016 年至 2018 年期间，江门市不论城镇常住居民还是农村常住居民，其人均消费支出也出现了不同幅度的增长。城镇常住居民人均消费支出从 20459.1 元增加到 23237.4 元，增加了 2778.3 元；农村常住居民人均消费支出从 11584.2 元增加到 13041.6 元，增加了 1457.4 元。（见表 4-1-2）

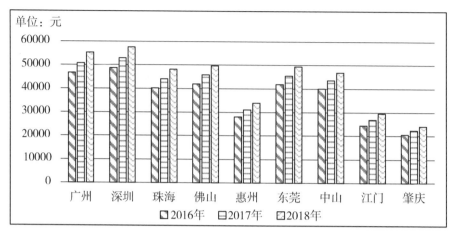

图 4-1-1 珠三角各市常住居民人均可支配收入（2016—2018 年）

数据来源：广东省统计局《广东统计年鉴（2019）》，http://stats.gd.gov.cn/gdtjnj/content/post_3098041.html，2021 年 6 月 11 日。

表 4-1-2 江门市常住居民人均可支配收入与人均消费支出情况（2016—2018 年）

（单位：元）

年份	人均可支配收入			人均消费支出		
	城镇	农村	全市	城镇	农村	全市
2016	29557.2	15226.3	24426.7	20459.1	11584.2	17281.9
2017	32466.8	16473.3	26850.6	22905.9	12655.9	19302.4
2018	35465.8	18153.6	29546.9	23237.4	13041.6	19751.6

数据来源：江门市统计局《江门市统计年鉴（2017—2019）》，http://www.jiangmen.gov.cn/bmpd/jmstjj/tjsj/tjnj/index.html，2021 年 6 月 11 日。

2018 年，江门市常住人口 459.82 万人，其中城镇人口 305.78 万人，占比为 66.5%，农村人口 154.04 万人，占比为 33.5%。在其下辖市（区）中，城镇人口数绝对值最大和最小的市（区）分别为蓬江区和恩平市，分别为 76.14 万人和 26.37 万人；农村人口数绝对值最大和最小的市（区）分别为台山市和江海区，分别为 50.12 万人和 0.07 万人。城镇人口比例最大和最小的市（区）分别为江海区和台山市，分别为 99.74% 和 47.43%；江海区和台山市分别为江门市农村人口比例最小和最大的市

(区),分别为0.26%和52.57%。(见表4-1-3)

表4-1-3 2018年江门市及其下辖各市(区)人口规模(单位:万人)

市(区)	城镇		农村		合计
	城镇人口数	城镇人口比例	农村人口数	农村人口比例	
江门市	305.78	66.50	154.04	33.50	459.82
蓬江区	76.14	99.58	0.32	0.42	76.46
江海区	27.09	99.74	0.07	0.26	27.16
新会区	57.92	66.23	29.53	33.77	87.45
鹤山市	32.21	62.97	18.94	37.03	51.15
台山市	45.22	47.43	50.12	52.57	95.34
开平市	40.83	57.07	30.71	42.93	71.54
恩平市	26.37	51.99	24.35	48.01	50.72

数据来源:江门市统计局、国家统计局江门调查队《2018年江门市国民经济和社会发展统计公报》,2019年3月15日,http://www.jiangmen.gov.cn/attachment/0/84/84378/906102.pdf,2021年6月11日。

二、江门市脱贫攻坚期的贫困规模

江门市没有国家级或省级贫困县。2016年,江门市确立了本地的相对贫困标准,即按照城乡居民年人均可支配收入低于6600元(台山市、开平市、恩平市农村低于5040元)的标准来界定相对贫困人口。这一相对贫困标准高于广东省的相对贫困标准。后者为:农民年人均可支配收入低于4000元。2016年至2018年期间,江门市城镇居民月最低生活保障标准从600元增加至800元,农村居民最低生活保障标准从500~600元增加至800元。江门市在持续提高农村和城镇居民最低生活保障标准的同时,还在2018年实现了城乡低保标准的统一。

但是,城乡低保对象人数并没有随着低保标准的提高而增加,反而呈逐年减少的态势。2016年至2018年,江门市低保对象人数由58635人下降至33508人,共计减少了25127人,降幅近43%。其中,城镇低保对象由 2016 年的 8335 人减少至 2018 年的 4309 人，共减少 4026 人，降幅约 48.3%；农村低保对象由 2016 年的 50300 人减少至 2018 年的 29199 人，共计减少了 21101 人，降幅近 42%。（见表 4-1-4）

从城乡低保对象数量的连续变化来看，与 2018 年城乡低保对象规模下降相比，2017 年城乡低保对象规模下降相对不明显。对比 2017 年与 2016 年城乡低保对象规模后发现，2017 年农村低保对象和城镇低保对象的降幅分别为 7% 和 8.3%，城乡低保对象下降 7% 左右；而 2018 年与 2017 年城乡低保对象规模对比结果显示，2018 年农村低保对象和城镇低保对象的降幅分别为 37.7% 和 43.6%，城乡低保对象下降近 38.5%。低保对象占常住总人口比重不断下降，说明江门市反贫困政策取得了相对较好的成效。但是，农村低保对象占城乡低保对象的比重上升，且比例高达 85% 以上，说明江门市反贫困阵地依然还是在农村地区，农村贫困问题是江门市在脱贫攻坚战中需要攻克的重点。（见表 4-1-4）

表 4-1-4　江门市城乡低保对象规模（2016—2018 年）

年份	农村低保人（人）	城镇低保人（人）	城乡低保人（人）	常住人口（万人）	农村低保比例（%）	低保覆盖率（%）
2016	50300	8335	58635	454.40	85.8	1.3
2017	46837	7644	54481	456.17	86.0	1.2
2018	29199	4309	33508	459.82	87.1	0.7

注：农村低保比例＝农村低保对象人数/城乡低保对象人数；低保覆盖率＝城乡低保对象人数/常住人口数。

数据来源：江门市统计局《江门市统计年鉴（2017—2019）》，http://www.jiangmen.gov.cn/bmpd/jmstjj/tjsj/tjnj/index.html，2021 年 6 月 11 日。

2016 年至 2018 年间江门市建档立卡贫困户数量变化显示，3 年中江门市建档立卡贫困户数量呈不断下降态势。2017 年较 2016 年建档立卡贫困户减少 47 户 258 人，2018 年较 2017 年建档立卡贫困户减少 278 户 1055 人，减贫幅度更为明显。总体上看，江海区、蓬江区建档立卡贫困户数量明显较少，而开平市、恩平市和新会区虽然在 3 年中均有相对较多的建档立卡贫困户，不过建档立卡贫困户数量也呈现下降态势。建档立卡贫困户

第四章　江门市探索相对贫困治理长效机制的实践过程

人数最多的是开平市，其建档立卡贫困户到 2018 年减少了 28 户 167 人。鹤山市、蓬江区、台山市在 2016 年至 2018 年间建档立卡贫困人口数量下降最多，分别减少了 278 人、251 人和 245 人。

表 4-1-5　2016—2018 年江门市精准扶贫对象规模

市（区）	2016 年		2017 年		2018 年	
	户数（户）	人数（人）	户数（户）	人数（人）	户数（户）	人数（人）
蓬江区	398	1203	396	1159	330	952
江海区	176	595	176	586	170	575
新会区	938	2992	930	2941	912	2849
台山市	943	2879	944	2921	861	2634
开平市	897	3221	897	3202	869	3054
鹤山市	825	2748	806	2635	771	2470
恩平市	920	3021	901	2961	859	2816
合计	5097	16659	5050	16405	4772	15350

数据来源：作者调研所得。

三、江门市探索相对贫困治理的主要阶段

江门市探索相对贫困治理的过程大体可分为三个阶段。第一阶段是 2016 年至 2017 年。在这个阶段，江门市主要是产生了扶贫线与低保线"两线合一"的政策理念，形成了扶贫线与低保线"两线合一"的基本政策思路。第二阶段是 2018 年至 2019 年。这个阶段最明显的创新是在市级层面以正式政策文本形式提出"低收入人口"概念，并以恩平市为政策试点单位，就统一识别低收入人口和统一帮扶低收入人口做了有益探索。第三阶段是 2020 年之后。在这个阶段，江门市扶贫线与低保线"两线合一"改革没有实现从恩平试点到江门全市试点的扩散，而且在低收入人口识别方法和低收入人口的对象范围等方面出现了明显变化。

（一）第一阶段：2016—2017 年

在完成两轮"双到"扶贫工作任务以后，江门市已在 2015 年年底实现其辖区内省定贫困村和绝对贫困人口的脱贫。为了巩固脱贫成果，2016 年开始，江门市自定标准，实施自帮自扶。虽然江门市在 2013 年至 2015 年的第二轮"双到"扶贫中也是实施自帮自扶，但其扶贫工作的重心主要还是围绕省定的扶贫工作任务。与之前不同的是，第二轮"双到"扶贫工作任务完成后，江门市没有省定固定对象的扶贫任务，因而从 2016 年开始的围绕如何开展扶贫工作的自帮自扶获得了更大的探索空间。换言之，在如何开展扶贫工作方面，江门市获得了政策窗口和政策空间，具有相对于广东省其他地级市更大的自主性来探索实施扶贫工作。

2016 年，时任江门市市长充分地利用了政策窗口期探索改革创新的机会。据我们访谈的参与这项工作的扶贫工作人员回忆，在时任江门市市长看来，"运动式扶贫"需要较大的行政成本，但是其成效和预期存在一定差距，而且扶贫工作一直偏重在农村开展，实际上城市也有不少贫困人口，甚至有时候城市贫困可能比农村贫困更严重，因为农村还有一亩三分地，而城市则什么都没有。针对"运动式扶贫"可能存在的改进空间，以及江门市已经实现绝对贫困人口脱贫的实际，江门市将其未来扶贫工作的重点放在探索建立常态化、全覆盖的城乡扶贫长效机制上。

那么，究竟如何实现上述贫困治理的转型呢？据我们访谈的参与这项工作的扶贫工作人员回忆，时任江门市市长提出从政策入手，对符合条件的贫困人口予以常态化的政策帮扶。2016 年，在时任市长与时任中共广东省委农村工作办公室领导（以下简称"省委农办领导"）沟通后，省委农办领导认为江门可以做这个探索，但需要考虑通过什么方式实施，目的是为 2020 年完成脱贫后的扶贫工作做一个探索。时任市长与省委农办领导在沟通过程中，产生了在江门市实施扶贫线与低保线"两线合一"改革的想法。

虽然扶贫线与低保线"两线合一"改革的政策理念产生了，但是时任江门市市长并不清楚如何合并扶贫线与低保线。时任市长委托主管扶贫工作的时任副市长，成立了以副市长为组长的工作团队，并邀请从事农村研

第四章　江门市探索相对贫困治理长效机制的实践过程

究的高校专家团队负责研究。高校专家团队从完善城乡低保制度、建立常态化的帮扶政策体系、测算低保"提标扩面"资金压力等多个方面进行了论证，然而并没有就上述核心问题形成明确的政策思路。

到了2017年，经广东省民政厅引荐，江门市扶贫办、市民政局与本书作者所在的高校研究团队做了进一步讨论。在政策讨论过程中，江门市扶贫办、市民政局与专家团队形成了扶贫线与低保线"两线合一"改革的基本思路。第一，设立共同的认定标准识别贫困人口；第二，建立数据系统来统一管理贫困人口；第三，整合不同职能部门已有的反贫困政策，对不同致贫原因的贫困人口实施精准帮扶。确立扶贫线与低保线"两线合一"改革的基本思路以后，还有一个关键的政策问题是用什么概念统一低保对象、建档立卡贫困户、特困人员、低收入家庭，以及因贫困标准变化后新增的贫困人口。

从当时其他地方政府的政策实践来看，浙江省在2016年发布了《浙江省低收入农户认定操作细则（试行）》，将低保户、低保边缘户和其他经济困难户统称为"低收入农户"。而另一个与低收入有关的概念是民政部门长期使用的"低收入家庭"，即高于低保标准但低于1.5倍低保标准的贫困家庭。上述两个与低收入有关的概念都是民政部门工作范畴内的概念。据我们了解，其时国内并无其他相关概念来统一命名扶贫开发政策和社会救助制度两种制度下的多种政策目标群体。因此，江门市扶贫线与低保线"两线合一"改革虽然有值得借鉴的实践经验，但需要其结合自身改革实际进行创新性探索。江门市扶贫办、市民政局在与专家团队讨论后，提出使用"低收入人口"这一概念。这样既可以避免与其他地方已使用过的低收入概念重复，又能够统一既定贫困政策运行中的低保对象、建档立卡贫困户、特困人员、低收入家庭，以及因认定标准变化而新增的贫困人口五类贫困人口。

在基本思路和关键概念确定后，江门市扶贫线与低保线"两线合一"改革并非一帆风顺。一方面，江门市扶贫线与低保线"两线合一"改革是为2020年以后的贫困治理做大胆的先行探索，因而与其时的国家贫困治理政策方针会有一定的差异；另一方面，江门市扶贫线与低保线"两线合一"改革涉及民政、扶贫、人社、残联等诸多与贫困治理有关的职能部门，整合与协调横向部门职能的难度较大。在上述两个因素的影响下，江门市扶贫线与低保线"两线合一"改革进程受到一定的制约。

(二) 第二阶段：2018—2019 年

虽然江门市扶贫线与低保线"两线合一"改革进程因为各种原因出现了一定程度的延缓，但是在江门市扶贫办与江门市民政局的努力下，这一改革并没有被终结，而且在 2018 年出现了明显转机。2018 年 3 月，江门市印发《关于推动扶贫线与低保线"两线合一"改革试点工作的实施方案》（江府〔2018〕6 号），标志着江门市将其未来的贫困治理问题正式界定为缓解相对贫困，江门解决相对贫困治理的长效机制探索也因此进入第二阶段。

根据《关于推动扶贫线与低保线"两线合一"改革试点工作的实施方案》（以下简称《实施方案（2018）》），相对贫困人口既包括社会救助制度和扶贫开发制度下的低保对象、特困人员、低收入家庭和建档立卡贫困户，还包括因贫困标准改变而新增的贫困人口，并将上述相对贫困人口统称为低收入人口。第一阶段中提出的低收入人口概念以及低收入人口统一认定、统一管理和分类帮扶的政策思路得以延续。

除了在市级层面通过了实施扶贫线与低保线"两线合一"改革试点的决策以外，江门市还积极与其上级部门中共广东省委农村工作办公室、广东省扶贫开发办公室（以下简称"省委农办/省扶贫办"）沟通。2018 年 8 月，江门市请求省委农办/省扶贫办给予江门市作为广东省推进"两线合一"改革的试点单位，探索建立常态化的扶贫长效机制，为下一阶段扶贫工作转入制度化、常态化做探索。一周以后，省委农办/省扶贫办同意了江门市开展"两线合一"改革试点的请示，明确将设立由负责同志牵头的联系指导组，加强对江门市"两线合一"改革试点的联系、咨询和指导工作，与江门市各有关方面共同推进试点工作，探索广东特色的扶贫长效机制。

省委农办/省扶贫办将江门市确立为"两线合一"改革试点城市，为江门市扶贫办和江门市民政局实施扶贫线与低保线"两线合一"改革试点提供了有力的政策依据。但是，被确立为"两线合一"改革试点城市后，

第四章　江门市探索相对贫困治理长效机制的实践过程

江门面临的一个首要问题是如何识别低收入人口,并对其实施常态化帮扶。江门市采用了政策咨询的方式,借助专家团队的专业知识,在全市实施低收入人口家庭经济状况和生活状况核查,建立了《江门市城乡低收入人口识别指标体系》,并在征询江门市横向部门和各市区政策主管部门的意见后,进一步完善了《江门市城乡低收入人口识别指标体系》(见附录1、附录2)。

除了创新低收入人口识别方法以外,江门市借助专家团队和科技公司提供的技术支持,建立了低收入人口大数据系统。低收入人口大数据系统由"对象库"与"政策库"两个部分组成。"对象库"包含了低收入人口的基本信息,"政策库"涵盖了江门市所有的反贫困政策。低收入人口大数据系统将"对象库"中低收入人口的致贫原因与"政策库"中针对低收入人口致贫原因的帮扶政策对接起来,将其推送至相关职能部门,从而实现基于低收入人口致贫原因的精准帮扶。

在这一阶段,虽然在实践层面江门市已经做出了探索,但是与低收入人口识别及其帮扶有关的政策方案制订却一波三折。2019年,经三次征求各市(区)和有关部门意见后,江门市扶贫办、江门市民政局与专家团队起草和完善了《江门市低收入对象帮扶改革实施方案(送审稿)》。2019年12月18日,十五届江门市政府80次常务会议审议并原则同意《江门市低收入对象帮扶改革实施方案(送审稿)》。遗憾的是,在2019年12月26日召开的市委全面深化改革委员会会议上,该方案没有通过审议。

(三)第三阶段:2020年之后

由于在第二阶段《江门市低收入对象帮扶改革实施方案(送审稿)》没有在市委全面深化改革委员会会议审议中通过,江门市扶贫办、市民政局不得不对《江门市低收入对象帮扶改革实施方案(送审稿)》进行修改。2020年1月12日,江门市扶贫办、市民政局邀请江门市财政局和专家团队讨论如何修改完善《江门市低收入对象帮扶改革实施方案(送审稿)》。经过讨论修改,江门市扶贫办与市民政局放弃了使用《江门市城乡低收入人口识别指标体系》进行低收入人口识别这一重要的创新,转而使用 2019 年 10 月广东省民政厅印发的《广东省最低生活保障家庭经济状况核对和生活状况评估认定办法》来识别低收入人口。

2020 年 2 月 27 日，江门市扶贫办、市民政局邀请主管扶贫与民政工作的副市长、市财政局、专家团队等参加会议，向时任江门市市长汇报改革实施情况和实施方案修改情况后，获得了市长的全力支持。但是，2020 年 3 月 16 日，江门市扶贫办、市民政局邀请主管扶贫与民政工作的江门市副市长等时任市政府领导，以及市财政局、市委改革办、专家团队等参加会议，向时任市委书记汇报改革实施情况和实施方案修改情况后，时任市委书记对改革实施方案提出了不同意见。

时任市委书记认为，根据习近平总书记 2020 年 3 月 6 日发表的《在决战决胜脱贫攻坚座谈会上的讲话》的精神，江门市扶贫开发政策未来的贫困治理重点应该聚焦于贫困户、脱贫不稳定户和边缘易致贫户三类贫困人口。换言之，2020 年以后的江门市贫困治理重点仍然是绝对贫困人口，而非《江门市低收入对象帮扶改革实施方案（送审稿）》中强调的相对贫困人口，甚至不包括民政部门主管的社会救助群体，而只是扶贫部门主管的有劳动能力的贫困人口。市委书记的这个意见实际上是否定了江门市扶贫开发部门对相对贫困治理所进行的探索。

在这一阶段，除了低收入人口识别方法创新被中断，以及 2020 年以后贫困治理的重点转向绝对贫困治理以外，作为统一低保对象、建档立卡贫困户、特困人员、低收入家庭、因认定标准改变而新增贫困人口的"低收入人口"概念也被弃而不用。江门市扶贫办、市民政局在与上级政策主管部门沟通的过程中发现，"低收入家庭"概念是民政部门要捍卫的重要政策话语。事实上，在诸多已出台的政策文件中出现的"低收入家庭"一般都是由民政部门所主导和界定的，而且已在地方实践中广泛运用。

例如，2007 年，国务院发布的《关于解决城市低收入家庭住房困难的若干意见》（国发〔2007〕24 号）要求，民政部会同有关部门抓紧制定城市低收入家庭资格认定办法；2008 年，民政部等十一个部委印发的《城市低收入家庭认定办法》（民发〔2008〕156 号）指出，城市低收入家庭，是指家庭成员人均收入和家庭财产状况符合当地人民政府规定的低收入标准的城市居民家庭；2016 年，广东省民政厅等六部门发布的《关

第四章　江门市探索相对贫困治理长效机制的实践过程

于广东省困难群众医疗救助的暂行办法》将最低生活保障家庭成员、特困供养人员、建档立卡贫困人员，以及低收入家庭的老年人、未成年人、重度残疾人和重病患者等困难群众，统称为低收入救助对象；2017年，《广东省社会救助条例》要求由县级以上人民政府及其有关部门根据当地实际确定低收入家庭的认定标准。

省级民政职能部门的意见是，扶贫和民政两个部门所使用的"低收入"概念需要保持一致性。2019年8月，在省里举行的江门低收入对象帮扶改革创新工作进展汇报会议上，一位民政部门工作人员指出："如果说都是低收入，这边也讲'低收入'，那边也讲'低收入'，在你们的政策出台之前，我们能不能往一起靠一靠？就是这个概念内涵跟外延保持一致，这样的话有利于我们进一步促进工作。"与民政部门对"低收入"概念的理解不同，专家团队认为，江门的低收入人口与民政部门的低收入家庭不是同一个"低收入"概念。江门的"低收入"是一个创新性的概念，包含低保对象、建档立卡贫困户、特困人员、低收入家庭等贫困人口，而民政部门的"低收入"是相对于低保户而言的，或者说是低保的边缘群体，是一个相对狭义的概念。

有意思的是，省级民政职能部门关于"低收入"概念的意见得到了省扶贫部门的支持。后者认为，江门市扶贫线与低保线"两线合一"改革中涉及的两线制度衔接可以从统一识别这一角度来突破。省级扶贫部门的意见是考虑到了这样一个情况：省民政部门已经在进行低保治理改革，把低保对象的识别标准从原来的单一收入界定转变为从多个贫困维度识别。因此，省级扶贫部门认为可以以民政部门的"低收入"概念为主，在统一识别低保对象的基础上，将其中有劳动能力的低保对象纳入扶贫工作范畴，而没有劳动能力的低保对象则继续由民政部门兜底保障，进而实现名称、对象、标准、程序的一致。

不同政策主体对"低收入"概念的理解差异，使得江门市扶贫线与低保线"两线合一"改革中提出的"低收入人口"概念受到了挑战。面对来自上级部门的压力，在后续的扶贫线与低保线"两线合一"改革中，江门市扶贫办与民政局很难继续坚持使用"低收入人口"这一创新概念。不过，真正使得江门市扶贫线与低保线"两线合一"改革放弃使用"低收入人口"这一概念是在 2020 年 3 月之后。在 2020 年 3 月后的政策方案中，江门市不再继续使用"低收入人口"而是改用"相对贫困人口"。因为这样既可以向十九届四中全会提出的要建立解决相对贫困治理的长效机制看齐，又可以避免使用"低收入人口"与"低收入家庭"两个概念可能产生的混乱。

第二节　开场：从"两线分离"到"两线合一"

一、"两线合一"改革的主要内容

从 2016 年开始，江门市开始探索实施低保线与扶贫线"两线合一"改革，主要是在促进帮扶对象"合一"、帮扶政策"合一"、帮扶措施"合一"、帮扶服务"合一"四个方面进行了探索。

（一）聚焦精准识别，促进帮扶对象"合一"

在对象认定上，自 2016 年开始，贫困户的认定不再采用逐级上报的做法，而是从全市低保家庭中选择有劳动能力且有接受帮扶意愿的低保家庭作为建档立卡扶贫户。具体操作是，首先以民政部门 2015 年城乡 2.9 万户 6.1 万人低保对象为基础数据，按照城乡居民年人均可支配收入低于 6600 元（台山市、开平市、恩平市农村低于 5040 元）的标准来确定相对贫困人口，实现低保线与扶贫线在准入门槛上的"合一"。然后，将全市 2015 年年末人均可支配收入低于上述标准、有劳动能力且愿意接受帮扶的低保对象确定为建档立卡贫困户，即城乡精准扶贫重点帮扶对象。建档立卡贫困户规模为 5097 户 16659 人。其中，农村贫困户为 4225 户 14172 人，城镇贫困户为 872 户 2487 人。无劳动能力的低保对象则由低保政策进行兜底管理。简而言之，就是从低保对象中找出建档立卡贫困户，初步实现帮扶对象的"合一"。

第四章　江门市探索相对贫困治理长效机制的实践过程

（二）聚焦统筹城乡，促进帮扶政策"合一"

江门市扶贫线与低保线"两线合一"改革将所有符合条件的贫困人口都纳入低保制度和扶贫开发政策的保障范围，实行应保尽保，确保城乡贫困人口享受同等的帮扶政策。例如，在基本医疗保障方面，积极落实城乡建档立卡贫困户基本医疗保障和重大疾病100%保障。2017年，江门市率先在广东省内推出"医保扶贫兜底"，出台《江门市城乡居民精准扶贫精准脱贫医疗保障实施方案》（江人社发〔2017〕16号），将"精准扶贫重点帮扶对象"（即满足当时"两线合一"认定标准的对象）作为江门市医疗保障精准扶贫对象，对其100%实施精准医疗扶贫。一方面，对城乡扶贫对象因住院和特定病种门诊产生的医疗费用，通过基本医疗保险、大病保险和医疗救助予以结算；另一方面，对城乡扶贫对象剩余个人支付费用，由医疗保障精准扶贫资金和定点医疗机构按规定给予全额结算。通过上述精准医疗扶贫政策，确保了城乡扶贫对象不会因"看不起病"而陷入贫困。此外，江门市还在全国首创"医疗保障精准扶贫就医证"。扶贫对象凭借此证，除了能够享受上述的医疗费用全额报销外，还能享受基本医疗保险定点服务机构提供的"一对一"优先就医服务，免挂号费、诊查费，药品费用按药品进价支付等服务，以及在定点零售药店买药享受9折优惠等医疗保障。

在住房安全保障方面，江门市于2016年年底便已全面完成广东省下达的农村危房改造任务，其中建档立卡贫困户完成C、D级危房改造61户。① 此后，江门市还开展了针对城乡贫困户危房改造任务"回头看"的专项督查，对建档立卡贫困户开展逐户核查，对完成危房改造后的原有危房实施拆除，对已经脱贫的贫困人口完成危房改造但实际仍居住在C、D级危房的情况进行及时处理，切实改善困难家庭居住条件，保障贫困人口的居住安全。

---

① 《脱贫攻坚：确保2020年全面完成高质量脱贫任务》，2019年6月26日，https://www.sohu.com/a/323054058_120156629，2021年6月11日。

（三）聚焦长效脱贫，促进帮扶措施"合一"

江门市注重从"输血式"扶贫向"造血式"扶贫的转变，将借助外力支持与激发内生动力相结合。如在产业帮扶上，利用当地优势产业项目拉动贫困人口参与生产经营，从而提升其脱贫增收能力，积极推广"公司＋基地＋合作组织＋农户"精准扶贫模式，从而增强农村低收入人口发展生产和市场对接能力。

恩平市恩城街道所创办的产业扶贫项目"奔康农庄"就采用了"企业（合作社）＋基地＋贫困户"的模式。① 项目首期由恩城街道筛选出62户贫困户，按照每人1000元的财政产业帮扶资金入股，成立奔康农业合作社，同时规定将有劳动能力的贫困户按要求参加合作社组织劳动并完成任务作为其分红前提，并给予80元/天的工作报酬作为激励，从而激发社员的劳动积极性。此外，奔康农庄的种植和日常管理也是由在邻近村聘请的有意愿、有劳动能力的精准扶贫对象负责的，从而以就业带动贫困户增收脱贫。2017年，当初的62户入股贫困户已分别获得了每户3300元的分红收益，享受到了产业扶贫带来的红利。

此外，开平市沙塘镇通过积极引进企业建立贵妃柑种植基地带动贫困户就业增收②，鹤山市利用"互联网＋"思维积极探索电商扶贫，组织贫困户成立合作社并引入电商平台打造电商项目线上平台和线下实体店③等典型案例，都展示了江门市产业扶贫的成果。

在就业帮扶上，江门市对未就业且有就业意愿与劳动能力的对象开展了"一对一"就业帮扶服务，实施"家门口"就业计划，创建"扶贫车间"或"扶贫工作坊"，根据用人单位吸收扶贫对象就业情况给予奖补，为就业特别困难且无法输送到企业就业的群体提供公益性岗位，优先安排

---

① 《奔康农庄助力贫困户脱贫奔康——恩城街道奔康农庄基本情况简介》，2017年7月31日，http://www.gdfp.gov.cn/gzdt/gddt/201707/t20170731_857191.htm，2021年6月11日。
② 《开平市沙塘镇以柑橘种植带动贫困户"家门口"就业 让"扶贫柑"结出"致富果"》，2020年6月1日，http://www.jiangmen.gov.cn/home/sqdt/kpzx/content/post_2064493.html，2021年6月11日。
③ 《鹤山市鹤城电商扶贫专营店营业额已达30多万元，11户贫困户搭上致富"快车"》，2019年10月16日，https://www.sohu.com/a/347498704_239638，2021年6月11日。

第四章　江门市探索相对贫困治理长效机制的实践过程

就业。统计显示，2016年至2018年三年间，江门市共为2423名有求职意愿的精准扶贫对象提供了16357次"一对一"就业帮扶服务，实现就业2101人；共登记备案77个就业扶贫点，吸纳232名扶贫对象就业；设立182个开发公益性岗位，安置103名贫困对象；2018年全年共组织了6场扶贫专场"职业指导下基层"活动，参与的贫困人员总计503人次。[①]

在创业帮扶上，江门支持进城务工人员返乡或网上创业，落实创业担保贷款扶持政策，提供创业培训与指导等服务，落实各类创业补贴、资助与优惠政策，采取了一系列支持贫困人口创业、增强其创业能力的措施。例如，利用金融政策助力创业，进一步扩大农业"政银保"合作贷款项目覆盖面及受益对象，不断完善贫困人口小额担保财政贴息贷款、小额信用贷款政策，开发创新金融支农项目，有效解决农户难以获得贷款的问题。

（四）聚焦服务延伸，促进帮扶服务"合一"

主要举措之一是搭建了金融机构、企业单位、社会组织、志愿团体等社会力量共同参与的大扶贫平台，形成"政府引导、社会参与"的良好氛围，引入更多社会资源参与扶贫。如开展"千（万）义工助千户""百医牵百村""百企扶百村"三大社会扶贫行动，在由政府不同部门牵头组织之下，发动义工服务队、医疗服务队、企业的力量分别为江门市城乡贫困户提供结对与帮扶、义诊与健康教育、签约结对与村企共建等多种形式的帮扶服务。

其中，"千（万）义工助千户"行动主要有结对帮扶、社会帮扶、专项帮扶三种帮扶方式，其具体工作内容包括建立"10＋1"帮扶机制[②]、

[①]《江门：确保2020年全面完成高质量脱贫任务》，2019年6月26日，http://dara.gd.gov.cn/snnyxxlb/content/post_2523662.html，2021年6月11日。

[②] 即结对扶贫对象所在社区（村）的部门单位要在本单位党员义工中以10人为单位组建帮扶小组，1个小组结对帮扶1户扶贫对象。

"1+3"联动模式①,开展"全城义动"计划②、"爱到家"行动③、"微愿成真"计划④。这一行动旨在进一步动员江门全市各级义工组织及个人、社会各界热心人士、爱心企业单位等加入精准扶贫精准脱贫行动,充分整合各类志愿服务资源,为扶贫对象提供多样化、多方位的志愿服务,进而帮助扶贫对象达成脱贫目标。

"百医牵百村"行动计划在2016年至2018年三年间,每年各选派一百名二级甲等或以上医院取得中级以上职称的临床医生到江门市一百个村进行挂点联系帮扶工作,所选村一般是地理位置偏远、经济发展水平十分落后的边远贫困村,同时还抽调各大医院骨干力量组建"百医牵百村"医疗服务队,定期举办名医下乡义诊活动,为当地贫困群众开展常见病、多发病的诊治以及慢性病防治知识健康宣传教育,提升医疗救治能力。这一行动,一方面让农村基层群众看病更加便利便捷,增加了贫困地区医疗服务的可及性,让广大贫困群众在家附近就能享受到大医院名医诊治的服务;另一方面也为基层卫生人才队伍的素质、技术水平与管理水平的提升提供了智力支持,进而确保贫困地区医疗服务的公平性。

"百企扶百村"行动以一百个相对贫困老区村为帮扶对象,以各级工商联企业会员或团体会员为帮扶方,通过签约结对、村企共建的主要形式,发展现代农业,开展基础设施建设,或实施金融扶贫、投资扶贫、商贸扶贫、就业扶贫、捐赠扶贫、智力和志愿者扶贫及其他形式的扶贫,将

---

① 即以社区义工服务站为阵地,社区结对党员义工服务队、社区居民义工服务队、社区企业单位志愿服务力量"三方联动"的社区服务工作网络。

② 即整合"护苗行动""同心者""邑家人""暖家行动""志愿驿站"等市义务工作者联合会常态化开展的品牌项目资源,重点向扶贫对象倾斜,充分发挥这些项目参与人数众多、服务类别齐全、帮扶资源丰富、服务专业到位等优势,为扶贫对象提供相应的帮助。

③ 即梳理分类扶贫对象的服务需求,安排长者服务、残障服务、青少年服务、"四义"(义修、义诊、义剪、义教)服务、心理咨询、情感关怀、法律维权、就业培训等方面的专业义工队伍和社工机构,以及医疗卫生、红十字应急、劳动保障、科技、教育、消防等行业义工队伍与扶贫对象对接联系,并通过每月各社区义工服务站开展的"万名义工进社区"活动,把专业的帮助送上家门,做到"服务到家、贴心到人"。

④ 即采取上门走访、开通热线、网上征集等方式广泛收集扶贫对象的"微心愿",并经过梳理、核查、汇总后,将收集到的"微心愿"通过江门义工服务对接转介平台以及报纸、电视、网络、新媒体等途径每季度向社会发布,发动社会热心人士和爱心企业按照一对一、多对一、一对多、社会众筹等方式积极结对认领,帮助扶贫对象解决实际困难。

第四章　江门市探索相对贫困治理长效机制的实践过程

民营企业的社会扶贫资源同相对贫困老区村进行精准有效对接，帮助老区村发展经济，帮助贫困户脱贫增收。

此外，江门市还积极探索"社工+扶贫"的模式，在扶贫工作中引入专业社工的力量作为政府工作的补充和延伸，通过"一对一"帮扶与面对面服务，加强与低收入家庭和个人的沟通纽带，精确识别贫困户多元化的需求，更好地催发帮扶对象主动脱贫的动力，同时，将贫困群众的诉求反映给社会组织或政府，帮助制订和完善各类帮扶计划、项目，提升其精准性、科学性，进而提升政府帮扶政策与贫困户间的对接效果，以及帮扶政策在精准扶贫实践中发挥的实际效果。

例如，新会区创建的"2112"社工帮扶模式①——由扶贫干部和社工组成2人扶贫组，对口帮扶1户贫困家庭，最少与帮扶对象进行1次/季度的思想交流，完成基本服务和特色服务两大类服务内容。该项目通过购买服务的方式引入专业社工机构，以社工上门"一对一"服务为桥梁，深入了解贫困户需求，宣传扶贫政策，并为扶贫对象提供其所需要的医疗、教育、技能培训、就业等方面的信息，对全区内贫困户实现动态帮扶全覆盖。此外，在日常生活中社工与其所负责帮扶对象的面对面交流，也有利于在情感上贴近困难群众，更好地鼓励他们改变贫困思维，提升脱贫信心。

二、"两线合一"改革存在的不足

（一）帮扶对象"合一"不够彻底

在江门市扶贫线与低保线"两线合一"改革试验的启动阶段，虽然江门市直接通过年人均可支配收入6600元（台山市、开平市、恩平市农村标准为5040元）的低保标准合并了"两线"，具有在操作上相对简洁便利的优势，但这一安排的合理性依然还有值得商榷的地方，尤其是在帮扶对

---

① 《从"2112"到"春风计划"：新会探索创新"社工+扶贫"模式发挥社工脱贫攻坚"补位"作用》，2019年9月19日，http://dzb.jmrb.com:8080/jmrb/html/2019-09/19/content_570288.htm，2021年6月11日。

象的"合一"上还不够彻底。具体体现在以下几个方面。

第一，忽视了边缘成员并可能加剧"悬崖效应"。2016年提出的标准主要是依据当时江门市的低保线确定的，目的在于通过低保标准和扶贫标准的合一统一"门槛"，以解决低保制度与扶贫开发政策二者在衔接时可能产生的帮扶对象认定问题。然而，这一做法一定程度上忽略了"低保边缘户"这部分同样处于贫困状态的人口。低保制度主要保障的是贫困人口的生存权，让他们能够维持最低生活水平，尤其是那些缺乏劳动力的贫困群体。实践操作中一般是通过直接给钱给物、减免费用等直接的"输血式"手段进行的，从而兜住社会"安全网"，实现公平正义。而精准扶贫保障的是贫困人口的发展权，注重通过各种"造血式"扶贫途径增强贫困地区和贫困人口的自我发展能力，缓解或消除帮扶对象的贫困状况，达到稳定、长效的脱贫或减贫效果。

就制度设计的目标而言，精准扶贫追求的层次是高于低保制度的。由于江门市自身经济发展水平相对较好，其本地低保线高于国家贫困线。改革后的"混合模式"造成了低保户和贫困户的重合，在以此机制解决"相对贫困"时主要保障的是相对于国家现有绝对贫困标准而言的相对贫困人群，但当地的"低保边缘户"依然难以受惠于帮扶政策。

同时，一方面，低保身份通常与教育、医疗、住房等其他诸多社会专项救助的准入资格绑定，另一方面，建档立卡贫困户也因其身份在诸多领域享有扶贫政策带来的优惠，他们生活水平的改善与维持也十分依赖于低保户、贫困户身份下多种福利的叠加，一旦失去上述身份，随之而去的还有与之相关的各类资源。因此，当再从低保户里挑选有劳动能力的低保对象作为扶贫对象时，就有可能进一步加大社会救助制度的"断裂"与"悬崖效应"，这同时也可能进一步增加身份调整所牵扯到的利益，降低了帮扶对象主动脱贫、"退保"的积极性。

第二，低保标准与扶贫标准在衔接上存在挑战，增加了帮扶对象认定难度。江门市政府强调对建档立卡贫困人口实施有进有出的动态管理机制，而符合条件的低保户可能因收入增加或其他原因而退保，且江门市低保标准在2016—2018年间历经多次调整，而基于当初"两线合一"改革方案对象认定标准制定的许多扶贫救助政策则以三年为期，容易造成低保

第四章　江门市探索相对贫困治理长效机制的实践过程

对象与扶贫对象间数据管理上的不统一，为低保标准与扶贫标准的衔接带来了挑战。因而，江门市需要重新确立贫困人口识别标准，采用统一的认定方法，避免因为低保标准的变动而频繁调整扶贫标准。

不同政策的内容之间也存在衔接不够精细的问题，不利于帮扶对象的"合一"。例如，2014年广东省民政厅印发的《广东省最低生活保障申请家庭经济状况核对及认定暂行办法》规定"以近6个月内的平均数计，共同生活的家庭成员月人均可支配收入不高于当地月低保标准"，如果贫困户在各类精准扶贫的帮扶下家庭经济状况得到改善，银行存款逐渐增加，但脱贫成效尚不稳定，就可能面临因失去低保资格而对收入维持造成较大冲击，增加返贫的风险。

（二）职能部门联动不够深入

第一，对扶贫部门和民政部门两个部门的政策衔接缺少详细规定。在实施低保制度与扶贫开发政策有效衔接之前，这两项制度分别由不同的部门负责，即低保由民政部门负责，而扶贫开发工作由扶贫部门负责。这种情况自然造成了低保制度与扶贫开发政策在诸多方面上存在显著差异。举例来说，一般情况下，扶贫部门和民政部门在贫困人口个人及家庭信息的采集与录入工作上是依据各自的统计标准与口径分别进行的，不仅造成了大量工作重复，而且信息之间还可能存在彼此矛盾之处。[1] 而各部门掌握的信息不对称也可能造成二者在实际帮扶工作中各行其是，使得帮扶政策难以形成合力，弱化帮扶效果。[2] 除了以上问题会对精准扶贫与低保的衔接制造障碍以外，由于政府的各项具体工作也往往伴随着相应而来的权力和资源，故如何协调好扶贫部门与民政部门的权责关系，建立良好的衔接机制，避免二者囿于部门利益而损害整体扶贫布局，也是在进行两项制度衔接时需要重点考虑的问题之一。

为加大扶贫工作保障力度，江门市不仅在市级层面建立了扶贫开发领

---

[1] 吴海涛、陈强：《精准扶贫政策与农村低保制度的有效衔接机制》，《农业经济问题》2019年第7期。

[2] 李迎生、李金珠：《走向一体化的反贫困政策框架——扶贫开发与农村低保衔接的路径与趋势研究》，《江苏行政学院学报》2019年第4期。

导小组,而且根据《关于新时期城乡精准扶贫精准脱贫的实施方案(2016—2018年)》[以下简称《实施方案(2016—2018)》]的规定,江门市还要求各镇(街)成立扶贫开发领导小组,由镇(街)党(工)委主要负责人担任组长,并配备专职人员负责相应地区的具体扶贫工作,使当地扶贫开发工作的重心向下转移。为对扶贫工作的开展与成效进行监督,《实施方案(2016—2018)》还要求建立扶贫开发目标责任考核制,其具体考核办法由江门市扶贫开发领导小组制订。然而,《实施方案(2016—2018)》并没有明确说明市扶贫开发领导小组是否作为实践中的统筹与衔接机构存在,也没有提及扶贫部门与民政部门的协同问题。

第二,不同部门间合作不够充分和深入。江门市政府各部门结合自身职能在医疗、教育、住房等领域出台了大量政策,同时对产业扶贫、就业扶贫、创业扶贫、金融扶贫等提出多种具体方案,以此对贫困人口进行帮扶。每项相对贫困人口帮扶政策一般由1~2个部门进行牵头,有时还需要数量不等的成员部门参与行动。然而,由于在具体落实精准扶贫政策的过程中不同部门间还存在沟通交流不足、合作协同程度有限的问题,使得在不同的扶贫领域出现政策交叉重复或政策覆盖不够的现象,从而在一定程度上降低了扶贫资源的使用效率。例如,《关于江门市2018年度市级预算执行和其他财政收支的审计工作报告》中有关精准脱贫攻坚战的审计情况显示,江门市有7个市(区)三项财政扶贫专项资金的使用率低于50%,截至2017年年底还有8755.12万元未使用。同时,《实施方案(2016—2018)》强调的主要是不同部门在精准扶贫政策执行上的联动,然而,对政策具体落实情况、资金实际使用情况、扶贫人员有无违规行为等方面的监督同样需要加强各部门之间的联动。

第三节 高潮:低收入人口识别与帮扶

从2018年开始,江门市扶贫办再次启动低保线与扶贫线"两线合一"改革。在与市民政局沟通协商后,参考既有贫困政策实施经验,经江门市

第四章 江门市探索相对贫困治理长效机制的实践过程

政府会议,以及市委全面深化改革领导小组第八次会议审议通过,2018年3月印发了《关于推动扶贫线与低保线"两线合一"改革试点工作的实施方案》,在原有改革成果基础上深化江门市低保线与扶贫线"两线合一"改革。根据《实施方案(2018)》,江门市低保线与扶贫线"两线合一"改革将主要聚焦于低保标准与扶贫标准的有效衔接,以及低保制度和扶贫政策有效衔接两个层面。为了实现以上两个政策目标,在"两线合一"改革探索过程中,江门市主要开展了以下三个方面的工作。

一、创新低收入人口识别方法

《实施方案(2018)》明确提出,要"综合考虑城乡居民家庭的人均收入、劳动力状况,以及教育、医疗、住房等刚性消费支出情况,探索构建一套能够量化反映城乡居民家庭贫困程度的指标体系,对城乡相对困难家庭的经济状况进行实时动态监测"。为了与以往反贫困政策目标群体进行区别,避免陷入多个政策目标群体碎片化管理的困境,《实施方案(2018)》创新性地提出了"低收入人口"的概念。从过去低保制度和扶贫开发政策的政策目标群体来看,前者主要包括特困人员、低保对象和低收入家庭,后者包括建档立卡贫困户。江门市推行低保线与扶贫线"两线合一"改革,将不再区分上述四类反贫困政策目标群体,并考虑实施《实施方案(2018)》后可能产生的新增贫困人口,因而将上述五类贫困人口统称为"低收入人口"。简而言之,江门市希望通过创新贫困人口识别机制,结束贫困治理中使用低保标准和扶贫标准两种主要贫困标准识别贫困人口的局面,以统一的贫困人口认定标准实现低保标准与扶贫标准的"合一"。

为了科学地建立低收入人口识别机制,江门市扶贫办采用的方式是政策咨询。作为江门市扶贫办的智囊,专家团队的政策思路是,结合调研访谈情况和问卷数据分析,建立《江门市城乡低收入人口识别指标体系》。《江门市城乡低收入人口识别指标体系》的形成过程主要经历以下四个阶段。

第一,召开座谈会。2018年6月至2018年7月,专家团队先后在蓬江区、江海区、新会区、台山市、开平市和恩平市等区（市）开展座谈会。座谈对象以各区（市）下辖街道（乡镇）与社区主管扶贫与民政工作的干部为主，以及江门市六个市辖区（市）民政局中长期负责低保对象、特困人员和低收入家庭管理的干部。调研内容主要包括两个方面：第一，在政策执行过程中，如何识别低收入人口；第二，对于更加精准地识别低收入人口有什么建议。

第二，设计调查问卷。按照可观测、可证实和多维度原则，专家团队结合座谈会中扶贫工作人员和民政工作人员的反馈，从家庭结构、住房情况、生产资料和生活资料、家庭收支、主观贫困程度等维度设计调查问卷，核查江门市低收入人口及其家庭的经济与生活状况，2018 年 7 月至 8 月，按照分阶段整群抽样的方法，在蓬江区、江海区、新会区、鹤山市、台山市、开平市和恩平市七个市（区）开展问卷调查。

第三，制定《江门市城乡低收入人口识别指标体系》。首先，对问卷调查采集到的低收入人口数据进行统计分析。统计分析方法为构建最小二乘法的回归模型，以估计各代理指标系数。代理指标包括家庭结构、住房情况、生产资料和生活资料四个维度。然后，参考自变量（代理指标的四个维度）对因变量（人均可支配收入）作用的方向，并将最小二乘法估计的参数作为指标权重的参考，制定《江门市城乡低收入人口识别指标体系》。

第四，征询意见并修改完善。专家团队完成《江门市城乡低收入人口识别指标体系》后，江门市扶贫办将其推送至江门市多个横向职能部门和江门市下辖各区（市）的民政局和扶贫办以征求意见。2018 年 11 月，江门市扶贫办收到来自市民政局、市教育局、市残联、市妇联、蓬江区民政局、鹤山市民政局和开平市民政局等多个单位的修改意见。专家团队结合相关单位反馈意见形成了最终的《江门市城乡低收入人口识别指标体系》。

使用《江门市城乡低收入人口识别指标体系》统一识别低保对象和扶贫对象的做法，得到了广东省民政厅社会救助处和广东省扶贫办两个上级政策主管部门的肯定和支持。在出台《实施方案（2018）》不久后，省扶贫办和省民政厅社会救助处领导赴江门市调研，深入了解江门市低保线和扶贫线"两线合一"改革情况。长期以来，中央政府一直重视社会救助制

第四章 江门市探索相对贫困治理长效机制的实践过程

度与扶贫开发政策的有效衔接,但是在地方政府层面,社会救助制度与扶贫开发政策两项制度的有效衔接缺乏实质性进展。省扶贫办和省民政厅社会救助处领导希望江门市能够在社会救助制度与扶贫开发政策两项制度的衔接方面为广东省提供有益的经验。同时,作为发达地区的广东省也一直在探索相对贫困治理改革,因而也希望江门市低保线与扶贫线"两线合一"改革能够为 2020 年后广东省的贫困治理提供可资借鉴的经验。

在江门市完成《江门市城乡低收入人口识别指标体系》设计后,省扶贫办在 2019 年 4 月举行了低收入对象帮扶改革创新工作征求意见座谈会。在会上,省扶贫办领导表示:"江门市'两线合一'在总体的设计和把握上,抓住了关键和重点;在研究的方法上,讲究科学性和合理性,对指导工作和操作性上有一定的意义。此项工作对于实践具有很大的指导意义。"为了保障江门市推动低保线和扶贫线"两线合一"改革,省扶贫办领导还表示:"按原来的目标考核,改革创新内纳入的人群不考核。坚持原来的考核目标,范围不随意扩大,标准不随意提高。"

上级政策主管部门的肯定与支持,为江门市突破低保制度与扶贫开发政策下政策目标群体的碎片化管理现状,对两项制度下不同类型的政策目标群体进行统一管理提供了政策机遇。在《江门市城乡低收入人口识别指标体系》的指引下统一识别贫困人口,意味着江门市城乡和不同地区间使用统一的认定机制来认定贫困人口,这有助于消除民政和扶贫两个部门因不同识别机制认定贫困人口所造成的混乱。贫困人口的统一识别也为深化贫困人口帮扶过程中的社会救助制度与扶贫开发政策的有效衔接奠定了基础,有利于促进对贫困问题的整体性治理。

二、确定低收入人口对象范围

低收入人口识别机制的创新使得民政部门和扶贫部门两个部门共同认定贫困人口成为可能。在确立低收入人口识别机制以后,还需要考虑低收入人口的对象范围,也就是《实施方案(2018)》的政策目标群体。虽然《实施方案(2018)》已经明确将特困人员、低保对象、低收入家庭和建档立卡贫困户统一称为"低收入人口",但是,使用新的识别机制以后,贫困对象也会随之发生变化。在后续改革过程中，江门市结合社会救助制度和扶贫开发政策已有的政策目标群体，以及使用低收入人口识别机制后新增贫困人口的可能性，将低收入人口的对象范围扩展为特困人员、低保对象、低收入家庭、建档立卡贫困户和新增申请家庭五大类。五类贫困人口依据《江门市城乡低收入人口识别指标体系》进行识别。

具体来讲，就是使用《江门市城乡低收入人口识别指标体系》对贫困人口的贫困程度进行排序，然后结合 2018 年江门市按照 2% 的贫困发生率确立的贫困人口规模，将符合《江门市城乡低收入人口识别指标体系》认定结果中的特困人员、低保对象、低收入家庭、建档立卡贫困户继续纳入社会救助政策或扶贫开发政策的帮扶范围，不符合的则需要退出。同时，将符合《江门市城乡低收入人口识别指标体系》认定结果的新申请的贫困人口与贫困家庭纳入社会救助政策或扶贫开发政策的帮扶范围。

江门市确立低收入人口对象范围的思路获得了广东省扶贫办和省民政厅社会救助处的认同。遗憾的是，在后续江门市低保线与扶贫线"两线合一"改革过程中，这两个上级政策主管部门结合改革试点的政策背景与实际考量提出了不同的政策思路，最终使得江门市低保线与扶贫线"两线合一"改革对象范围出现了异动。上下级之间的政策思路上的第一次分歧发生在广东省扶贫办学习习近平总书记 2019 年 4 月发表的《在解决"两不愁三保障"突出问题座谈会上的讲话》之后。在听取了江门市扶贫办关于江门市低收入对象帮扶改革创新试点汇报，以及专家团队关于边缘贫困群体帮扶措施改革方案后，省扶贫办结合中央政策文件精神，以及广东省委书记李希同志的讲话精神，认为江门市低保线与扶贫线"两线合一"改革创新应聚焦边缘贫困群体，即收入略高于建档立卡户但缺少政策支持的贫困对象。

据此，广东省扶贫办认为，江门市低保线与扶贫线"两线合一"改革应重视以下三个方面内容：第一，以江门为例测算边缘贫困群体的规模；第二，梳理江门现有关于边缘贫困群体的帮扶政策；第三，从全国的层面统筹考虑在既定运行政策体系下如何对边缘贫困群体进行帮扶。改革的主要聚焦点应该放在完善识别边缘贫困群体的指标体系和创新帮扶政策体系

第四章　江门市探索相对贫困治理长效机制的实践过程

两个方面。虽然江门市实施低保线与扶贫线"两线合一"改革将政策目标群体从收入型贫困人口扩展到了收入型贫困人口与支出型贫困人口,其中支出型贫困人口会与省扶贫办倡导的边缘贫困群体有所重合,但是以边缘贫困群体为对象实施改革,会缩小江门市低保线与扶贫线"两线合一"改革的政策目标群体范围。

经过一段时间的停摆后,江门市再次取得了与两个上级政策主管部门沟通的机会。江门市认为其低保线与扶贫线"两线合一"改革可以有两种思路:"存量改革"和"增量改革"。所谓"存量改革",就是在江门市实行全面试点,推行两项制度的有效衔接,也即是《实施方案(2018)》中的政策思路。所谓"增量改革",就是将改革对象区分为"老人"(特困人员、低保对象、低收入家庭、建档立卡贫困户)和"新人"(新增申请家庭)两类,改革只针对"新人",按照"老人老办法,新人新制度"的方式推进改革。推进方式是在江门市下辖的某个市(区)先行先试,再在江门市全面铺开。对比二者,"存量改革"将江门市低保线与扶贫线"两线合一"改革中的试点对象确定为上述五类贫困人口,并统一称为"低收入人口",采用在江门市整市推进的试点方式实施改革;"增量改革"则将江门市低保线与扶贫线"两线合一"改革中的试点对象缩小为新增申请家庭,采用由点及面的方式,在恩平市先行先试,然后根据恩平市的改革经验再在江门市实施全市层面的改革试点。

经过与省扶贫办和省民政厅社会救助处两个上级政策主管部门研讨之后,两个上级政策主管部门认为,在江门市全市实施低保线与扶贫线"两线合一"改革有难度。因为省级层面事权也是有限的,很难突破现有的制度框架。因此,江门市低保线与扶贫线"两线合一"改革仍需在既定的制度体系设计内依法进行,而非突破国家的"四梁八柱"。为此,两个上级政策主管部门建议江门市实施低保线与扶贫线"两线合一"改革,采用"增量改革"的思路。

三、建立低收入人口大数据库

低收入人口识别机制的作用在于确立识别贫困人口的方法,而低收入人口对象范围的明确有助于明晰江门市实施低保线与扶贫线"两线合一"改革过程中帮扶哪些贫困人口。简言之,前者解决的是"如何识别贫困人口"的问题,而后者解决的是"谁是贫困人口"这一问题。那么,在识别贫困人口以后,如何帮扶贫困人口呢?江门市的做法是借助互联网技术建立低收入人口大数据库,将贫困人口的贫困特征与江门市的反贫困政策对接起来,实现对贫困人口的精准帮扶。

第一,建立对象库。与以往低保制度和扶贫开发政策执行过程中重视从收入维度识别贫困对象不同,江门市将其对贫困的理解扩展至同时包含收入贫困与支出贫困。与单一维度的收入贫困相比,江门市确立的贫困是一种多维贫困。在多维贫困视野下,江门市的贫困归因不只是收入不足,还涉及因病致贫、因学致贫、因残致贫、因劳动力不足致贫等情况,而且还考虑到与家庭情况、住房情况、生产资料情况和生活资料情况等有关的可能引起贫困的因素。在新的贫困定义下,低收入人口包括原特困人员、低保对象、建档立卡贫困户、低收入家庭和新增申请人员五类贫困人口。

第二,建立政策库。目标群体的划分主要是依据政策适用对象的群体特征进行分类,专家团队将江门市民政、残联、人社、妇联和教育五大部门提供的政策文本进行分类。按照福利国家的相关理论以及相关政策的内容,专家团队对政策目标的群体进行划分,分别有儿童及妇女政策、困难及特困供养政策、低保救助政策、教育政策、残疾人政策、就业扶持政策和其他政策七大类(详见附录3)。反贫困政策的目标群体包含以家庭为单位和以个体为单位两种不同的政策目标群体,而这种以家庭为单位的家计调查可能与目标群体之间存在差异。为避免政策目标群体中的部分个体由于以家庭为单位的问卷调查方式无法纳入帮扶名单,专家团队设计了政策目标群体的分流系统。其中,以家庭为单位的政策目标群体通过问卷调查形式进行筛选跟踪,以个体为单位的政策目标群体则通过系统分类流程实现瞄准,具体流程将通过端口接入来实现(如图4-3-1所示)。

第四章 江门市探索相对贫困治理长效机制的实践过程

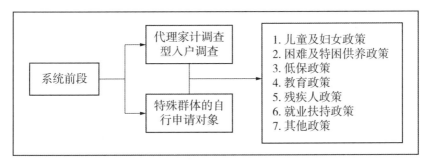

图 4-3-1 低收入人口用户设计框架

第四节 结局:相对贫困人口帮扶改革

一、相对贫困人口识别机制

(一)广东省低保对象识别机制创新

差不多就在江门市致力于探索贫困人口识别机制创新的同时,广东省民政厅也在积极探索低保制度的创新。其主要任务包括两个方面:第一,制定新的《广东省最低生活保障制度实施办法》;第二,探索新的低保对象认定瞄准方法,最终形成《广东省最低生活保障家庭经济状况核对和生活状况评估认定办法》。其中,《广东省最低生活保障制度实施办法》属于地方重大政策,其制定过程不仅涉及部门政策制定中的行政程序,还需要完成相应的决策程序。《广东省最低生活保障家庭经济状况核对和生活状况评估认定办法》则根据《广东省最低生活保障制度实施办法》的内容和精神,由广东省民政厅单独制定。

在探索低保制度转型过程中,从 2017 年的最初探索到 2019 年《广东省最低生活保障制度实施办法》和《广东省最低生活保障家庭经济状况核对和生活状况评估认定办法》的出台,前后历时两年多。《广东省最低生活保障制度实施办法》的出台,经过了严格的决策程序,于 2019 年 6 月由十三届广东省人民政府第54次常务会议通过。2019年10月,广东省民政厅印发《广东省最低生活保障家庭经济状况核对和生活状况评估认定办法》。《广东省最低生活保障制度实施办法》和《广东省最低生活保障家庭经济状况核对和生活状况评估认定办法》的先后发布,标志着广东省低保制度发生了重要转变。根据《广东省最低生活保障制度实施办法》,广东省采用家庭经济状况信息化核对和家庭生活状况综合评估两种方式共同确定低保对象,我们将其称为"双重核对"。

第一,家庭经济状况信息化核对。家庭经济状况信息化核对的内容包括收入和财产两个方面。收入包括共同生活家庭成员的工资性收入、经营净收入、财产净收入和转移净收入。财产指家庭拥有的全部金融资产和实物财产。金融财产包括存款、有价证券和基金;实物财产包括不动产、机动车辆、营运船只、大型工程机械等。

第二,家庭生活状况综合评估。家庭生活状况综合评估包括家庭收入、家庭结构、生活状况三个方面。家庭收入为上述工资性收入、经营净收入、财产净收入和转移净收入四项收入之和;家庭结构包括未成年人和学生信息,老人和高龄老人信息,残疾、重病和失能人员信息,义务兵信息,赡养、抚养和扶养义务人信息;生活状况信息包括自有住房数量,车辆、空调、电视机和冰箱等家庭非必需能耗资产情况。

(二)相对贫困人口识别机制的选择

1. 两套方法的差异

虽然江门市在低保线与扶贫线"两线合一"改革中进行的贫困人口识别创新和广东省低保治理创新都强调从收入型贫困转向兼顾收入型贫困与支出型贫困,但是二者在识别指标和识别标准两个方面存在差异。

第一,识别指标的差异。在指标数量方面,广东省民政厅制定的《广东省低保对象认定办法》包含12个指标,江门市制定的《江门市城乡低收入人口识别指标体系》在指标数量上要超过广东省民政厅制定的指标;在指标内容方面,除了"义务兵信息"这一个指标以外,江门市制定的认定指标几乎涵盖了广东省民政厅制定的所有认定指标。而且,就指标匹配度而言,11个可以匹配的指标中有9个指标可以完全匹配,另外两个指标

第四章　江门市探索相对贫困治理长效机制的实践过程

则属于基本匹配。换句话说，广东省民政厅的认定指标在江门市的认定指标中大都可以体现出来（如表4-4-1所示）。

表4-4-1　两套指标体系对比情况

指标内容	江门市扶贫办	广东省民政厅	匹配度
共同生活家庭成员总数	√	√	完全匹配
家庭每月可支配总收入	√	√	完全匹配
劳动力数量	√	×	无法匹配
就学情况	√	√	完全匹配
老年人数量	√	√	完全匹配
残疾、重病和失能人员情况	√	√	基本匹配
义务兵信息	×	√	无法匹配
赡养、抚养和扶养义务人信息	√	√	基本匹配
自有住房	√	√	完全匹配
房屋类型	√	×	无法匹配
房屋安全性	√	×	无法匹配
大门	√	×	无法匹配
客厅地板	√	×	无法匹配
墙壁	√	×	无法匹配
厕所	√	×	无法匹配
生产资料	√	×	无法匹配
摩托车、电瓶车	√	√	完全匹配
空调	√	√	完全匹配
电视	√	√	完全匹配
冰箱	√	√	完全匹配
其他生活资料	√	×	无法匹配

注：①"生产资料"包括种植粮食作物、种植农业经济作物、林地、水产养殖、牲畜、家禽存栏、机械设备等。②"其他生活资料"包括自来水、燃料、热水器、洗衣机、微波炉、饮水机、家用电脑、网络、高档乐器、组合音响等。③"√"是指有该项指标，"×"表示没有该项指标。④"完全匹配"是指两个部门指标一样的情况；"基本匹配"指两个部门的指标有细微差别的情况；"无法匹配"指两个部门中只有一个部门有某项指标的情况。

第二，识别标准的差异。广东省民政厅将"1个月当地低保标准"（以下简称"1D"）作为计量单位，然后对每个指标进行赋权。如果申请家庭的月人均收入综合评估结果等于或大于"1D"，那么该家庭不符合低保认定条件；如果申请家庭的月人均收入综合评估结果小于"1D"，那么该家庭符合低保认定条件。简而言之，就是先确定贫困标准，再根据贫困标准实施"应保尽保"。

与省民政厅不同的是，江门市是根据贫困人口占户籍人口的比率，也就是贫困发生率来确定贫困标准。在如何确定贫困发生率方面，既参考了世界不同发展地区的贫困发生率，也考虑了全国各地平均低保覆盖率，而且还将2018年江门市1.3%贫困发生率作为参考。为避免出现较大的改革风险，即改革不宜淘汰过多的原制度保障对象，最终设定1.1%～1.3%为低收入对象帮扶线。

在确定贫困发生率之后，下一步就是确定帮扶对象。具体做法是，把依据《江门市城乡低收入人口识别指标体系》识别出来的贫困家庭的得分从高到低进行排序，筛选出最终的帮扶对象。从一定程度上讲，《广东省低保对象认定办法》使用的识别标准可以视作"按标扶贫"，而《江门市城乡低收入人口识别指标体系》使用的识别标准则是一种"按率扶贫"。

2. 两套方法的选择结果

广东省民政厅出台《广东省最低生活保障家庭经济状况核对和生活状况评估认定办法》后，江门市面临着是采用《江门市城乡低收入对象识别指标体系》识别贫困人口，还是采用《广东省最低生活保障家庭经济状况核对和生活状况评估认定办法》来识别贫困人口的政策选择。在政策选择过程的开始阶段，江门市扶贫办和江门市民政局的政策思路是采用《江门市城乡低收入对象识别指标体系》来识别贫困人口。具体来说就是，一方面，基于综合货币850元/人·月确定低收入对象；另一方面，基于综合货币1275元/人·月确定低收入边缘对象。通过设置两条贫困线，低贫困线与省民政厅的低保标准一致，实现与民政部门的有效衔接，而高贫困线可以保证新增申请家庭的纳入。

不过，上述政策思路没有获得部分横向职能部门的支持。有人认为，96%的建档立卡贫困对象仍保留在经过新标准识别出来的贫困对象上，会

第四章　江门市探索相对贫困治理长效机制的实践过程

影响脱贫攻坚的成效，不符合扶贫政策的导向。有的部门认为，经过了几年的扶贫，结果90%的建档立卡贫困对象还需要政府帮扶，财政资源配置的有效性就有待重新评估。另外，市财政局认为，按照新的贫困标准会扩大贫困对象范围，相应地，财政支出也要增加，而且从低保标准动态提升的角度来看，未来江门市的综合货币标准也要上调，将来的财政支出一旦继续增加，极有可能超过财政承受能力范围。因此，市财政局虽然认同控制贫困发生率为1.1%，但是需要结合江门市经济发展和财政可承受能力来制定保障低收入对象的综合帮扶政策。也就是说，既要体现集中帮扶低收入对象的成效，又要兼顾民政保障帮扶政策的长期稳定性和可控性。

虽然《江门市城乡低收入对象识别指标体系》与《广东省最低生活保障家庭经济状况核对和生活状况评估认定办法》在衔接层面没有争议，但是《江门市城乡低收入对象识别指标体系》识别出的贫困人口是否在财政承受能力范围内的问题引发了争议。对于财政部门的担心，市扶贫办进行了解释，指出96%的原建档立卡贫困对象之所以仍保留在新标准识别出来的贫困对象中，是因为这些建档立卡贫困户脱贫后仍然处于相对贫困的状态，还需要接受政府的政策帮扶。市扶贫办还指出，经过他们的数据测算，改革期间的财政支出实际上不增反减，不会出现财政局所担心的财政承受能力不足的局面。最后，两方面的意见没有达成统一，方案没有获得市财政局的支持。

在这种情况下，江门市扶贫办和民政局不再坚持使用《江门市城乡低收入对象识别指标体系》来识别低收入对象和低收入边缘对象，转而采用《广东省最低生活保障家庭经济状况核对和生活状况评估认定办法》。在《广东省最低生活保障家庭经济状况核对和生活状况评估认定办法》确立的低保标准比过去纯收入低保标准要高的情况下，可以不再区分低收入对象和低收入边缘群体，因而能够避免与过去在政策执行中区分低保对象和低保边缘对象的思路重复。用江门市扶贫办的话来说就是，"低保标准比较低的时候，搞一个边缘群体可以。但是现在低保标准已经够高了，且是相对贫困了，不宜继续再搞一个边缘群体。因为这样会产生两部分群体，走回原来的老路"。此外，采用《广东省最低生活保障家庭经济状况核对和生活状况评估认定办法》识别出来的相对贫困人口，实际上也就是低保对象，属于财政兜底保障的政策范围，从而可以避免使用《江门市城乡低收入对象识别指标体系》可能引起的财政承受能力层面的争论。

二、相对贫困人口对象范围

确立了相对贫困人口的识别方法后，江门市政府内部就如何确定相对贫困人口的对象范围展开了政策讨论。按照江门市扶贫办和民政局的政策思路，依据《广东省最低生活保障家庭经济状况核对和生活状况评估认定办法》识别出来的低保对象都应属于相对贫困人口。在理论上，相对贫困的概念范围大于绝对贫困的概念范围，绝对贫困人口应包含于相对贫困人口之中。但是，在脱贫攻坚期间，如何理解绝对贫困和相对贫困并非一个理论问题，而是政策问题，而且一些发达地区的地方政府也按照自己的理解，着手解决相对贫困。这种情况也带来了一些概念和认知上的混乱。在2020年春讨论如何确定江门的相对贫困人口对象时，江门市主要领导结合脱贫攻坚期间扶贫重点的实际，以及习近平总书记2020年3月6日发表的《在决战决胜脱贫攻坚座谈会上的讲话》精神，对江门市相对贫困治理中的帮扶对象做出了与市扶贫办改革方案不同的理解。

按照习近平总书记2020年3月6日讲话的精神，为了实现到2020年现行标准下的农村贫困人口全部脱贫的战略目标，贫困治理的重点应该聚焦于三类群体：第一类是未脱贫的贫困对象，第二类是存在返贫风险的贫困对象，第三类是存在致贫风险的贫困对象。到2019年年底，全国共有551万未脱贫贫困户，200万返贫风险贫困户，300万存在致贫风险的边缘贫困户等。江门市委领导认为，未来贫困治理的努力方向应该是为全国如何解决三类共1000多万贫困人口脱贫问题提供经验。因此，江门市实施低保线与扶贫线"两线合一"改革的重点和创新点是要根据中央的政策精神，为全国和全省提供上述三类贫困人口的帮扶经验。同时，考虑到脱贫攻坚过程中低保对象由民政部门兜底保障，因而江门市低保线与扶贫线"两线合一"改革不应扩大到低保对象，而是重点针对脱贫攻坚中的上述三类群体。根据市委领导的这一意见，江门市扶贫办调整了原来的改革对象，最终将改革目标群体确定为：新申请加入对象中符合《广东省最低生

第四章 江门市探索相对贫困治理长效机制的实践过程

活保障家庭经济状况核对和生活状况评估认定办法》、家庭月人均收入低于当地低保标准且具有劳动能力的家庭和人口。

综合"两线合一"改革的过程来看,不同阶段中改革对象的确定思路并不相同。在第一阶段,"两线合一"的改革对象是从低保对象中挑选出来的,其目的在于通过"对象合一"促进低保制度与扶贫开发政策的衔接。但是,到了第二阶段,主要的政策目标是要建立一套统一识别穷人的指标体系,走出以往特困人员、低保对象、低收入家庭、建档立卡贫困户碎片化管理的困境,并将支出型贫困群体纳入救助和帮扶范围,优化对低保救助和扶贫开发政策的政策目标群体的识别,扩展低保制度和扶贫开发政策两项制度衔接的成果。到了第三阶段,由于广东省民政厅的低保治理创新已经实现了低保对象从原低保对象扩展到低保边缘群体,同时也在一定程度上实现了兼顾收入型贫困与支出型贫困的政策目标,因此,在这种情况下,江门市选择使用《广东省最低生活保障家庭经济状况核对和生活状况评估认定办法》识别贫困人口。虽然江门市扶贫办仍然是从低保对象中挑选相对贫困人口实施重点帮扶,但是与第一阶段从低保对象中挑选建档立卡贫困户相比,其政策目标群体的性质已发生变化。

三、相对贫困人口帮扶措施[①]

识别出相对贫困人口以后,按照"统分结合,精准实施"原则,江门市构建了"1+N"帮扶政策体系,对相对贫困人口实施帮扶。其中,"1"是低保线与扶贫线"两线合一"改革的总体实施方案,"N"是多类型精准帮扶政策,指按照致贫原因,对相对贫困人口实施产业、就业、医疗、教育、住房、养老、康复、救助等专项政策帮扶。根据《江门市相对贫困人口帮扶改革实施方案》和《江门市相对贫困人口帮扶改革配套政策文件》,相对贫困人口帮扶措施的主要内容如下。

第一,产业帮扶。产业帮扶主要是要创新"造血式"产业帮扶模式,实现产业帮扶方式的转变。在继续发展见效快的"短、平、快"产业基础

---

① 根据江门市扶贫办提供的材料整理而成。

上,兼顾长效"造血式"产业,形成"龙头企业+合作组织+相对贫困人口"的产业帮扶模式,建立"产业园+新型经营主体+基地+相对贫困人口"的生产经营模式。此外,还通过构建农村一、二、三产业融合发展体系,依托"互联网+""消费帮扶"和"双创",扩大农产品市场营销渠道,推动农村产业转型升级。

第二,就业帮扶。加大劳动就业、社会保障、道路交通、治安巡防、公共环境卫生、乡村保洁、乡村绿化和机关事业单位、国有企业、集体企业后勤保障等公益性岗位开发和安置力度,以及鼓励各类企业设立帮扶车间、帮扶工作坊和就业安置基地,保障相对贫困人口就业。按照"因人施培、因产施培、因岗定培"的原则,分期分类对相对贫困人口开展技能提升培训,积极招收贫困家庭子女入读技工院校并落实相关补助政策,提升具有劳动能力的相对贫困人口的就业技能。

第三,健康帮扶。健康帮扶主要是解决相对贫困人口的"因病致贫"和"因病返贫"问题。除了将大病患者纳入基本医疗保险、大病保险和医疗救助等制度保障范围以外,江门市还对相对贫困人口实施慢性病、住院"先诊疗后付费"政策,并将相对贫困人口列为家庭医生签约服务重点人群。

第四,教育帮扶。除了对相对贫困人口家庭经济困难学生免生活费和免学费资助以外,还对其实施"奖、贷、助、勤、补、减、免"的全方位资助,涵盖从学前教育到研究生教育阶段,以及公办和民办学校,实现教育阶段全覆盖和不同性质学校全覆盖。

第五,康复帮扶。逐步提高相对贫困人口中残疾人的康复救助标准,依托各级康复机构以及医疗卫生机构,为有需求的残疾人提供康复训练、精神病住院或门诊诊治服药、辅助器具适配等康复服务及资助。逐步提高相对贫困人口中残疾人托养服务资助标准,为有长期照料护理需求的重度残疾人提供社区日间照料、居家服务、邻里互助、寄宿托养等照护服务,释放家庭劳动力,扶持残疾人家庭发展生产和创业。全面落实残疾儿童少年15年免费教育及助学政策,大力发展融合式教育,积极发展残疾人职业教育,让残疾人获得更加公平、更有质量的教育。

第六,安居帮扶。完善相对贫困人口住房安全保障长效管理机制,实

第四章　江门市探索相对贫困治理长效机制的实践过程

现相对贫困人口安全住房应补尽补、应改尽改，切实保障其住房安全。在条件允许的前提下，探索新型乡村相对贫困人口安居工程，改善人居环境，参照公租房标准，筹集集中居住建设资金，充分利用现有资源，通过改造旧学校、旧厂房、办公楼、乡镇（街道）和村集中统建安居房、购买或长期租赁村民安全农房等方式保障相对贫困人口住上安全住房。

第七，养老帮扶。积极探索创新养老帮扶模式，解决相对贫困人口中老人养老难题。实行增孝关爱助老政策，通过邻里互助、居家养老、多方支持的互助养老帮扶新模式，有效解决相对贫困人口中老人吃饭穿衣等基本生活难题。完善以居家养老为基础、社区养老为依托、机构养老为补充的养老服务体系，实现相对贫困人口中老人老有所养、老有所依。

第八，救助帮扶。全面落实相对贫困人口救助机制和相对贫困人口分类优惠保障措施。完善最低生活保障制度，健全低保标准、补差水平逐步提高机制。将符合条件的因病、因学、因残、因灾相对贫困人口家庭分别纳入医疗救助、教育救助、灾害救助和住房救助。完善临时救助制度，有效保障因遭遇火灾、交通事故、突发重大疾病或其他特殊困难和其他社会救助制度实施后仍有严重困难的家庭的基本生活。推广防贫防困保险，充分利用保险功能化解相对贫困人口就医、灾害风险，统一为相对贫困人口购买商业医疗保险、人身意外险、健康险、家庭财产保险等商业保险，有效避免相对贫困人口因灾致贫、因病返贫。

第五章 相对贫困治理试点的恩平实践

恩平市是江门市下辖的县级市，位于江门的西部，全市总面积1698.6平方千米，辖10个镇、1个街道办事处。2018年，全市实现地区生产总值1983271万元，在江门市七个市（区）中排名第六；人均生产总值为39218元，在江门市七个市（区）中排在末位，属江门市欠发达地区。从贫困规模来看，按照800元/人·月的城乡统一的低保标准，恩平市有城市低保对象613户1116人，农村低保对象2826户6273人，以及特困供养对象1449人。除了上述贫困对象外，按照2015年城乡居民人均可支配收入低于5040元的贫困标准，恩平市将2816人认定为建档立卡贫困户。综合而言，低保对象、特困人员和建档立卡贫困户总量约占恩平市常住人口的2.3%。

2016年，江门市开始新一轮精准扶贫精准脱贫工作。自2018年3月江门市出台《关于推动扶贫线与低保线"两线合一"改革试点工作的实施方案》后，恩平市积极探索低保制度和扶贫开发政策有效衔接的工作，率先出台《恩平市推动扶贫线与低保线"两线合一"改革试点工作实施方案》（恩府办〔2018〕65号），推动建立"两线合一"常态化的长效机制，实现扶贫线与低保线、社会保障对象和帮扶政策三个层面的"二合为一"。

2019年，江门市启动低收入对象帮扶改革创新探索后，恩平市又被确定为江门市城乡低收入对象帮扶改革先行试点地区。按照江门市低收入对象帮扶改革创新的工作部署，在恩平市实行"增量改革"。也就是说，在保持原低保对象、特困人员、建档立卡贫困户，以及低收入家庭帮扶政策不变的情况下，探索将城乡有劳动能力的贫困边缘群体，即低收入群体纳入帮扶范围，从而深化原"两线合一"改革，巩固扩展脱贫攻坚成果，统筹解决相对贫困问题。

在恩平市实施改革试点过程中，恩平市委、市政府领导，江门市扶贫办，恩平市直有关部门、各镇（街），专家团队等先后召开10多次工作会议，研讨了低收入对象帮扶的方向、目标、帮扶范围、资金测算以及方案制订等内容。作为一项改革试点，恩平市主要是在创新低收入对象识别机制和分类实施精准帮扶政策两个方面为江门市实施低收入对象帮扶改革创新积累了经验，本章将对此进行具体阐述。

第一节 创新低收入对象识别机制

一、低收入对象识别机制的确立

在试点低收入对象帮扶改革过程中，恩平市一项重要的试点任务是如何确定低收入对象。从恩平市创新低收入对象识别机制来看，主要是考虑以下两个方面的因素。

第一，多维贫困识别视角。作为江门市低收入对象识别机制的创新，《2019年江门市城镇低收入对象识别指标体系》和《2019年江门市农村低收入对象识别指标体系》的创新主要体现为结合贫困家庭的家庭收入、家庭结构、住房情况、生产资料和生活资料等多个贫困维度，综合评估贫困家庭的贫困状况。以此为基础，恩平市的试点过程致力于从多维贫困的角度来识别贫困人口/低收入对象。

从过去低保制度和扶贫开发政策所使用的识别贫困人口/低收入对象的方法来看，低保制度和扶贫开发政策都注重从收入维度来确定是否将贫困家庭纳入政策保障范围。上述两种政策对于消除绝对贫困具有较好的实施效果，但是存在忽视其他贫困维度的风险，难以实现对因病致贫、因学致贫、因残致贫等贫困家庭的政策覆盖。

从各地广泛实施的社区瞄准来看，虽然社区瞄准在经验层面是综合考量多个贫困维度而确定的救助和帮扶群体，但是，在社区瞄准中，社区干部的自由裁量难以受到政府的监督，容易引发人情保、关系保等低保治理难题。发展中国家广泛实施的代理家计调查法，用可观测的能够代表贫困的指标替代收入来评估申请家庭的贫困状况。这一做法虽然能够减少贫困人口识别过程中主观意识的干扰，但是不考虑收入这一重要的贫困维度，无疑存在增加其瞄偏的可能性。

对于恩平市而言，将收入维度与其他可能的贫困维度一起作为识别其辖区内低收入对象的判断标准，在实现改变既有政策体系重收入维度贫困、轻其他维度贫困方面无疑是一个重要的推进，是其创新低收入对象识别机制的重要考量因素。

第二，财政承受能力。从过去低保制度和扶贫开发政策的政策目标群体来看，恩平市的低保对象、特困人员和建档立卡贫困户数量约占恩平市常住人口的2.3%。考虑到使用新的识别机制之后会出现部分低保对象、特困人员和建档立卡贫困户被排斥出去，而另外有部分人可能因为恩平市使用新的识别机制被纳入进来，因而，总体来说，使用新的识别机制之后贫困发生率不会发生太大的变动。此外，恩平市试点低收入对象帮扶改革是一项"增量改革"，与之相应的财政投入可能会增加。作为江门市的欠发达地区，如果试点过程中出现了财政支出急剧增加的情况，极有可能超出恩平市的财政承受能力。即使通过低收入对象帮扶改革能够提升恩平市救助帮扶贫困人口的财政支出效率，但是仍然需要避免出现财政支出负荷过重的状况。

二、低收入对象的规模与识别结果

在确定了低收入对象识别的维度，以及将财政支出作为重要考量之后，接下来的工作就是要确定谁是低收入对象。对此，需要根据入户调查数据，使用《2019年江门市城镇低收入对象识别指标体系》和《2019年江门市农村低收入对象识别指标体系》，对入户调查的贫困户进行打分。指标体系设计中的得分越高表示越贫困，因此，如果将某一个分数作为区分低收入群体与非低收入群体的阈值，那么不低于这个阈值的贫困户将纳入低收入对象的帮扶范围。

第五章 相对贫困治理试点的恩平实践

2019年7月至9月，恩平市使用《2019年江门市城镇低收入群体识别问卷》和《2019年江门市农村低收入群体识别问卷》，对包括民政部门已认定的低保对象、特困人员和低收入家庭，农业部门在精准扶贫精准脱贫期间已认定的建档立卡贫困户，以及恩平市户籍新申请加入帮扶对象在内的共计5665户贫困家庭进行入户调查。由于部分贫困家庭放弃申请、无法取得联系、住院和有暴力倾向等因素，恩平市最终完成了5587户贫困家庭的入户调查，占计划入户调查数的98.62%（如表5-1-1所示）。

表5-1-1　恩平市贫困家庭入户调查情况　　（单位：户）

镇（街）名称	计划入户调查数	实际入户调查数	未入户调查数
恩城街道	1294	1248	46
大槐镇	251	246	5
大田镇	585	563	22
东城镇	414	413	1
横陂镇	766	766	0
君堂镇	436	436	0
良西镇	392	392	0
那吉镇	379	377	2
牛江镇	216	215	1
沙湖镇	637	636	1
圣堂镇	295	295	0
总计	5665	5587	78

数据来源：恩平市扶贫开发办公室。

在完成入户调查后，恩平市根据财政支出8783.17万元和低收入对象0.71万元/人的政策标准，最终将恩平贫困发生率设置在2.3%左右。与之相应的帮扶线为25.5分，低收入对象规模为11566人。其中，新增帮扶对象967人。在上述帮扶线下，既能保障现有群体享受帮扶政策，又能将部分新增对象纳入帮扶范围，同时还没有超出恩平财政的可承受能力范围。

从低收入对象的识别结果来看，新增的低收入对象主要是收入略高于低保与建档立卡贫困户的贫困边缘群体。虽然其在收入维度方面不满足低保制度和扶贫开发政策的认定条件，但是使用多维贫困的识别指标体系之后，这些贫困边缘群体能够被纳入政府的保障范围。换言之，恩平市实施低收入对象改革将有助于实现其对贫困的政策定义从收入贫困到多维贫困转变。以下两个案例可以较好地体现恩平市低收入对象识别机制创新对贫困家庭的影响。

> **案例 5-1-1**
>
> 　　户主梁某，59 岁，家庭人口为 4 人，其丈夫多年前因心脏手术引发糖尿病、肾炎等并发症死亡，为救治丈夫，家中欠下巨债；梁某 2019 年 3 月被诊断为乳腺癌，借钱做手术后仍需化疗，医疗费用巨大；虽然梁某的儿子在某婚纱店工作，但是儿媳在家带幼儿无法工作。由于梁某家中有两个劳动力，经广东省救助申请家庭经济状况核对系统评估后，收入超出低保标准无法享受低保救助。但是使用《2019 年江门市城乡低收入对象识别指标体系》综合评估其家庭收入、家庭结构、住房情况、生产资料和生活资料后，梁某家庭的综合评分得分为 27 分，高于恩平市的划定帮扶门槛分数 25.5 分，经各级公示和审核后确定为低收入对象。
>
> 　　户主林某，53 岁，家庭人口为 3 人，林某患红斑狼疮，无劳动能力，长期要吃药，靠其两个儿子打散工维持全家日常生活开支，但由于受教育水平较低，收入极为有限。由于林某家中有两个劳动力，经广东省救助申请家庭经济状况核对系统评估后，收入超出低保标准无法享受低保救助。但是，使用《2019 年江门市城乡低收入对象识别指标体系》综合评估其家庭收入、家庭结构、住房情况、生产资料和生活资料后，林某家庭的综合评分得分为 30.5 分，高于恩平市划定的帮扶门槛分数 25.5 分，经各级公示和审核后确定为低收入对象。
>
> 　　上述两个贫困家庭纳入低收入对象帮扶后，梁某和林某家庭将获得以下帮扶：梁某和林某的大病得到医疗资助，医疗负担减轻；根据梁某儿媳和林某两个儿子的意愿，将他们纳入公益性岗位安置范围，推荐就业；资助梁某和林某全户参加基本医疗保险、城乡居民养老保险以及人身意外商业保险；梁某和林某的家庭获得贴息贷款支持开展相关产业项目。

第二节 分类实施精准帮扶政策[①]

在探索相对贫困治理的长效机制过程中,恩平市建立了七项低收入对象帮扶政策。七项低收入对象帮扶政策可以分为两大类:一类侧重于提供可持续的"造血式"帮扶,包括产业帮扶、就业帮扶、金融帮扶三类帮扶政策,其政策目标群体是有劳动能力的低收入对象;另一类侧重于提升民生保障水平,包括健康帮扶、教育帮扶、住房帮扶和救助供养帮扶四类帮扶政策,其政策目标群体是没有劳动能力的低收入对象。

一、打造"造血式"帮扶机制

(一)层次化的产业帮扶

产业扶贫是我国精准扶贫战略框架下扶贫实践的重要方式,对贫困户收入具有正面影响(巫林洁等,2019),特别是在密集政策供给与扶贫政策"组合拳"的影响下,会表现出更加突出的贫困减缓效应(陈守东、顾天翊,2019)。在打造"造血式"帮扶机制过程中,恩平市实施了层次化的产业帮扶政策。一方面,打造"一镇一品"的特色致富项目,重视新型农业经营主体带动低收入对象脱贫的作用,把带动低收入对象收入增长作为扶持的优先条件,建立了产业化帮扶项目补贴政策;另一方面,在将产业政策落实到户到人的过程中,对低收入对象实施分散性产业补贴政策,激励低收入对象发展种养殖业。

第一,产业化帮扶项目补贴政策。根据恩平市的产业化帮扶项目补贴政策,企业和农民专业合作社等新型农业经营主体,采取农业产业化经营模式,与低收入对象建立紧密的利益联结机制,组织带动40户以上低收

[①] 本节根据恩平市提供的材料整理而成。

入对象发展生产或吸纳20户以上贫困人口就业、增加收入的项目，都会获得政策支持，以先建后补的原则，补贴一定奖补资金。对与低收入对象建立利益连接机制，在生产发展过程中提供种子种苗、技术指导、产品包销、保护价收购等服务的新型农村经营主体，以带动低收入对象人数为依据，与40户低收入对象签订产业收购帮扶协议，并收购30户以上低收入对象农产品，或与20户低收入对象签订用工合同，带动低收入对象发展产业、就业显著增收的企业，给予30000元一次性奖补资金，并给予金融贷款政策支持。

第二，低收入对象分散性产业补贴政策。该政策指低收入对象发展种养殖业，参照一定标准，给予相应的生产资料补贴，提高低收入对象劳动积极性，以增加低收入对象的家庭收入。恩平市低收入对象分散性产业补贴政策主要是针对种植项目和养殖项目设立了相应的补贴标准。在种植项目的政策补贴方面，对于种植马铃薯的低收入对象，每亩每造奖补500元薯种补贴；对于种植水稻的低收入对象，每亩每造奖补100元；对于种植其他本地特色农产品、经济作物0.5亩及以上长势良好或有好收成的，一次性奖补500元/亩。

在养殖项目的政策补贴方面，如果养殖三鸟（鸡、鸭、鹅）20羽至100羽且成活率达80%以上，低收入对象可以获得一次性奖补500元。如果低收入对象养殖三鸟（鸡、鸭、鹅）达到100羽以上且成活率达80%以上，可以获得一次性奖补1000元。对于养殖生猪的低收入家庭，如果其养殖5头以上且饲养6个月以上，恩平市对其给予1000元的奖补。此外，养殖水产的养殖亩数达10亩以上的低收入家庭可以获得一次性奖补2000元。

(二) 多样化的就业帮扶

恩平市采用政府直接扶持的方式对低收入对象实施多样化的就业帮扶政策，有效地提高了低收入对象的就业质量，包括以下三种就业帮扶政策。

第一，公益性岗位补贴政策。公益托底实现低收入对象的就业安置，有利于解决"零就业"家庭和弱势群体就业难题。恩平市人社部门结合精准扶贫公益性岗位政策开发岗位，鼓励各政府部门出资开发或购买道路养护、园林维护、山林看护、治安巡逻、城管交通、环卫保洁、安全管理等公共管理和服务性岗位，重点安置低收入对象。恩平市财政资金对公益性岗位使用单位招用低收入对象进行补助。公益性岗位使用单位每月支付就业人员合同约定工资额的70%，恩平市扶贫办市县两级扶贫资金支付低收入对象合同约定工资额的30%。通过公益性岗位的设置，促进低收入对象实现就业，提高家庭经济收入。

第二，就业技能培训补贴政策。向低收入对象提供"一对一"就业帮扶服务，免费为有就业意愿的低收入劳动力提供职业指导、就业信息、职业介绍服务。除了鼓励低收入对象免费参加就业部门组织的就业培训和创业培训以外，恩平市还根据培训类别、技术等级给予低收入对象一定数额的培训补贴。例如，给予通过汽车美容培训获取证书的贫困对象500元/人的补助；给予通过汽车维修、维修电工、中式烹调师、中式面点师、粤菜师傅、电焊工、家用电子产品维修工等方面技能培训获取证书的低收入对象1000元/人的补贴。

第三，富余劳动力转移就业补贴政策。通过奖励性补助政策扶持，促进贫困户富余劳动力转移就业。例如，对于在同一岗位上工作满6个月以上的低收入对象，给予一次性补贴3000元。

（三）多工具的金融帮扶

恩平市政府采取以扶贫小额信贷的方式，与恩平市中国银行、工商银行、邮政储蓄银行、顺德农商银行四个经办银行签订合作协议，共同推进金融帮扶政策。在实施金融帮扶过程中，除了对低收入对象实施金融帮扶以外，还对在江门市区域内注册、带动贫困户发展生产致富的农业龙头企业、家庭农场、农业专业合作社、种养大户农业四大经营主体给予贷款优惠。其中，低收入对象每户贷款额度最高5万元；农业龙头企业、家庭农场、农民专业合作社和种养大户农业四大经营主体带动低收入对象发展生产或提供就业的，每家（每户）贷款额度最高50万元。并对低收入对象，以及农业龙头企业、家庭农场、农民专业合作社和种养大户农业四大经营主体带动扶贫的贷款进行全额贴息。

除了对小额信贷贷款人实施全额贴息政策以外，恩平市还对其实施风险补偿政策。在改革试点期间，恩平市从扶贫基金中安排 100 万元作为扶贫小额贷款扶持专项基金，实施财政专户管理，将其中的 70 万元作为风险补偿金。贷款规模按风险补偿金放大 10 倍进行信贷，并对低收入对象采取无担保无抵押方式授信。就低收入对象的贷款进行风险补偿而言，风险分担比例为：风险补偿金承担贷款本金的 80%，经办银行承担 20%。但是，对带动扶贫的农业龙头企业、家庭农场、农民专业合作社和种养大户农业四大经营主体采取担保人、抵押或者购买保险的方式授信，风险补偿金不承担贷款本息补偿风险。

二、全面提升民生保障水平

（一）零负担的健康帮扶

在实施健康帮扶过程中，恩平市不仅做到了低收入群体的全覆盖帮扶，还通过二次医疗救助的方式确保了低收入群体医疗费用的零负担。从健康帮扶的范围来看，恩平市将符合条件的低收入帮扶对象 100% 纳入医保覆盖范围，资助低收入对象参加医疗保险，并对参加恩平市基本医疗保险一档的低收入对象的年度个人缴费部分金额予以全额补助。除了资助低收入对象参加医疗保险以外，恩平市还通过基本医疗保险基金、大病保险资金和低收入帮扶对象健康帮扶资金，补助低收入对象的门诊治疗费用和住院医疗费用。其中，门诊补助的重点是因患慢性病需要长期服药或者患重特大疾病需要长期门诊治疗导致自付费用较高的低收入对象。住院补助是指对低收入对象经基本医疗保险、大病保险及各类补充医疗保险、商业保险等报销后个人负担的医疗费用予以补助。

两项医疗费用的补助标准如下：第一，在年度最高补助限额内，在定点医疗机构就医，经基本医疗保险、大病保险及各类补充医疗保险、商业保险报销后，门诊和住院的范围内医疗费用，低收入对象的医疗补助按照 80% 的比例给予补助，医疗补助封顶线年最高限额为 8 万元。第二，对经医疗补助后医疗费用个人负担仍较重的低收入对象，年度内补助后自付医疗费用（含基本医疗保险政策范围外的医疗费用）在 2000 元或以上的，给予其自付医疗费用 80% 的二次医疗补助，二次医疗补助年最高限额为 3 万元。

为了避免低收入对象因交不起住院押金而无法住院治疗，恩平市健康帮扶政策规定低收入对象在定点医疗机构住院的可以免交住院押金。同时，恩平市还积极推行医疗补助和基本医疗保险、大病保险"一站式"同步结算，确保低收入对象只需结清个人应承担的医疗费用，有效地减轻了低收入对象的医疗费用负担和缓和了低收入对象"看病难"的问题。对于定点医疗机构所垫付的医疗补助资金，医疗机构可在规定时间内报恩平市医疗机构保障经办机构审核后，由恩平市医疗保障经办机构按实际发生额支付给定点医疗机构。恩平市医疗保险经办机构每月将低收入对象医疗补助资金结算明细信息送恩平市扶贫办、医保局审核后，向恩平市财政局申请将资金划入社会保险经办机构，用于冲减垫付的医疗补助金额。

（二）全阶段的教育帮扶

在实施政策试点前，恩平市已出台《恩平市建档立卡家庭经济困难学生精准资助工作实施方案》，对最低生活保障对象、特困人员、贫困户已进行从九年义务教育到普通高等教育全学段给予生活费和免学费资助。实施政策试点后，恩平市进一步将其教育帮扶的政策目标群体扩展至低收入家庭和新增申请家庭中综合评分达到低收入帮扶线及以上的低收入对象家庭中接受义务教育、高中教育和普通高等教育的全日制学生。

1. 财政补助方式

教育帮扶资金从市、县两级扶贫资金中列支，采用以下两种财政补助方式实施教育帮扶。

第一，按照学校性质的差异给予学校免学杂费补助。公办学校因免学杂费导致其收入减少的部分，经公办学校申请，恩平市教育局审批免学杂费学生人数和免学杂费补助标准，由恩平市农业农村局划拨资金到公办学校。民办学校的补助标准为按照享受免学杂费政策学生人数和同类型公办学校免学杂费补助标准予以补助。同时，民办学校可按规定向学生收取高于同类型公办学校学杂费补助标准的部分。

第二，直接将生活费补助给在读学生个人或者在读学生家庭。在恩平市内就读的学生，经恩平市教育局审批学生人数和生活费补助标准后，向恩平市农业农村局申请划拨直接补助到学生家庭。在恩平市外就读的学生，经恩平市教育局审批其免学杂费和生活费补助金额后，向恩平市农业农村局申请划拨补助到学生家庭。

2. 财政补助标准

恩平市针对不同受教育阶段的低收入家庭学生给予阶梯式的财政补助。在学杂费补助标准方面，普通高中全日制学生的免学杂费（不含住宿费）补助标准为每人每学年 2500 元；职业学校和技工学校全日制学生的免学杂费（不含住宿费）补助标准为当地同类型同专业公办中等职业学校学杂费收费标准；普通高校全日制专科和本科阶段学生的免学杂费（不含住宿费）补助标准为每人每学年 4000 元，普通高校全日制研究生的免学杂费（不含住宿费）补助标准为每人每学年 8000 元。

在生活费补助标准方面，接受义务教育的全日制学生的补助标准为每人每学年 2000 元（每月 200 元，每学年按 10 个月计）；接受高中教育（普通高中、中职学校和技工学校）的全日制学生的补助标准为每人每学年 2000 元（每月 200 元，每学年按 10 个月计）；接受高等教育的全日制学生的补助标准为每人每学年 6000 元（每月 600 元，每学年按 10 个月计）。

（三）多举措的住房帮扶

恩平市城乡住房帮扶政策的政策目标是对城市低收入对象按保障房有关规定给予保障房优先安排，确保农村低收入对象有安全住所，实现农村低收入对象安全住房应补尽补、应改尽改。住房帮扶的对象包括住房达 C、D 级危房[①]或无房的低收入对象。补助标准如下：第一，农业户籍采取拆除重建方式改造危房（D 级危房）以及无房户，扶贫资金按每户 5 万

---

① C、D 级危房判断标准如下：C 级危房指部分承重结构不能满足正常使用要求，局部出现险情，构成局部危房；D 级危房指承重结构已不能满足正常使用要求，房屋整体出现险情，构成整幢危房。

元的标准给予补助,已享受相关补助政策的不再享受此政策;第二,采取修缮加固方式改造危房(C级危房)的,扶贫资金按2万元的标准给予补助;第三,城镇户籍的无房户按保障房规定优先给予安排,若难以安排的,参照农业户籍无房户补助标准给予租赁住房补助,并优先安排公共租赁住房或跟踪落实其租赁情况。

为了避免财政资金不足的情况出现,恩平市还倡导拓宽资金来源渠道,充分发动企业捐赠,以及利用对口帮扶资金等解决低收入对象住房安全保障问题。

在实施住房帮扶过程中,农村危房改造模式以分散分户改造和以农户自建为主,坚持就地就近建设,有条件的鼓励推行统一连片改造。县、镇、村可统筹补助资金集中建设集体公寓或利用空置房。在住房帮扶过程中,恩平市明确规定新建住房面积1人户不低于20平方米,2人户不低于30平方米,3人户以上按原则不超过人均18平方米,避免改造危房与新建住房过程中出现超标准建房。

(四)阶梯式的救助供养帮扶

恩平市实施政策试点后包含五类贫困人口:特困人员、低保对象、建档立卡贫困户、低收入家庭和新增对象。政策试点期间的救助供养帮扶对象是经《江门市城乡低收入对象识别指标体系》识别后,综合评分达到"低收入帮扶线"及以上,家庭中全部共同生活成员不具备劳动能力且不符合现有民政系统社会救助(包括特困供养对象)认定范围的低收入家庭或新增对象。在救助供养帮扶期间,上述低收入家庭或新增对象享受现金帮扶,但转为民政系统社会救助对象后将不再纳入政策试点期间的救助供养帮扶范围,而是享受相应的社会救助待遇。

就现金帮扶的方式来看,恩平市结合救助供养帮扶对象的综合得分,也就是根据救助供养对象的贫困程度予以阶梯式帮扶。阶梯式帮扶包含三个级别:第一个级别是 $25.5 \leqslant$ 综合贫困得分 < 50.5,救助帮扶对象领取的补助金额为250元/月/户;第二个级别是 $50.5 \leqslant$ 综合贫困得分 < 75.5,救助供养帮扶对象领取的补助金额为350元/月/户;第三个级别是 $75.5 \leqslant$ 综合贫困得分 < 100,救助供养帮扶对象领取的补助金额为450元/月/户。

换言之，救助供养对象越贫困，其获得的救助供养补助金额越高。上述救助供养补助金额从江门市和恩平市两级扶贫资金中列支，各镇街向恩平市农业农村局申请划拨到救助供养帮扶对象账户后，由恩平市财政局委托金融机构按季发放。

第六章 江门市相对贫困瞄准的机制创新

第一节 江门市相对贫困瞄准的测量体系

一、数据来源

本节所采用的数据来源于2018年7月至8月所开展的问卷调查数据。调查采用的是结构化的入户问卷调查,调查区域覆盖江门市蓬江区、江海区、新会区及鹤山市、台山市、开平市和恩平市七个市(区)。问卷采取多阶段整群抽样方法。首先,利用随机数表从上述七个市(区)中分城、乡社区各随机抽取两个镇街,然后,从上述抽样的镇街中各随机抽取一个社区。七个市(区)涉及的镇街和社区名单如表6-1-1所示。为了确保问卷的有效性,在调查过程中,按照社区提供的相对贫困人口名单,在对抽样社区所有具备入户条件的相对贫困人口[①]实施入户调查后,对一定配额数量的非相对贫困人口进行问卷调查。本次调查共发放调查问卷1988份,剔除填写不完整的问卷后,共收集有效问卷1927份。其中,城市部分942份,农村部分985份。

---

① 这里的相对贫困人口是指特困人员、低保对象、精准扶贫对象和低收入家庭。其认定标准为农村居民年人均可支配收入低于4000元(2014年不变价),同时要综合考虑"三保障"和家庭支出等实际情况进行评议。因此,广东省相对贫困人口的认定标准高于国家扶贫线的贫困标准。但是,由于其贫困标准仍以人均可支配收入为关键指标,因此,我们认为广东的"相对贫困"只是一种高于国家贫困线的绝对贫困。

表 6-1-1 抽样结果（地点）

区、市名称	城市抽样结果（地点）		农村抽样结果（地点）	
	镇街名称	社区名称	镇街名称	社区名称
蓬江区	棠下镇	棠下社区	杜阮镇	亭园村
	潮连街	坦边社区	荷塘镇	康溪村
江海区	江南街	竹苑社区	礼乐街	五四村
	外海街	沙津横社区	礼乐街	新华村
新会区	会城街	北门社区	大泽镇	莲塘村
	古井镇	古井社区	罗坑镇	陈冲村
鹤山市	宅梧镇	梧冈社区	雅瑶镇	黄洞村
	古劳镇	东宁社区	址山镇	云东村
台山市	海宴镇	海宴圩社区	冲蒌镇	八家村
	台城街	东云社区	海宴镇	廊峰村
开平市	三埠街	新兴社区	大沙镇	新星村
	月山镇	月山墟社区	赤水镇	三合村
恩平市	大槐镇	大槐圩社区	君堂镇	中安村
	圣堂镇	圣堂圩社区	牛江镇	岭南村

二、代理家计调查回归模型的设计

关于家庭经济状况的界定，可以从收入和消费两个角度测定。一般来讲，实施问卷调查时，采用收入而非消费来确定家庭经济状况要更准确一些。因为收入项目相对较少，单项收入的数额比较大，受访对象记忆和回答较为准确。而消费支出几乎每天都在发生，数额也比较小，大多数居民没有记账的习惯，数据的准确性难以得到保证。[①] 考虑到"代理家计调查的基本思路是通过一系列容易观察和可证实的特征变量来预测家庭人均收

---

① 李艳军：《农村最低生活保障目标瞄准研究——基于代理财富审查（PMT）的方法》，《经济问题》2013年第2期。

入，所以可基于该预测收入来识别贫困家庭"[①]。借鉴已有文献的变量设置，本研究构建的代理指标主要包括家庭结构（FAMS）、住房情况（HOUS）、生产资料（MPRO）和生活资料（MLIV）四个维度。

在方法层面，确定代理指标并估计其权重的方法主要有最小二乘法（OLS）、主成分分析法、线性概率模型和分位数回归。其中，最小二乘法应用最为普遍。当有很多解释变量时，最小二乘法被认为是最方便可行的。[②] 本研究构建了最小二乘法的回归模型来估计各代理指标系数，具体形式为：

$$ln\ Y_i = \beta_0 + \beta_1 FAMS + \beta_2 HOUS + \beta_3 MPRO + \beta_4 MLIV + \varepsilon_i \quad (6-1)$$

式（6-1）中的 Y_i 表示不包含转移收入的家庭人均收入。需要说明的是，有些解释变量可能内生于被解释变量家庭人均收入，不过该方法的目的仅仅是预测贫困的发生，并不打算寻找影响贫困发生的原因，因此，在一定程度上可以规避这一不足。[③] 也就是说，本研究只是研究家庭人均收入与各个表征贫困变量之间的相关关系而不是因果关系，因此可以在一定程度上规避模型可能的内生性问题。另外，虽然将最小二乘法估计的系数作为代理指标的权重具有合理性，但是要体现复杂的贫困情况，还是有一定的局限。为此，在设计各个指标权重的时候，本研究主要是参考自变量对因变量作用的方向，并将最小二乘法估计的参数作为参考，而不是作为最终的权重设计选择。

[①] 韩华为、高琴：《代理家计调查与农村低保瞄准效果——基于 CHIP 数据的分析》，《中国人口科学》2018 年第 3 期。

[②] 李艳军：《农村最低生活保障目标瞄准研究——基于代理财富审查（PMT）的方法》，《经济问题》2013 年第 2 期。

[③] 刘伟、李树茁、任林静：《西部农村扶贫项目目标瞄准方法研究——基于陕西安康贫困山区的调查》，《西安交通大学学报（社会科学版）》2017 年第 1 期。

三、代理家计调查模型的回归结果

（一）城镇部分

分析城镇相对贫困人口的代理指标时，因变量为人均可支配收入。自变量涵盖家庭结构、住房情况和生产生活资料情况3个一级指标和25个二级指标，具体变量如表6-1-2所示。

表6-1-2 城镇居民代理家计调查的变量及其描述性统计

变量	样本数	平均值	标准差	最小值	最大值
人均可支配收入	944	11697.5	13024.61	0	156400
1. 家庭结构					
年龄分布					
十六岁以下人数	944	0.585	0.868	0	6
十六至六十岁人数	944	2.100	1.392	0	8
六十岁以上人数	944	0.939	0.843	0	5
就读情况					
学前及小学生人数	944	0.335	0.623	0	4
初中生人数	944	0.091	0.288	0	1
中专生、职校生人数	944	0.029	0.167	0	1
普通高中生人数	944	0.075	0.283	0	2
大专生、本科生人数	944	0.100	0.317	0	2
重度残疾人（含失能人员）比例	944	0.053	0.169	0	1
慢性病患者数量	944	0.643	0.739	0	4
重病患者数量	944	0.043	0.209	0	2
不共同生活但对其有赡养/抚养/扶养义务人员数量	944	0.840	1.359	0	7
劳动力数量	944	1.949	1.367	0	8

续表 6-1-2

变量	样本数	平均值	标准差	最小值	最大值
2. 住房情况					
是否自有住房	944	0.827	0.378	0	1
房屋产权	944	2.674	0.628	1	3
人均房间数量	944	0.974	0.634	0	6
客厅地板	942	1.841	0.391	1	3
墙壁	944	1.826	0.382	1	2
厕所使用类型	944	2.944	0.322	1	3
是否其他自有住房	944	0.168	0.374	0	1
其他自有住房数量	944	0.185	0.438	0	3
是否租用其他住房	943	0.078	0.269	0	1
租用其他住房数量	944	0.083	0.287	0	2
3. 生产生活资料					
摩托车数量	944	0.761	0.803	0	4
国外品牌热水器数量	944	0.038	0.218	0	3
电视机数量	944	1.143	0.554	0	4
冰箱数量	944	0.983	0.474	0	7
空调总匹数	944	3.802	5.319	0	17
洗碗机数量	944	0.002	0.046	0	1
高档乐器数量	944	0.006	0.080	0	1
组合音响数量	944	0.030	0.170	0	1

表 6-1-3 给出了使用 OLS 回归模型式 (6-1) 后江门市城镇样本的回归结果。模型可决系数 (R^2) 接近 0.3，与相关研究的拟合优度相比可以接受。例如，Glinskaya 和 Grosh 关于亚美尼亚代理家计调查模型的可决系数仅为 0.2。[①] Grosh 和 Baker 对拉丁美洲国家代理家计调查模型的可

[①] Grosh, M., & Glinskaya, E., *Proxy Means Testing and social assistance in Armenia*. Development Economics Research Group, World Bank, 1997.

决系数介于 0.3 至 0.4 之间。① 国内相关研究，比如李艳军关于宁夏代理家计调查的可决系数、韩华为和高琴关于中国农村代理家计调查的可决系数也是介于 0.3 至 0.4 之间。②

在 10% 的置信水平下，有以下变量表现出统计显著性。在家庭特征维度中，大部分变量具有统计显著性。具体包括：六十岁以上人数，学前及小学生人数，中专生、职高生人数，重度残疾人（含失能人员）比例，慢性病且长期药物依赖的患者数量，重病患者数量，不共同生活但家庭成员对其有赡养/抚养/扶养义务人员数量，劳动力数量等变量。在住房维度中，房屋产权、是否有其他自有住房、其他自有住房数量等具有统计显著性。在生产生活资料维度中，摩托车数量、电视机数量、冰箱数量和空调总匹数等耐用品均具有统计显著性。

其中，六十岁以上人数、学前及小学生人数、中专生及职高生人数、重度残疾人（含失能人员）比例、慢性病且长期药物依赖的患者数量、重病患者数量、不共同生活但家庭成员对其有赡养/抚养/扶养义务人员数量、是否有其他自有住房、其他自有住房数量与家庭人均收入之间存在显著的负向关系，而劳动力数量、房屋产权、其他自有住房数量、摩托车数量、电视机数量、冰箱数量和空调总匹数则与家庭人均收入之间存在显著的正向关系。

表 6-1-3　城镇居民代理家计调查回归结果

变量	系数	标准误	P 值
1. 家庭特征			
十六岁以下人数	709.7622	749.222	0.344
十六至六十岁人数	-346.079	492.055	0.482
六十岁以上人数	-3805.94	564.896	0.000
学前及小学生人数	-2063.07	966.018	0.033

---

① Grosh, M., Nino, C., Tesliuc, E., & Ouerghi, A., *For protection and promotion*: *the design and implementation of effective safety nets*. Washington, D. C.: World Bank, 2008.

② 李艳军：《农村最低生活保障目标瞄准研究——基于代理财富审查（PMT）的方法》，《经济问题》2013 年第 2 期；韩华为、高琴：《代理家计调查与农村低保瞄准效果——基于 CHIP 数据的分析》，《中国人口科学》2018 年第 3 期。

续表 6-1-3

变量	系数	标准误	P 值
初中生人数	-1497.12	1457.088	0.304
中专生、职高生人数	-4618.55	2236.864	0.039
普通高中生人数	-1572.81	1345.986	0.243
大专生、本科生人数	-360.861	1254.062	0.774
重度残疾人（含失能人员）比例	-6023.36	2300.804	0.009
慢性病且长期药物依赖的患者数量	-1084.41	562.847	0.054
重病患者数量	-3848.41	1767.538	0.030
不共同生活但家庭成员对其有赡养/抚养/扶养义务人员数量	-588.022	301.233	0.051
劳动力数量	1622.334	413.345	0.000
2. 住房情况			
是否自有住房（无）	-733.263	1642.744	0.655
房屋产权（借住）			
租住	2820.256	1602.71	0.079
完全自有	3783.998	1704.371	0.027
人均房间数量	-983.305	738.999	0.184
客厅地板（泥土或水泥）			
瓷砖	984.0225	1200.548	0.413
木地板	4345.167	3945.992	0.271
墙壁（未装修）			
装修	1669.373	1187.488	0.160
厕所使用类型（公用厕所）			
几户合用	6264.997	5642.389	0.267
独用	619.0946	2475.694	0.803
是否有其他自有住房（否）			
是	-12934.9	3018.894	0.000
其他自有住房数量	13912.71	2592.882	0.000
是否租用了其他住房（否）			

续表 6-1-3

变量	系数	标准误	P 值
是	-5068.47	4989.914	0.310
租用其他住房数量	6230.212	4689.204	0.184
3. 生产生活资料			
摩托车数量	1826.15	537.737	0.001
国外品牌热水器数量	293.0338	1928.224	0.879
电视机数量	1679.512	789.443	0.034
冰箱数量	3060.539	867.765	0.000
空调总匹数	177.9463	77.038	0.021
洗碗机数量	-22.1686	7965.591	0.998
高档乐器数量	5148.949	4749.755	0.279
组合音响数量	2123.636	2238.797	0.343
常数	3016.428	2999.444	0.315
$R^2 = 0.29$			样本量 $N = 940$

（二）农村部分

分析农村相对贫困人口的代理指标时，因变量为人均可支配收入。自变量涵盖家庭特征、住房情况、生产资料和生活资料情况 4 个一级指标和 39 个二级指标，具体变量如表 6-1-4 所示。

表 6-1-4 农村居民代理家计调查的变量及其描述性统计

变量	样本数	平均值	标准差	最小值	最大值
人均可支配收入	990	10012	12516	0	196320
1. 家庭特征					
十六岁以下人数	994	0.640	0.954	0	6
十六至六十岁人数	994	2.073	1.621	0	14
六十岁以上人数	994	1.041	0.822	0	4
学前及小学生人数	994	0.345	0.677	0	4

续表 6-1-4

变量	样本数	平均值	标准差	最小值	最大值
初中生人数	994	0.122	0.365	0	2
中专生、职高生人数	994	0.017	0.130	0	1
普通高中生人数	993	0.078	0.279	0	2
大专生、本科生人数	994	0.062	0.262	0	2
重度残疾人（含失能人员）比例	993	0.0586	0.183	0	1
重病患者和慢性病且长期药物依赖的患者比例	990	0.199	0.302	0	1
不共同生活但家庭成员对其有赡养/抚养/扶养义务人员数量	994	1.115	1.703	0	16
具备赡养/抚养/扶养能力人员数量	993	2.452	1.915	0	17
具备劳动能力者的数量	993	2.236	1.685	0	14
2. 住房情况					
是否自有住房	994	0.944	0.231	0	1
房屋类型	994	3.171	0.941	1	4
外墙	991	2.03	0.846	1	3
建筑面积	994	94.397	53.985	2	540
人均房间数量	994	1.111	0.848	0	6
大门	993	2.098	0.742	1	3
客厅地板	994	2.428	0.811	1	3
墙壁	992	1.619	0.486	1	2
厕所冲水类型	992	2.469	0.841	1	4
是否有其他自有住房	993	0.162	0.369	0	1
是否租用了其他住房	993	0.0242	0.154	0	1
3. 生产资料					
人均农作物果树种植面积	994	0.127	0.574	0	9
人均林地面积	994	0.133	0.653	0	8
人均耕地面积	993	0.539	0.936	0	10
人均水产养殖面积	994	0.048	0.349	0	5

续表 6-1-4

变量	样本数	平均值	标准差	最小值	最大值
牲畜数量	994	0.472	11.285	0	350
家禽存栏数量	994	6.545	90.012	0	2000
机械设备马力总和	994	0.513	2.690	0	26
4. 生活资料					
是否有固定生活用水水源	994	0.995	0.071	0	1
做饭用的主要燃料	991	2.333	0.943	1	3
国外品牌热水器数量	991	0.136	0.343	0	1
摩托车数量	994	0.947	0.988	0	5
洗衣机数量	993	0.608	0.488	0	1
微波炉数量	994	0.066	0.249	0	1
饮水机数量	994	0.174	0.379	0	1
空调数量	990	0.986	1.236	0	8
是否接入互联网	985	0.383	0.486	0	1
家用电脑数量	993	0.268	0.443	0	1

表 6-1-5 给出了使用 OLS 回归模型式（6-1）后江门农村样本的回归结果。模型 R^2 接近 0.3，在 10% 的置信水平下，有以下变量表现出统计显著性。在家庭特征维度中，十六岁至六十岁人数、六十岁以上人数、大专生和本科生人数、重度残疾人（含失能人员）比例、重病患者和慢性病且长期药物依赖的患者比例等具有统计显著性。在住房维度中，人均房间数量、大门类型等具有统计显著性。在生产生活资料维度中，人均耕地面积、做饭用的主要燃料以及摩托车、洗衣机、空调、电脑等耐用品均具有统计显著性。

其中，六十岁以上人数、大专生和本科生人数、重度残疾人（含失能人员）比例、重病患者和慢性病且长期药物依赖的患者比例、大门类型与家庭人均收入之间存在显著的负向关系，而人均房间数量、人均耕地面积、做饭用的主要燃料、摩托车数量、洗衣机数量、空调数量、电脑数量则与家庭人均收入之间存在显著的正向关系。

第六章　江门市相对贫困瞄准的机制创新

表 6-1-5　农村居民代理家计调查回归结果

变量	系数	标准误	P 值
1. 家庭特征			
十六岁以下人数	-1182.152	733.951	0.108
十六岁至六十岁人数	1149.544	468.067	0.014
六十岁以上人数	-1296.388	549.003	0.018
学前及小学生人数	220.395	913.423	0.809
初中生人数	-1826.088	1179.807	0.122
中专生、职高生人数	1648.238	2934.810	0.575
普通高中生人数	1935.518	1396.459	0.166
大专生、本科生人数	-2689.873	1439.393	0.062
重度残疾人（含失能人员）比例	-5368.202	2140.559	0.012
重病患者和慢性病且长期药物依赖的患者比例	-3699.366	1359.592	0.007
不共同生活但家庭成员对其有赡养/抚养/扶养义务人员数量	-152.926	290.772	0.599
具备赡养/抚养/扶养能力人员数量	-180.533	313.892	0.565
具备劳动能力者的数量	448.866	377.140	0.234
2. 住房情况			
是否自有住房（无）			
有	502.030	1707.468	0.769
房屋类型（土坯房或简易房）			
砖瓦房	1223.483	1971.129	0.535
一层钢筋水泥房	2691.875	2111.320	0.203
楼房	2898.000	2167.740	0.182
外墙（未装修）			
抹灰	441.308	1021.248	0.666
瓷砖	817.401	1186.073	0.491
人均房间数量	1737.505	553.376	0.002
大门（木门）			

续表 6-1-5

变量	系数	标准误	P值
铁门	-2146.375	1046.498	0.041
不锈钢	-2963.962	1229.375	0.016
客厅地板（土、石板等）			
水泥	-669.770	1284.599	0.602
瓷砖	-427.477	1183.568	0.718
墙壁（未装修）			
装修	740.860	993.727	0.456
厕所冲水类型（没有冲水）			
手动冲水	-1594.603	2485.206	0.521
自动冲水	-2202.842	2777.941	0.428
没有厕所	-612.292	2504.679	0.807
是否有其他自有住房（否）			
是	-144.883	1047.003	0.890
是否租用了其他住房（否）			
是	3394.997	2395.471	0.157
3. 生产资料			
人均农作物果树种植面积	-92.178	767.734	0.904
人均林地面积	-549.355	602.166	0.362
人均耕地面积	1134.586	528.257	0.032
人均水产养殖面积	190.580	1045.720	0.855
牲畜数量	-7.969	31.785	0.802
家禽存栏数量	-0.177	5.545	0.975
机械设备马力总和	-202.923	140.508	0.149
4. 生活资料			
是否有固定生活用水水源（否）			
是	-149.866	5618.076	0.979
做饭用的主要燃料（柴草）			
沼气、煤炭	9187.781	11133.802	0.409

续表6-1-5

变量	系数	标准误	P值
煤气（液化气、天然气）、太阳能、电	2175.669	914.315	0.018
国外品牌热水器数量	-1396.441	1156.631	0.228
摩托车数量	1617.218	480.646	0.001
洗衣机数量	3095.813	945.443	0.001
微波炉数量	579.945	1555.668	0.709
饮水机数量	17.794	1028.568	0.986
空调数量	1348.812	418.678	0.001
是否接入互联网	-385.648	1175.468	0.743
家用电脑数量	2062.023	1206.279	0.088
常数	1921.492	6345.500	0.762
$R^2 = 0.28$			样本量 $N = 956$

四、相对贫困人口识别指标体系的构建

（一）基本原则

1. 可观测原则

可观测原则是指在设计反映相对贫困人口特征和贫困程度的代理指标时，要确保调查员入户调查时可以观测到指标体系设计中所包含的代理指标。遵循这一原则，主要是为了确保调查员入户调查的客观性，减少其主观意识对入户调查结果的干扰。

2. 可证实原则

可证实原则是指相对贫困人口所提供的有关代理指标的信息可以被证实。虽然调查员可以准确观测到一些代理指标，但也有一些代理指标并不能被其准确观测到，需要相对贫困人口提供相应指标的准确信息。遵循这一原则，主要是为了避免相对贫困人口提供错误的信息或具有欺骗性的信息。

3. 多维度原则

多维度原则是指代理指标体系要能够多维度反映相对贫困人口的家庭经济生活状况,而不是反映单一维度的家庭经济状况。遵循这一原则,主要是考虑到致贫原因多样化的实际和目前贫困测量已从单一收入维度向多维度转变。

(二) 城镇相对贫困人口识别指标体系

根据城镇居民代理家计调查模型的回归结果,六十岁以上人数,学前及小学生人数,中专生、职高生人数,重度残疾人(含失能人员)比例,慢性病且长期药物依赖的患者数量,重病患者数量,不共同生活但家庭成员对其有赡养/抚养/扶养义务人员数量,劳动力数量,房屋产权,是否有其他自有住房,其他自有住房数量,摩托车数量,电视机数量,冰箱数量和空调总匹数15个代理变量具有统计显著性,因此,选择这些代理变量作为城镇相对贫困人口识别指标。另外,在住房情况这个维度的指标设计中,相关研究表明,人均房间数量、客厅地板、墙壁、厕所使用情况等是比较理想的代理指标①。所以,虽然这些变量在本研究中并不显著,但结合地方实践,还是将它们作为江门市城镇相对贫困人口识别指标。具体内容如表6-1-6所示。

表6-1-6 2018年江门市城镇相对贫困人口识别指标及其评分

一级指标	二级指标	分值	满分
1. 家庭结构(50分)	六十岁以上人数	六十岁以上人数 = 1分/人	2
	子女就读情况	学前及小学生 = 2分/人;初中生 = 1分/人;中专生、职高生 = 1.5分/人;普通高中生 = 2分/人;大专生、本科生 = 3分/人	4

---

① 郭熙保、周强:《长期多维贫困、不平等与致贫因素》,《经济研究》2016年第6期。

续表 6-1-6

一级指标	二级指标	分值	满分
1. 家庭结构（50分）	重度残疾人（包括失能人员）情况	按重度残疾人（包括失能人员）与共同生活家庭成员总人数比例计分，具体如下： 比例＝1，得50分 50%≤比例＜1，得12分 0%＜比例＜50%，得6分	12
	重病患者	慢性病且长期药物依赖的患者＝2分/人；重大疾病患者＝6分/人	12
	需要赡养/抚养/扶养人数	不共同生活但家庭成员对其有赡养/抚养/扶养义务人员＝1.5分/人	3
	具备劳动能力人员	0人＝17分 1人＝8.5分（即扣8.5分） 2人＝0分（即扣17分） 3人扣此维度一半分值（即扣25分） 4人扣此维度所有分值（即扣50分）	17
2. 住房情况（30分）	房屋数量①	无房，租赁1套房屋，借住私房＝30分；有1套房产＝0分；租赁1套以上房屋＝扣30分；有1套以上房产＝扣30分	0
	房屋类型	平房＝20分；筒子楼＝10分；单元房5分；自建房（不含单栋楼房）、商品房＝0分；单栋楼房＝扣30分	20
	人均房间数量	1间以上＝扣1分；1间＝1分；不足1间＝2分	2
	客厅地板	木地板、瓷砖＝0分；水泥＝2分	2
	墙壁	装修＝0分；未装修＝4分	4
	厕所使用情况	独用＝0分；几户合用＝1分；公用厕所＝2分	2

① 调查员根据受访者回答的房产数量，入户调查每套房产的得分情况，然后加总计算平均分。

续表 6-1-6

一级指标	二级指标	分值	满分
3. 生产资料和生活资料（20 分）	摩托车	有 = 扣 5 分/辆	20
	电视	40 寸≤电视尺寸≤60 寸，扣 10 分/台；电视尺寸>60 寸，扣 20 分	
	空调	2 匹≤空调匹数总和≤3 匹，扣 10 分；空调匹数总和>3 匹，扣 20 分	
	冰箱	160 升≤冰箱容积≤260 升，扣 10 分；冰箱容积>260 升，扣 20 分	

（三）农村相对贫困人口识别指标体系

根据农村代理家计调查模型的回归结果，十六岁至六十岁人数、六十岁以上人数、大专生和本科生人数、重度残疾人（含失能人员）比例、重病患者和慢性病且长期药物依赖的患者比例、人均房间数量、大门类型、人均耕地面积、做饭用的主要燃料、摩托车数量、洗衣机数量、空调数量、电脑数量 13 个代理变量具有统计显著性。另外，相关研究表明，具备劳动能力者数量等家庭结构、房屋数量、房屋类型、外墙、客厅地板、墙壁、厕所类型等住房情况，农作物（果树）种植面积、林地种植面积、水产养殖面积、牲畜数量、家禽存栏数量、机械设备马力等生产资料，以及家中有无固定生活用水水源等生活资料的情况也是比较理想的代理指标，所以考虑地方实践后，虽然这些变量在本研究中并不显著，但也将其作为江门市农村相对贫困人口识别指标。具体内容如表 6-1-7 所示。

表 6-1-7 2018 年江门市农村相对贫困人口识别指标及其评分

一级指标	二级指标	分值	满分
1. 家庭结构（45 分）	年龄分布情况	十六岁至六十岁人数 = 扣 1 分/人，六十岁以上人数 = 1 分/人	3

续表 6-1-7

一级指标	二级指标	分值	满分
1. 家庭结构（45 分）	子女就读情况	学前及小学生＝2 分/人；初中生＝1 分/人；中专生、职高生＝1.5 分/人；普通高中生＝2 分/人；大专生、本科生＝3 分/人	6
	重度残疾人（包括失能人员）情况	按重度残疾人（包括失能人员）与共同生活家庭成员总人数比例计分，具体如下： 比例＝1，得 45 分 50%≤比例＜1，得 12 分 0%＜比例＜50%，得 6 分	12
	重病患者	慢性病且长期药物依赖的患者＝2 分/人；重大疾病患者＝6 分/人	12
	具备劳动能力人员	0 人＝12 分 1 人＝6 分（即扣 6 分） 2 人＝0 分（即扣 12 分） 3 人扣此维度一半分值（即扣 22.5 分） 4 人扣此维度所有分值（即扣 45 分）	12
2. 住房情况（25 分）	房屋数量	无房，租赁 1 套房屋，借住私房＝25 分；有 1 套房产＝0 分；租赁 1 套以上房屋＝扣 25 分；1 套以上房产＝扣 25 分	0
	房屋类型	楼房＝0 分；一层钢筋水泥房＝2 分；砖瓦房＝6 分；土坯房或简易房＝13 分	13
	外墙	瓷砖＝0 分；抹灰＝1 分；未装修＝2 分	2
	人均房间数量	2 间以上＝0 分；1～2 间＝1 分；小于 1 间＝2 分	2
	大门	不锈钢＝0 分；铁门＝1 分；木门＝2 分	2

续表 6-1-7

一级指标	二级指标	分值	满分
2. 住房情况（25分）	客厅地板	木地板、瓷砖=0分；水泥=1分；土、石板等=2分	2
	墙壁	装修=0分；未装修=2分	2
	厕所冲水类型	自动冲水=扣1分；手动冲水=0分；没有冲水/无厕所=2分	2
3. 生产资料（15分）	农作物（果树）种植面积人均大于5亩以上	是=扣此维度所有分值（即扣15分）；否=0分	15
	人均林地面积10亩以上	是=扣此维度所有分值（即扣15分）；否=0分	
	人均耕地面积5亩以上	是=扣此维度所有分值（即扣15分）；否=0分	
	人均水产养殖面积0.5亩以上	是=扣此维度所有分值（即扣15分）；否=0分	
	猪牛羊等大牲畜10头以上或家禽存栏100只以上	是=扣此维度所有分值（即扣15分）；否=0分	
	动力大于25马力的机械设备	是=扣此维度所有分值（即扣15分）；否=0分	
4. 生活资料（15分）	家中有无固定生活用水水源	有=0分；无=2分	15
	做饭用的主要燃料	煤气（液化气、天然气）、太阳能、电=扣1分；沼气、煤炭=1分；柴草=2分	
	摩托车	有=扣5分/辆	
	洗衣机	无=0分；有=扣1分	
	空调	2匹≤空调匹数总和≤3匹，扣7.5分；空调匹数总和>3匹，扣15分	
	家用电脑	无=0分；有=扣1分	

第二节 江门市相对贫困瞄准的指标校正

专家团队基于调查数据和地方实践的分析构建江门市相对贫困人口识别指标体系后,江门市扶贫办将其推送至横向部门和各个县级市(区)征询修改意见。2018年11月的意见征询汇总情况显示,江门市扶贫办收到来自江门市民政局、江门市教育局、江门市残联、江门市妇联、蓬江区、鹤山市和开平市七个单位共计46条修改意见。其中,采纳的意见24条,部分采纳的意见6条,待讨论的意见9条,不采纳的意见7条(如表6-2-1所示)。专家团队根据反馈意见重新设置了"江门市城乡低收入对象识别指标体系"的表头,将其调整为"一级指标""二级指标""初始分值""加分项""扣分项""满分""最低分"七项,还修改了家庭结构、住房情况、生产资料和生活资料等指标及其评分。

表6-2-1 相关单位反馈意见　　(单位:条)

单位	反馈意见数量	采纳情况			
		采纳	部分采纳	待讨论	不采纳
鹤山市	3	1	1	1	0
蓬江区	6	4	0	2	0
开平市	15	10	1	0	4
市民政局	10	7	1	1	1
市教育局	2	1	0	1	0
市残联	3	0	1	2	0
市妇联	7	1	2	2	2
小计	46	24	6	9	7

一、收入差额

在征询意见过程中,部分单位认为应在"低收入对象识别指标体系"中加入收入维度。开平市认为:"作为低收入人口识别指标,应该增加收入情况作为评分标准,并且应该是最重要的评分标准。收入情况也应该根据多项指标进行评分,包括工资收入、生产经营收入、财政各项补贴、银行存款、征收拆迁款等。"市妇联认为:"家庭收入一般作为衡量城乡低收入人口的重要认定标准,建议参考各地做法,将家庭收入纳入江门市低收入人口识别指标体系中并分段给予分值。"最初,专家团队没有采纳这一意见,因为收入核查的准确性难以辨别,而且代理家计调查指标已经是对收入的估算。但是,考虑到无论是在学术研究中还是在政策实践中,收入维度均是识别相对贫困的重要维度,专家团队最终采纳了该意见,并将收入维度纳入"低收入对象识别指标体系"。在细化收入维度的得分过程中,按照家庭人均月收入与江门市低保标准的差额,对不同收入差额予以分段评分。

二、家庭结构

在家庭结构方面,根据反馈(如表6-2-2所示)意见,专家团队主要做出以下调整:第一,增加了"必得/扣分项",并设置了"加分项"和"扣分项"项目。在"加分项"中将"重度残疾人占共同生活家庭成员总数比例等于1"作为特殊项单列出来。第二,将原指标体系中按劳动能力人员数量衡量家庭贫困程度,更改为按家庭劳动能力人员比例衡量家庭贫困程度。第三,对"子女就读情况"中处于不同教育阶段就读子女的权重进行了调整。第四,将"特定病种患者数量"细化为四类,而非原指标体系中简单的二分。还将个人自付的住院费用也纳入指标体系中,根据自付费用的高低梯度赋分。第五,在赡养、抚养、扶养义务负担方面,除了原指标体系中考虑到的非共同生活家庭成员对共同生活家庭成员赡养、抚养、扶养义务,新指标体系中还考量了共同生活家庭成员对非共同生活家庭成员赡养、抚养、扶养义务。

表6-2-2 征询意见中的部分反馈情况（家庭结构）

部门	反馈意见
蓬江区	建议家庭结构中增加"需要赡养/抚养/扶养人数"评分项目
	建议一级指标后建立"必得全分"与"必扣全分"的单独前提项，同时将表格分栏形式区分扣分项、得分项，使识别统计简单易懂可行
开平市	子女就读情况所占分数比例应该提高
	按重度残疾人（包括失能人员）与共同生活家庭成员总人数比例计分，具体如下：比例=1，城市和农村分得50分/45分，应该改为：得此维度50分/45分
	"具备劳动能力人员"不应该按照人数计算，应该按照占家庭成员的比例来计算
市民政局	建议将家庭结构中重度残疾人情况的分值"比例=1，得50分"修改为"比例=1，得此维度所有分"。因为在比例=1的条件下，该二级指标的得分多于该项满分（12分），在录入过程中容易误解，导致录入错误
市妇联	家庭结构中子女就读情况指标，按照目前的义务教育的实情，建议区分学前与小学生，子女越小，抚养精力越多，费用越高，例如，我们就遇到过有适龄儿童读不上幼儿园的，因此，建议学前=2分

三、住房条件

在住房条件方面，根据反馈意见（如表6-2-3所示），专家团队主要做出了以下调整：第一，将"房屋数量"作为"必得/扣全分项"单列出来。第二，结合调研中的实际情况和部门反馈意见，在"客厅地板"指标中加入了"中高档石材"和"青砖"等选项作为评分项目。第三，重新定义了"墙壁"指标的得分标准。将原"墙壁"指标仅采用"是否装修"标准判定评分细化为"是否装修"和"装修后破损情况"双重标准判定评分。

表6-2-3 征询意见中的部分反馈情况（生产住房条件）

部门	反馈意见
鹤山市	建议对"二级指标"中的"外墙""大门""客厅地板""墙壁"等指标提出更细化的评价标准，比如多少年以内建造或装修的房子、多少年以内购置的家电对应得多少或扣多少分。因为在实际工作过程中，如果仅按有无"一刀切"进行评分的话难以反映该户的实际情况
开平市	外墙瓷砖应扣分
	建议细化"墙壁"的分值设置，如何评价墙壁已经装修容易出现歧义
市民政局	"房屋数量"的分值"无房，租赁1套房屋，借住私房＝30分""无房，租赁1套房屋，借住私房＝25分"建议修改为"无房，租赁1套房屋，借住私房，得此维度所有分"，因在无房、租赁1套房屋、借住私房居住的条件下，该二级指标的得分多于该项满分（0分），在录入的过程中容易产生误解，导致录入错误
市残联	"客厅地板"中，土和石板不应该分值相同，石板容易与石材混淆

四、生产生活资料

在原指标体系中，城镇部分的生活资料与农村部分的生活资料仅有"摩托车"和"空调"两项一致。结合反馈意见调整后，除了农村部分生活资料比城镇部分多了"家中有无固定生活用水水源"这一项外，其余生活资料指标在城镇和农村保持一致。从指标数量来看，城镇部分生活资料指标由原来的4项修改为13项，农村部分生活资料指标由原来的6项修改为14项。

第六章　江门市相对贫困瞄准的机制创新

表6-2-4　征询意见中的部分反馈情况（生产生活资料）

部门	反馈意见
蓬江区	"生产资料"满分15分，但该项全部指标无得分项。建议增加说明：全部指标无扣分，则得15分
开平市	生产资料和生活资料方面的参考指标较少。另外，城镇应该和农村一样，需要将电脑作为参考指标
开平市	拥有摩托车1辆不扣分，两辆或以上才扣分
开平市	空调有则扣分，拥有越多扣分越多
开平市	煤气、太阳能、电使用普遍，不应该扣分
市民政局	建议城镇指标体系与农村指标体系生活资料中都包含"电视""冰箱""洗衣机""家用电脑"，因相关电器目前已普遍出现在城镇和农村家庭，对城乡都已普遍出现的指标差异化，容易引起群众的质疑
市民政局	"生产资料和生活资料""生产资料""生活资料"的分值设定，多数为扣分项目，无加分项目，在实际操作中该项一级指标无法达到满分，建议将满分分值设定为等于该项最多可得分值

整体来看，结合不同部门的反馈意见，政策专家经与江门市扶贫办、江门市民政局讨论，最终形成了新的《江门市城镇低收入对象识别指标体系》和《江门市农村低收入对象识别指标体系》（详见附录1、附录2），并被政府部门采用。与原《江门市城镇低收入对象识别指标体系》和《江门市农村低收入对象识别指标体系》相比，新的《江门市城镇低收入对象识别指标体系》和《江门市农村低收入对象识别指标体系》除新增了"收入差额"这一新的一级指标以外，还进一步细化了原一级指标，使得指标体系的内容更加丰富，并对指标权重进行了调整。为便于基层工作人员操作和理解，还优化了指标呈现的形式。

第三节　江门市相对贫困发生率的备选方案与瞄准结果

一、数据来源与数据分析

（一）数据来源

本节所采用的数据来源于2019年9月至11月开展的问卷调查数据。调查采用的是结构化的入户问卷调查，调查区域覆盖江门市蓬江区、江海区、新会区及鹤山市、台山市、开平市和恩平市七个市（区）。问卷采取判断式抽样（judgmental sampling）方法，对江门市各市（区）特困人员、低保对象、低收入家庭、精准扶贫对象，以及新增申请家庭进行入户调查。最终收集到有效问卷28465份，其中城镇问卷3097份，农村问卷25368份。具体情况如表6-3-1所示。

表6-3-1　不同类型贫困家庭分布情况　　　　（单位：户）

地区	贫困对象类型					合计
	特困人员	低保对象	低收入家庭	精准扶贫对象	新申请帮扶对象	
台山市	3932	3837	201	651	128	8749
开平市	1701	2096	302	772	312	5183
恩平市	1451	2898	10	822	339	5520
新会区	562	3159	136	832	32	4721
江海区	58	162	4	97	62	383
蓬江区	127	331	79	283	3	823
鹤山市	677	1673	43	683	10	3086
合计	8508	14156	775	4140	886	28465

(二) 数据分析

表6-3-2是根据《2019年江门市城镇低收入对象识别指标体系》和《2019年江门市农村低收入对象识别指标体系》（以下简称"2019年体系"）评分标准，应用本节样本数据计算出的江门市不同维度下贫困人口得分情况。在城乡可比较的收入、家庭结构、住房和生活资料四个维度中，城乡间收入和生活资料的平均值相近。但是，家庭结构和住房的平均值有一定差距，城镇的家庭结构和住房的平均值均远高于农村的家庭结构和住房的平均值。

表6-3-2 江门市贫困人口得分情况

维度	区域	数量（人）	平均值	最小值	最大值
收入分数	城乡	28465	5.81	0	10
	城镇	3097	5.35	0	10
	农村	25368	5.87	0	10
家庭结构分数	城乡	28465	14.12	0	45
	城镇	3097	19.30	0	45
	农村	25368	13.49	0	41
住房分数	城乡	28465	13.71	0	27
	城镇	3097	16.30	0	27
	农村	25368	13.40	0	22
生产资料分数	城乡	28465	11.52	0	13
	城镇	3097	0	0	0
	农村	25368	12.92	0	13
生活资料分数	城乡	28465	12.19	0	18
	城镇	3097	13.50	0	18
	农村	25368	12.03	0	14
总分	城乡	28465	57.36	0	100
	城镇	3097	54.45	0	100
	农村	25368	57.71	0	100

表6-3-3是根据"2019年体系"评分标准，应用本节样本数据计算出的江门市不同类型贫困人口得分情况。从现有贫困政策的目标群体的贫困程度来看，特困人员属于极端贫困人口，低收入家庭的经济生活状况要比低保对象的经济生活状况稍好，而精准扶贫对象是低保对象中有劳动能力的低保对象，所以其经济生活状况往往要比低保对象好。表6-3-3中数据显示：无论是在城镇还是在农村，以及城乡整体来看，特困人员、低保对象、低收入家庭、精准扶贫对象得分的平均值依次减少，与现行贫困政策导向下对目标群体困难程度的判断基本一致。

表6-3-3 分区域不同类型贫困人口的得分情况

贫困对象类型	区域	数量（人）	平均值	最小值	最大值
特困人员	城乡	8508	63.80	0	100
	城镇	384	73.01	18	100
	农村	8124	63.36	0	100
低保对象	城乡	14156	59.92	0	100
	城镇	1756	59.76	0	100
	农村	12400	59.95	9	100
低收入家庭	城乡	775	50.53	4.5	100
	城镇	168	46.84	5	100
	农村	607	51.54	5	100
精准扶贫对象	城乡	4140	39.18	0	100
	城镇	672	35.09	0	100
	农村	3468	39.97	0	100
新申请家庭	城乡	886	45.38	1	100
	城镇	117	35.94	1	98
	农村	769	46.82	13	100

表6-3-4是将0分至100分划分为二十等分后样本的分布情况。其中，样本分布最多的区间为55～60分，共计4329户，占总样本的15.2%；样本分布最少的区间为0～5分，共计45户，仅占总样本的0.16%。此外，占比绝对值前五的区间由大到小分别为55～60分、60～

65分、50～55分、45～50分、65～70分；占比绝对值后五的区间由大到小分别为80～85分、20～25分、15～20分、10～15分、5～10分、0～5分。

表6-3-4 按总分二十等分后的样本分布

区间	样本数	占比(%)	累积占比(%)	区间	样本数	占比(%)	累积占比(%)
0～5分	45	0.16	0.16	50～55分	3730	13.10	45.08
5～10分	72	0.25	0.41	55～60分	4329	15.21	60.29
10～15分	152	0.53	0.95	60～65分	4183	14.70	74.99
15～20分	301	1.06	2.00	65～70分	1786	6.27	81.26
20～25分	483	1.70	3.70	70～75分	718	2.52	83.78
25～30分	801	2.81	6.51	75～80分	624	2.19	85.98
30～35分	1058	3.72	10.23	80～85分	503	1.77	87.74
35～40分	1499	5.27	15.50	85～90分	960	3.37	91.12
40～45分	2142	7.53	23.02	90～95分	810	2.85	93.96
45～50分	2550	8.96	31.98	95～100分	1719	6.04	100.00

二、不同相对贫困发生率下瞄准结果的差异

下文将比较使用"2019年体系"前后的瞄准结果，以此观察政策资源分配的结果差异。首先将使用"2019年体系"后瞄准的对象定义为"目标家庭"，再将使用"2019年体系"前瞄准的对象定义为"获得保障家庭"。由此，使用"2019年体系"后将产生四种瞄准结果（如表6-3-5所示）。瞄准结果Ⅰ：既是"目标家庭"，又是"获得保障家庭"；瞄准结果Ⅱ：是"目标家庭"，但非"获得保障家庭"；瞄准结果Ⅲ：是"获得保障家庭"，但非"目标家庭"；瞄准结果Ⅳ：既非"目标家庭"，也非"获得保障家庭"。通过对四种瞄准结果的分析，可以了解政策资源分配结果的变化。

表6-3-5 四种瞄准结果

目标家庭	获得保障家庭	
	否	是
否	瞄准结果Ⅳ	瞄准结果Ⅲ
是	瞄准结果Ⅱ	瞄准结果Ⅰ

"获得保障家庭"即问卷调查中的特困人员、低保对象、扶贫对象和低收入家庭。"目标家庭"则需要通过重新定义贫困线来确定。分析的思路是首先将各个样本得分从高到低排列，然后将固定的贫困发生率作为划分"目标家庭"和"非目标家庭"得分阈值的依据。2019年年底，江门市特困人员、低保对象、扶贫对象和低收入家庭四类家庭的总人数为55740人，其贫困发生率接近1.4%。考虑到现行扶贫标准下，2020年后将有一批扶贫对象退出，以及低保对象数量逐年递减的趋势，测算瞄准结果差异时使用的相对贫困发生率小于1.4%。下文列举了1.3%、1.2%、1.1%、1.0%四种不同的相对贫困发生率下的瞄准结果。当相对贫困发生率设定为1.3%时，瞄准结果Ⅰ为26485户、瞄准结果Ⅱ为808户、瞄准结果Ⅲ为1095户、瞄准结果Ⅳ为77户（如表6-3-6所示）。当相对贫困发生率设定为1.2%时，瞄准结果Ⅰ为25328户、瞄准结果Ⅱ为708户、瞄准结果Ⅲ为2252户、瞄准结果Ⅳ为177户（如表6-3-7所示）。当相对贫困发生率设定为1.1%时，瞄准结果Ⅰ为24086户、瞄准结果Ⅱ为621户、瞄准结果Ⅲ为3494户、瞄准结果Ⅳ为264户（如表6-3-8所示）。当相对贫困发生率设定为1.0%时，瞄准结果Ⅰ为22822户、瞄准结果Ⅱ为532户、瞄准结果Ⅲ为4758户、瞄准结果Ⅳ为353户（如表6-3-9所示）。

表6-3-6 相对贫困发生率为1.3%时的瞄准结果　　（单位：户）

目标家庭	获得保障家庭		合计
	否	是	
否	77	1095	1172
是	808	26485	27293
合计	885	27580	28465

第六章　江门市相对贫困瞄准的机制创新

表6-3-7　相对贫困发生率为1.2%时的瞄准结果　　（单位：户）

目标家庭	获得保障家庭		合计
	否	是	
否	177	2252	2429
是	708	25328	26036
合计	885	27580	28465

表6-3-8　相对贫困发生率为1.1%时的瞄准结果　　（单位：户）

目标家庭	获得保障家庭		合计
	否	是	
否	264	3494	3758
是	621	24086	24707
合计	885	27580	28465

表6-3-9　相对贫困发生率为1.0%时的瞄准结果　　（单位：户）

目标家庭	获得保障家庭		合计
	否	是	
否	353	4758	5111
是	532	22822	23354
合计	885	27580	28465

下文进一步分析不同瞄准结果下贫困对象的总分与不同维度下得分的差异。从表6-3-10可知，当相对贫困发生率为1.3%时，瞄准结果Ⅰ、瞄准结果Ⅱ和瞄准结果Ⅲ之间在总分和各个维度的得分方面有一定差别。同样是获得保障家庭，但是瞄准结果Ⅰ和瞄准结果Ⅲ之间的总分得分和各个维度的得分均相差悬殊。同样是目标家庭，瞄准结果Ⅰ和瞄准结果Ⅱ之间的总分得分也有较大差距，主要体现在家庭结构和住房两个维度，收入和生活资料的两个维度也有一定差距，生产资料维度的差距极其微小。

表6-3-10 相对贫困发生率为1.3%时的瞄准结果差异

	瞄准结果Ⅰ(1)	瞄准结果Ⅱ(2)	瞄准结果Ⅲ(3)	瞄准结果Ⅳ(4)	差异(1)和(2)	差异(1)和(3)
总分	59.37	47.99	18.39	18.33	11.38***	40.98***
收入	6.07	4.51	0.96	1.47	1.56***	5.11***
家庭结构	14.77	8.89	3.05	4.77	5.88***	11.72***
住房	14.24	11.63	3.27	3.25	2.61***	10.97***
生产资料	11.69	11.71	7.64	6.25	-0.02	4.05***
生活资料	12.61	11.23	3.45	2.6	1.38***	9.16***

注：***代表在1%的显著水平显著。

从表6-3-11可知，当相对贫困发生率为1.2%时，瞄准结果Ⅰ、瞄准结果Ⅱ和瞄准结果Ⅲ之间在总分和各个维度的得分方面有一定差别。同样是获得保障家庭，但是瞄准结果Ⅰ和瞄准结果Ⅲ之间的总分得分相差悬殊，除了生产资料维度的扣分差别相对较小以外，收入、家庭结构、住房、生活资料四个维度的得分均有较大差别。同样是目标家庭，瞄准结果Ⅰ和瞄准结果Ⅱ之间的总分得分也有较大差距，家庭结构维度的得分差距较大，收入和住房两个维度也有一定差距，生产资料和生活资料维度的得分差距极其微小。

表6-3-11 相对贫困发生率为1.2%时的瞄准结果差异

	瞄准结果Ⅰ(1)	瞄准结果Ⅱ(2)	瞄准结果Ⅲ(3)	瞄准结果Ⅳ(4)	差异(1)和(2)	差异(1)和(3)
总分	60.74	50.62	24.03	24.56	10.11***	36.71***
收入	6.26	4.83	1.40	1.92	1.43***	4.86***
家庭结构	15.23	9.51	3.85	4.67	5.73***	11.38***
住房	14.60	12.46	4.87	4.67	2.13***	9.72***
生产资料	11.775	11.92	9.04	8.52	-0.17	2.71***
生活资料	12.90	11.91	4.87	4.78	0.99***	8.03***

注：***代表在1%的显著水平显著。

从表6-3-12可知,当相对贫困发生率为1.1%时,瞄准结果Ⅰ、瞄准结果Ⅱ和瞄准结果Ⅲ之间在总分和各个维度的得分方面有一定差别。同样是获得保障家庭,但是瞄准结果Ⅰ和瞄准结果Ⅲ之间的总分得分相差悬殊,收入、家庭结构、住房、生活资料四个维度的得分均有较大差别,生产资料维度的得分也有一定差距。同样是目标家庭,瞄准结果Ⅰ和瞄准结果Ⅱ之间的总分得分也有较大差距,家庭结构维度的得分差异较大,收入和住房两个维度也有一定差距,生产资料和生活资料维度的差距极其微小。

表6-3-12 相对贫困发生率为1.1%时的瞄准结果差异

	瞄准结果Ⅰ(1)	瞄准结果Ⅱ(2)	瞄准结果Ⅲ(3)	瞄准结果Ⅳ(4)	差异(1)和(2)	差异(1)和(3)
总分	62.04	52.72	28.05	28.21	9.32***	33.99***
收入	6.45	5.13	1.86	2.17	1.31***	4.59***
家庭结构	15.73	10.27	4.49	4.48	5.45***	11.23***
住房	14.95	13.14	5.90	5.64	1.80***	9.04***
生产资料	11.79	11.85	9.70	9.80	-0.57	2.09***
生活资料	13.13	12.33	6.10	6.13	0.80***	7.00***

注:***代表在1%的显著水平显著。

从表6-3-13可知,当相对贫困发生率为1.0%时,瞄准结果Ⅰ、瞄准结果Ⅱ和瞄准结果Ⅲ之间在总分和各个维度的得分方面有一定差别。同样是获得保障家庭,但是瞄准结果Ⅰ和瞄准结果Ⅲ之间的总分得分相差悬殊,收入、家庭结构、住房、生活资料四个维度的得分均有较大差别,生产资料维度的得分也有一定差距。同样是目标家庭,瞄准结果Ⅰ和瞄准结果Ⅱ之间的总分得分也有较大差距,家庭结构维度的得分差异较大,收入和住房两个维度也有一定差距,生产资料和生活资料维度的差距极其微小。

表6-3-13　相对贫困发生率为1.0%时的瞄准结果差异

	瞄准结果Ⅰ(1)	瞄准结果Ⅱ(2)	瞄准结果Ⅲ(3)	瞄准结果Ⅳ(4)	差异(1)和(2)	差异(1)和(3)
总分	63.28	54.90	31.16	31.10	8.38***	32.12***
收入	6.62	5.49	2.23	2.38	1.14***	4.40***
家庭结构	16.24	11.20	4.99	4.54	5.05***	11.25***
住房	15.28	13.73	6.69	6.65	1.56***	8.59***
生产资料	11.82	11.90	10.13	10.24	-0.08	1.69***
生活资料	13.31	12.59	7.12	7.30	0.72***	6.20***

注：***代表在1%的显著水平显著。

第七章 江门市相对贫困治理目标群体的瞄准

2015年习近平总书记在贵州省调研时指出,"十三五"时期要做好扶贫开发工作,确保2020年如期脱贫,并重点提出扶贫开发要"贵在精准、重在精准、成败之举在于精准"。江门市对相对贫困的治理充分体现在目标瞄准的精准,通过目标瞄准精准实现科学、有效地分配帮扶资源,提升扶贫资源利用率,最大限度地发挥使用效能。

2019年,江门完成了全市2.8万户5.5万相对贫困人口的代理家计调查,多维度的代理家计调查能够识别出边缘贫困群体、潜在的返贫对象和稳定脱贫对象。本章将对2019年的入户调查数据进一步挖掘和深入分析,对三类群体的特征进行解析,并结合典型案例重点阐述致贫原因、脱贫影响因素等。

第一节 江门市相对贫困治理中的边缘贫困群体

边缘贫困作为一个相对的概念,只要有贫困线,边缘贫困就会永远存在。随着脱贫攻坚的不断深入、政策效应的叠加,帮扶成效不断凸显,边缘贫困群体与享受政策帮扶群体之间的"悬崖效应"也日益突出,一些收入水平略高于低保对象或建档立卡贫困户的群体缺乏政策支持,隐性贫困的问题也日益突出。2018年,习近平总书记在中央经济工作会议上重点强调,要研究解决那些收入水平略高于建档立卡贫困户的群体缺乏政策支持等新问题。关注脱贫攻坚后的边缘贫困群体,对于巩固脱贫攻坚成果意义重大。

一、边缘贫困群体的定义

"十三五"脱贫攻坚规划指出，2020年全国要实现"两不愁三保障"的目标，要消除绝对贫困，所有贫困地区和贫困人口将实现脱贫，全面迈向小康社会。① 2015年以前，江门市就已消除绝对贫困，没有国定、省定贫困人口和贫困村，相对贫困在城乡分散分布。从2016年起，江门市的精准扶贫工作重点关注相对贫困，以2015年年末江门市城乡2.9万户6.1万人低保对象为基础数据，按城乡居民年人均可支配收入低于6600元（以2015年低保标准为依据）的标准，确定全市相对贫困人口，将其中有劳动能力的低保家庭5097户16659人认定为新时期城乡精准扶贫重点帮扶对象，其他的低保对象纳入社会救助。

2016年，江门市从低保对象中选出有劳动能力的家庭和人口作为帮扶对象，筛选出来的建档立卡贫困户即低保户，实质上是实现了低保线和扶贫线的"两线合一"。2019年5月，江门市采用代理家计调查的方式，在全市开展困难群体入户调查，包括已享受社会救助政策与扶贫开发政策的特困人员、低保对象、低收入家庭、建档立卡贫困户和新增申请家庭。此次调查中新增申请家庭为边缘贫困群体，他们因病因灾因学等陷入贫困，却未享受过任何社会救助政策或扶贫政策。目前，江门市三区四市边缘贫困群体②的数量分布如表7-1-1所示。

表7-1-1 江门市边缘贫困群体数量分布

地区	城镇		农村	
	户数	人数	户数	人数
蓬江区	1.72%	0.82%	—	—
江海区	13.79%	15.34%	5.98%	4.75%

---

① 李娜、王有强：《"后脱贫时代"农村边缘贫困群体帮扶机制构建研究》，《乡村科技》2020年第11期。

② 边缘贫困群体来源于2019年5月江门各市（区）收集汇总的数据。

续表 7-1-1

地区	城镇		农村	
	户数	人数	户数	人数
新会区	0.86%	0.82%	4.03%	3.92%
台山市	10.34%	11.23%	15.08%	15.00%
开平市	12.07%	10.14%	38.75%	37.06%
鹤山市	—	—	1.30%	1.89%
恩平市	61.21%	61.64%	34.85%	37.38%

二、边缘贫困群体的特征解析

（一）家庭结构特征

1. 家庭人口总数量

城镇边缘贫困群体中家庭人口数 2 人及以下的占比 38.68%，3～5 人占比 63.77%，6 人及以上占比 7.55%。农村边缘贫困群体中家庭人口 2 人及下的占比 47.44%，3～5 人占比 48.09%，6 人及以上占比 4.46%。

2. 家庭中具备劳动能力人数情况

城镇边缘群体家庭中无劳动力占比 29.25%，家庭中有 1 个劳动力占比 41.51%，2 个及以上劳动力占比 29.24%。农村边缘群体家庭中无劳动力占比 34.56%，家庭中有 1 个劳动力占比 39.68%，2～3 个劳动力占比 24.58%，4 个及以上劳动力占比 1.18%。农村边缘群体家庭的劳动力人数要多于城镇边缘家庭。

3. 就读学生人数占总人数的百分比情况

城镇边缘贫困群体中就读学生人数占比 19.64%，其中，学前人数占比 2.11%、小学生人数占比 3.93%、初中生人数占比 4.23%、中专生和职高生占比 1.21%、普通高中生占比 2.72%、大专生和本科生占比 5.44%。农村边缘贫困群体中就读人数占比 14.27%，其中，学前人数占比为 0、小学生人数占比 5.96%、初中生人数占比 2.82%、中专生和职高生占比 1.36%、普通高中生占比 2.02%、大专生和本科生占比 2.11%。

4. 残疾失能人数占总人数的百分比情况

城镇边缘贫困群体中重度残疾人失能人员占总人数的 17.22%，其中，一级残疾人数量占比 3.02%，二级残疾人数量占比 6.34%，三级精神、智力残疾人数量占比 1.21%，失能、半失能人员数量占比 6.65%。农村边缘贫困群体中重度残疾人失能人员占总人数的 14.18%，其中，一级残疾人数量占比 2.58%，二级残疾人数量占比 5.02%，三级精神、智力残疾人数量占比 1.88%，四级精神、智力残疾人数量占比 0.66%，失能、半失能人员数量占比 4.04%。

5. 特定病种患者占总人数的百分比情况

城镇边缘贫困群体中特定病种患者人数占总人数的 11.78%，其中，一类特定病种患者占比 4.53%，三类特定病种患者占比 2.72%，四类特定病种患者占比 4.53%。农村边缘贫困群体中特定病种患者占比 8.45%，其中，一类特定病种患者占比 2.63%，二类特定病种患者占比 0.14%，三类特定病种患者占比 0.75%，四类特定病种患者占比 4.93%。

6. 人均住院费用情况

城镇边缘贫困群体中人均住院费用为 6742.21 元，农村边缘贫困群体中人均住院费用为 2862.96 元。

（二）住房情况特征

1. 住房产权情况

城镇边缘贫困群体中租住和借住占比 28.30%，房屋属于完全自有的占比 64.15%，房屋属于部分自有的占比 7.55%。农村边缘贫困群体中租住和借住占比 11.82%，房屋属于完全自有的占比 72.14%，房屋属于部分自有的占比 16.03%。

2. 房屋类型

城镇边缘贫困群体中自建泥砖房占比 1.25%，筒子楼占比 13.75%。自建砖混房占比 20.00%，20 世纪 90 年代前建成商品房占比 20.00%，20 世纪 90 年代后建成商品房占比 16.25%，自建框架（钢筋混凝土）房（3 层及以下）占比 25.00%，自建框架（钢筋混凝土）房（4 层及以上）占比 3.75%。农村边缘贫困群体中简易房占比 1.89%，泥砖房占比 16.30%，砖混房占比 65.65%，一层框架（钢筋混凝土）房占比 8.44%，框架（钢筋混凝土）楼房占比 7.71%。

3. 外墙类型

农村边缘贫困群体中房屋外墙抹灰的占比 35.81%，未装修的占比 35.66%，用油漆/涂料且没有明显破损的占比 2.18%，使用瓷砖且没有明显破损的占比 1.16%，使用油漆/涂料但破损严重的占比 10.77%，使用瓷砖但破损严重的占比 1.02%，使用石米的占比 13.39%。

4. 客厅地板类型

城镇边缘贫困群体中客厅地板使用木地板的占比 45.33%，使用中高档石材的占比 27.50%，使用水泥的占比 5.00%，使用青砖的占比 2.50%，使用瓷砖的占比 1.25%。农村边缘贫困群体中客厅地板使用瓷砖的占比 40.76%，使用中高档石材的占比 37.12%，使用水泥的占比 15.72%，使用青砖的占比 6.11%，使用木地板的占比 0.29%。

5. 屋内墙壁装修情况

城镇边缘贫困群体中屋内墙壁装修且没有明显破损的占比 83.75%，装修但破损严重的占比 6.25%，未装修的占比 10.00%。农村边缘贫困群体中屋内墙壁装修且没有明显破损的占比 46.72%，装修但破损严重的占比 18.92%，未装修的占比 34.35%。

6. 大门类型

农村边缘贫困群体中大门类型是铁门的占比 22.42%，木门的占比 22.42%，不锈钢的占比 16.59%。

7. 厕所冲水类型

城镇边缘贫困群体中厕所独用的占比 96.25%，厕所几户合用的占比 3.75%。农村边缘贫困群体中厕所为手动冲水的占比 60.12%，厕所没有冲水的占比 2.62%，无厕所的占比 37.26%。

(三) 生活资料特征

1. 是否通自来水

农村边缘贫困群体中 85.02% 已经通自来水，14.98% 未通自来水。

2. 做饭的燃料类型

城镇边缘贫困群体中94.34%使用煤气、太阳能或电，5.66%使用柴草。农村边缘贫困群体中44.15%使用煤气、太阳能或电，55.58%使用柴草，0.26%使用沼气、煤炭。

3. 是否有国外品牌热水器

城镇边缘贫困群体中97.17%没有国外品牌热水器，2.83%有国外品牌热水器。农村边缘贫困群体中97.77%没有国外品牌热水器，2.23%有国外品牌热水器。

4. 是否有燃油摩托车（含电动摩托车）

城镇边缘贫困群体中45.28%没有摩托车，有1辆的占比45.28%，2辆的占比8.49%，4辆及以上的占比0.94%。农村边缘贫困群体中54.66%没有摩托车，有1辆的占比37.84%，2辆的占比6.96%，3辆的占比0.53%。

5. 电视机尺寸大小

城镇边缘贫困群体中25.47%无电视机，53.77%的电视机尺寸总和在40寸以下，19.81%的电视机尺寸总和在40～60寸之间，0.94%的电视机尺寸总和在60寸以上。农村边缘贫困群体中35.48%无电视机，54.93%的电视机尺寸总和在40寸以下，0.39%的电视机尺寸总和在40～60寸之间，0.39%的电视机尺寸总和在60寸以上。

6. 空调制冷量总和

城镇边缘贫困群体中47.17%没有空调，37.74%的空调制冷量在5000W以下，9.43%的空调制冷量总和在5000～7500W之间，5.66%的空调制冷量总和在7500W以上。农村边缘贫困群体中80.16%没有空调，16.43%的空调制冷量在5000W以下，2.89%的空调制冷量总和在5000～7500W之间，0.53%空调制冷量总和在7500W以上。

7. 冰箱容积总和

城镇边缘贫困群体中34.91%没有冰箱，41.51%的冰箱容积在160～260升之间，14.15%的冰箱容积在160升以下，9.43%的冰箱容积在260升以上。农村边缘贫困群体中43.89%没有冰箱，30.75%的冰箱容积在160～260升之间，22.60%的冰箱容积在160升以下，2.76%的冰箱容积在 260 升以上。

8. 洗衣机类型

城镇边缘贫困群体中 35.85% 没有洗衣机，46.23% 有 1 台波轮洗衣机，17.92% 有 1 台滚筒洗衣机。农村边缘贫困群体中 72.64% 没有洗衣机，13.93% 有 1 台波轮洗衣机，13.53% 有 1 台滚筒洗衣机。

9. 其他家用电器拥有情况

城镇边缘贫困群体中 88.68% 没有微波炉，93.40% 没有饮水机，78.30% 没有电脑，34.91% 有接入宽带，98.11% 没有组合音响。农村边缘贫困群体中 98.95% 没有微波炉，95.40% 没有饮水机，97.50% 没有电脑，9.07% 有接入宽带，99.61% 没有组合音响。

（四）生产资料特征

1. 粮食作物种植情况

农村边缘贫困群体中家庭未种植粮食作物的占比 54.40%，家庭中种植 0～1 亩（包括 1 亩）粮食作物的占比 15.51%，家庭中种植 1～2 亩（包括 2 亩）粮食作物的占比 14.59%，家庭中种植 2～3 亩（包括 3 亩）粮食作物的占比 8.94%，家庭中种植 3～4 亩（包括 4 亩）粮食作物的占比 3.42%，家庭中种植 4～5 亩（包括 5 亩）粮食作物的占比 1.58%，家庭中种植 5 亩以上粮食作物的占比 1.58%。

2. 农业经济作物种植情况

农村边缘贫困群体中家庭未种植农业经济作物的占比 96.06%，种植 1 亩以下的占比 2.50%，种植 1～3 亩的占比 1.18%，种植 5 亩以上的占比 0.26%。

3. 拥有林地情况

农村边缘贫困群体中有 97.63% 的家庭没有林地，1.71% 的家庭有 2 亩以下的林地，0.66% 的家庭有 3 亩以上的林地。

4. 水产养殖情况

农村边缘贫困群体中有 99.34% 未从事水产养殖，仅 0.66% 从事水产养殖。

5. 牲畜及家禽存栏情况

农村边缘贫困群体中有98.16%的家庭未喂养牲畜，81.60%的家庭未喂养家禽。

（五）家庭人均月收入[①]特征

城镇边缘贫困群体中家庭人均月收入低于江门市月低保标准的（月低保标准＝1D，下同）的占比60.38%，家庭人均月收入在1D～1.5D之间的占比18.87%，家庭人均月收入在1.5D～2D之间的占比12.26%，家庭人均月收入在2D及以上的占比9.43%。农村边缘贫困群体中家庭人均月收入低于1D的占比79.37%，家庭人均月收入在1D～1.5D之间的占比13.53%，家庭人均月收入在1.5D～2D之间的占比4.47%，家庭人均月收入在2D及以上的占比2.63%。

三、典型案例

（一）边缘贫困群体整体得分情况

从表7-1-2可知，江门市城镇边缘贫困群体得分为36.09分，其中，家庭结构得分11.33分，住房情况得分11.78分，生活资料得分为9.87分，家庭收入得分为3.12分，各维度得分占比如图7-1-1所示；农村边缘贫困群体得分为46.81分，其中，家庭结构得分8.11分，住房情况得分为10.73分，生产资料得分为12.93分，生活资料得分10.57分，家庭收入得分为4.41分，各维度得分占比如图7-1-2所示。

[①] 家庭收入部分为调查中调查对象提供数据，未经过广东省救助申请家庭经济状况核对系统核实，因此家庭收入部分数据与实际情况会有一定偏差。

第七章 江门市相对贫困治理目标群体的瞄准

表7-1-2 江门市边缘贫困群体得分情况　　　（单位：分）

指标	地区	
	城镇	农村
家庭结构	11.33	8.11
住房情况	11.78	10.73
生产资料	—	12.93
生活资料	9.87	10.57
家庭收入	3.12	4.41
总分	36.09	46.81

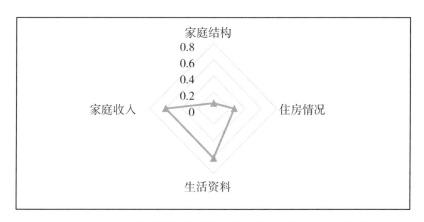

图7-1-1 江门市城镇边缘贫困群体各维度得分占比雷达图

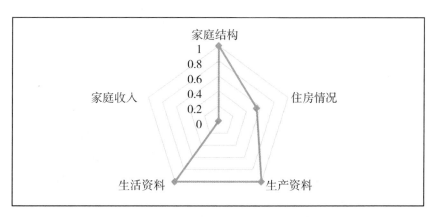

图7-1-2 江门市农村边缘贫困群体各维度得分占比雷达图

(二) 典型案例解析

1. 案例1　恩平市恩城茶坑村黄某家庭

表7-1-3展示了一户农村边缘贫困群体家庭。其中：家庭结构总得分10.5分、住房情况得分11分、生产资料得分13分、生活资料得分9.5分、家庭可支配收入得分10分，共计54分。① 从得分来看，黄某家庭结构偏弱、住房状况一般，无可进行农业种植的生产资料，家庭居住环境尚可，家庭经济状况较差。从调查中获取的详细信息可知，黄某（户主）患有视力残疾，平常只能做一些散工，妻子在当地餐厅做服务员，大女儿读大一，小女儿读初三。通过多维度的代理家计调查识别指标体系，可以分析出黄某一户致贫原因为残、学、缺劳动力。帮扶部门通过对症施策，为该户提供医疗救助、特定病种二次报销、教育补助，提供工性岗位，对其提供产业帮扶及贴息贷款支持。

表7-1-3　案例1展示

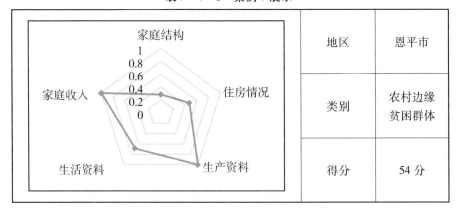

2. 案例2　恩平市恩城街道梁某家庭

表7-1-4展示了一户城镇边缘贫困群体家庭。其中：家庭结构总得分3分、住房情况得分7分、生活资料得分11分、家庭可支配收入得分6分，共计27分。从得分来看，梁某家庭结构情况良好、住房状况良好，家庭居

---

① 在数据测算中，总得分越高说明该家庭越贫困程度越高，下同。

第七章 江门市相对贫困治理目标群体的瞄准

住环境尚可,家庭经济状况一般,有一定收入。从调查中获取的详细信息可知,该户四口人,梁某(户主)59岁。2019年3月被诊断为乳腺癌,借钱做了手术,目前仍需化疗,医疗费用巨大。户主丈夫于多年前因心脏手术后引发糖尿病、肾炎等病症并发症死亡,为救治丈夫,家中欠下巨债。现户主儿子在某婚纱店工作,户主儿媳在家带幼儿,无法工作。因家中有两个劳力,广东省救助申请家庭经济状况核对系统出现预警信息,未能获得低保救助。此次调查中通过详细了解梁某家庭情况,经综合考虑该户家庭结构、家庭收入、住房情况、生活资料等指标,并通过广东省救助申请家庭经济状况核对系统核对,经各级公示和审核后确定纳入低收入对象帮扶。

纳入后预期帮扶成效:户主的大病得到医疗资助,医疗负担减轻。根据户主儿媳的意愿,将其纳入公益性岗位安置范围,推荐就业。资助全户参加基本医疗保险、城乡居民养老保险以及人身意外商业保险。

表7-1-4 案例2展示

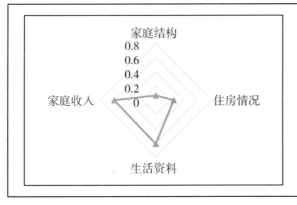

地区	恩平市
类别	城镇边缘贫困群体
得分	27分

第二节 江门市相对贫困治理中的潜在返贫对象

2020年3月6日,习近平总书记在决战决胜脱贫攻坚座谈会上提出,要建立防止返贫监测和帮扶机制,对脱贫不稳定户提前采取针对性的措施。2020年是脱贫攻坚战的收官之年,避免贫困人口脱贫后返贫与集中力量攻坚深度贫困地区脱贫、巩固脱贫攻坚成果至关重要。返贫问题的解决不仅需要严格把关脱贫质量,对脱贫人口开展跟踪监测,防止返贫,更重要的是要深入挖掘脱贫人口易返贫的内在原因,立足长远,构建稳定长效的脱贫机制,提高脱贫质量,保证脱贫的稳定性和持久性。

一、潜在返贫对象的定义

返贫是一个过程,从时间上看具有反复性。对于脱贫户而言,他们抵御疾病、灾害、市场等风险的能力较弱,稍有差池就有可能发生返贫。因此,潜在的返贫对象一旦遇到这些制约因素,往往会陷入"脱贫—返贫—再脱贫—再返贫"的怪圈,即呈现反复性的特征。

影响脱贫户返贫的因素有很多。从主观方面来说,受脱贫户自身的健康、能力、观念的影响;从客观方面说,主要为家庭收入的减少。2020年,江门市将农村建档立卡贫困户纯收入低于10800元的群体列为潜在返贫对象(人均纯收入低于江门市2020年低保标准),对其重点帮扶,巩固脱贫质量。目前,江门市三区四市潜在返贫对象的数量分布如表7-2-1所示。

表7-2-1 江门市潜在返贫对象的数量分布①

市(区)	户数(户)	占市(区)建档立卡对象的比例	人数(人)	占市(区)建档立卡对象的比例
江海区	12	6.82%	45	7.6%
新会区	35	3.73%	108	3.6%
台山市	101	10.71%	347	12.1%
开平市	103	11.48%	411	12.8%
鹤山市	68	8.24%	353	12.8%
恩平市	92	10.00%	277	9.2%
全市	411	8.06%	1541	9.3%

---

① 江门市潜在返贫对象占江门市建档立卡对象的比例。

二、潜在返贫对象的特征解析①

（一）家庭结构特征

1. 家庭人口总数量

农村潜在返贫对象中家庭人口2人及下占比18.73%，3～5人占比71.77%，6人及以上占比9.49%。

2. 家庭中具备劳动能力人数情况

农村潜在返贫对象中家庭无劳动力占比34.56%，家庭中有1个劳动力占比39.68%，2～3个劳动力占比24.58%，4个及以上劳动力占比1.32%。

3. 就读学生人数占总人数的百分比情况

农村潜在返贫对象中就读人数占比23.28%，小学生人数占比5.80%，初中生人数占比5.66%，中专生和职高生占比3.41%，普通高中生占比3.26%，大专生和本科生占比5.15%。

4. 残疾失能人数占总人数的百分比情况

农村潜在返贫对象中重度残疾人失能人员占总人数的14.78%，其中一级残疾人数量占比1.81%，二级残疾人数量占比6.16%，三级精神、智力残疾人数量占比2.10%，四级精神、智力残疾人数量占比0.65%，失能、半失能人员数量占比4.06%。

5. 特定病种患者占总人数的百分比情况

农村潜在返贫对象中特定病种患者占比4.35%，其中一类特定病种患者占比2.83%，二类特定病种患者占比0.36%，三类特定病种患者占比0.22%，四类特定病种患者占比0.94%。

6. 人均住院费用情况

农村潜在返贫对象中人均住院费用为1147.66元。

---

① 2020年，江门市将农村建档立卡贫困户纯收入低于10800元的群体列为潜在返贫对象，潜在返贫对象中无城镇数据。

(二) 住房情况特征

1. 住房产权情况

农村潜在返贫对象中租住和借住占比9.50%，房屋属于完全自有的占比77.84%，房屋属于部分自有的占比12.66%。

2. 房屋类型

农村潜在返贫对象中简易房占比1.69%，泥砖房占比12.43%，砖混房占比70.06%，一层框架（钢筋混凝土）房占比7.91%，框架（钢筋混凝土）楼房占比7.91%。

3. 外墙类型

农村潜在返贫对象中房屋外墙抹灰的占比28.81%，未装修的占比35.88%，用油漆/涂料且没有明显破损的占比1.69%，使用瓷砖且没有明显破损的占比0.56%，使用油漆/涂料但破损严重的占比12.99%，使用瓷砖但破损严重的占比1.12%，使用石米的占比18.93%。

4. 客厅地板类型

农村潜在返贫对象中客厅地板使用瓷砖的占比51.41%，使用水泥的占比27.12%，使用青砖的占比18.08%，使用土、石的占比3.39%。

5. 屋内墙壁装修情况

农村潜在返贫对象中屋内墙壁装修且没有明显破损的占比54.24%，装修但破损严重的占比11.86%，未装修的占比33.90%。

6. 大门类型

农村潜在返贫对象中大门类型是铁门的占比52.12%，木门的占比24.08%，不锈钢的占比23.80%。

7. 厕所冲水类型

农村潜在返贫对象中厕所为手动冲水的占比64.97%，厕所没有冲水的占比2.54%，无厕所的占比32.49%。

(三) 生活资料特征

1. 是否通自来水

农村潜在返贫对象家庭中86.28%已通自来水，13.72%未通自来水。

2. 做饭的燃料类型

农村潜在返贫对象家庭中48.28%使用煤气、太阳能或电,51.19%使用柴草,0.53%使用沼气、煤炭。

3. 是否有国外品牌热水器

农村潜在返贫对象家庭中97.10%没有国外品牌热水器,2.90%有国外品牌热水器。

4. 是否有燃油摩托车(含电动摩托车)

农村潜在返贫对象家庭中37.73%没有摩托车,有1辆的占比54.62%,2辆的占比6.33%,3辆的占比1.32%。

5. 电视机尺寸大小

农村潜在返贫对象家庭中25.86%无电视机,60.95%的电视机尺寸总和在40寸以下,12.40%的电视机尺寸总和在40~60寸之间,0.79%的电视机尺寸总和在60寸以上。

6. 空调制冷量总和

农村潜在返贫对象家庭中80.21%没有空调,18.21%的空调制冷量在5000W以下,1.58%的空调制冷量总和在5000~7500W之间。

7. 冰箱容积总和

农村潜在返贫对象家庭中40.90%没有冰箱,31.93%的冰箱容积在160~260升之间,23.48%的冰箱容积在160升以下,3.69%的冰箱容积在260升以上。

8. 洗衣机类型

农村潜在返贫对象家庭中69.39%没有洗衣机,16.09%有1台波轮洗衣机,14.52%有1台滚筒洗衣机。

9. 其他家用电器拥有情况

农村潜在返贫对象家庭中98.94%没有微波炉,93.93%没有饮水机,94.72%没有电脑,15.30%有接入宽带,99.74%没有组合音响。

(四)生产资料特征

1. 粮食作物种植情况

农村潜在返贫对象中家庭未种植粮食作物的占比45.12%,家庭中种植 0~1 亩（包括 1 亩）粮食作物的占比 16.36%，家庭中种植 1~2 亩（包括 2 亩）粮食作物的占比 16.36%，家庭中种植 2~3 亩（包括 3 亩）粮食作物的占比 9.76%，家庭中种植 3~4 亩（包括 4 亩）粮食作物的占比 4.22%，家庭中种植 4~5 亩（包括 5 亩）粮食作物的占比 3.43%，家庭中种植 5 亩以上粮食作物的占比 4.75%。

2. 农业经济作物种植情况

农村潜在返贫对象中家庭未种植农业经济作物的占比 92.88%，种植 1 亩以下的占比 3.43%，种植 1~5 亩的占比 2.11%，种植 5 亩以上的占比 1.58%。

3. 拥有林地情况

农村潜在返贫对象中有 95.78% 的家庭没有林地，1.58% 的家庭有 1 亩以下的林地，2.11% 的家庭有 1~5 亩林地，0.53% 的家庭有 5 亩以上的林地。

4. 水产养殖情况

农村潜在返贫对象中有 98.94% 未从事水产养殖，仅 1.06% 从事水产养殖。

5. 牲畜及家禽存栏情况

农村潜在返贫对象中有 96.83% 的家庭未喂养牲畜，80.47% 的家庭未喂养家禽。

（五）家庭人均月收入特征

农村潜在返贫对象中家庭人均月收入低于 1D 的占比 76.78%，家庭人均月收入在 1D~1.5D 之间的占比 16.36%，家庭人均月收入在 1.5D~2D 之间的占比 4.49%，家庭人均月收入在 2D 及以上的占比 2.37%。

三、典型案例

（一）潜在返贫对象整体得分情况

从表 7-2-2 可知，江门市农村潜在返贫对象得分为 43.20 分，其中,家庭结构得分 6.92 分,住房情况得分为 10.30 分,生产资料得分为 12.86 分,生活资料得分为 9.64 分,家庭收入得分为 3.48 分。

表 7-2-2　江门市潜在返贫对象得分情况　　　　（单位:分)

地区 指标	农村	各维度得分占比雷达图
家庭结构	6.92	
住房情况	10.30	
生产资料	12.86	
生活资料	9.64	
家庭收入	3.48	
总分	43.20	

（二）典型案例解析

1. 案例 1　台山市都斛镇邝某家庭

表 7-2-3 展示了一户农村潜在返贫对象家庭,其中,家庭结构总得分 15 分,住房情况得分 14 分,生产资料得分 13 分,生活资料得分 14 分,家庭可支配收入得分 2 分,共计 58 分。从得分来看,邝某家庭结构较弱,住房状况一般,生产资料偏少,家庭居住环境较差,家庭收入属于中等偏上。从调查中获取的详细信息可知,邝某（户主）已 60 多岁,劳动能力下降,2019 年因病住院,住院费用上万元。户主儿子目前初中在读,户主女儿为家中仅有的劳动力,家庭的主要经济来源为平时打散工、农业生产经济及低保金。通过多维度的代理家计调查识别指标体系,可以分析出邝某一户致贫原因为因学、文化素质不高、缺少劳动技能。帮扶部门对症施策,继续加大帮扶力度,为该户提供产业帮扶资金,提供农业技能培训,为户主女儿推荐就业及职业技能培训,为户主儿子提供教育救助。

表7-2-3 案例1展示

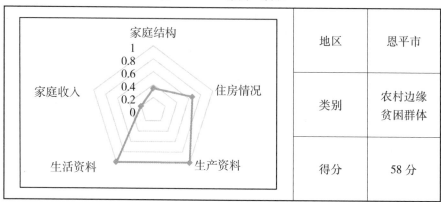

地区	恩平市
类别	农村边缘贫困群体
得分	58分

2. 案例2 台山市白沙镇陈某家庭

表7-2-4展示了一户农村潜在返贫对象家庭，其中，家庭结构总得分41分，住房情况得分12分，生产资料得分13分，生活资料得分14分，家庭可支配收入得分0分，共计80分。从得分来看，陈某家庭结构弱，住房状况良好，生产资料偏少，家庭居住环境较差，家庭收入尚可。从调查中获取的详细信息可知，陈某（户主）23岁，患有精神病，需长期服药，医药费用开支较大。户主祖母已年近80岁，户主母亲日常需要照顾户主及户主祖母，无法外出工作。家中户主父亲文化程度不高，日常靠务农维持生活。目前已享受低保救助、残疾补助。通过多维度的代理家计调查识别指标体系，可以分析出陈某一户致贫原因为因残、缺少劳动力。帮扶部门对症施策，继续加大帮扶力度，为该户提供医疗救助、产业帮扶等。

表7-2-4 案例2展示

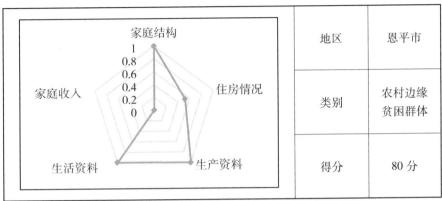

第三节　江门市相对贫困治理中的稳定脱贫对象

确保贫困对象实现稳定脱贫，既是我国精准扶贫政策的逻辑延续，也是同步全面建成小康社会的必然要求，更是乡村振兴战略顺利实施的重要基础。[①] 所谓稳定脱贫，是指通过观念创新、激活内生动力、稳定收入来源、完善基础设施、提升公共服务等方式，降低脱贫群体的脆弱性，增强其发展能力，不断改善其生活水平，使其永久跳出贫困陷阱。[②]

一、稳定脱贫对象的定义

稳定脱贫对象是指贫困人口在实现"两不愁三保障"的基础上，能够有稳定的经济来源，自我发展能力不断提升，自身抗风险能力增强，自我发

[①] 胡原、曾维忠：《稳定脱贫的科学内涵、现实困境与机制重构——基于可持续生计—脆弱性—社会排斥分析框架》，《四川师范大学学报（社会科学版）》2019年第5期。

[②] 黄承伟：建立健全稳定脱贫长效机制，https://baijiahao.baidu.com/s?id=1622687976988196735&wfr=spider&for=pc。

展的内生动力激活,有面对困境逆境的勇气。2020 年,江门市将建档立卡贫困户纯收入高于 10800 元的群体列为稳定脱贫对象(人均纯收入高于江门市 2020 年低保标准),这部分群体有可持续的生计,自身要脱贫致富的意识强烈,贫困的脆弱性和社会排斥得到缓解,返贫风险防范等抗逆力不断提升。目前,江门市三区四市稳定脱贫对象的数量分布如表 7-3-1 所示。

表 7-3-1 江门市稳定脱贫对象的数量分布

市(区)	户数(户)	占市(区)建档立卡对象的比例	人数(人)	占市(区)建档立卡对象的比例
蓬江区	398	100.00%	1203	100.00%
江海区	164	93.18%	550	92.44%
新会区	903	96.27%	2884	96.39%
台山市	842	89.29%	2532	87.95%
开平市	794	88.52%	2810	87.24%
鹤山市	757	91.76%	2395	87.15%
恩平市	828	90.00%	2744	90.83%
全市	4686	91.94%	15118	90.75%

二、稳定脱贫对象的特征解析

(一)家庭结构特征

1. 家庭人口总数量

城镇稳定脱贫对象家庭中人口数 2 人及以下的占比 39.58%,3~5 人占比 59.52%,6 人及以上占比 0.90%。农村稳定脱贫对象家庭中人口 2 人及下的占比 28.08%,3~5 人占比 68.96%,6 人及以上占比 2.97%。

2. 家庭中具备劳动能力人数情况

城镇稳定脱贫对象家庭中无劳动力占比 22.19%,家庭中有 1 个劳动力占比 50.52%,2 个及以上劳动力占比 27.29%。农村稳定脱贫对象家庭中无劳动力占比 16.65%,家庭中有 1 个劳动力占比 39.73%,2~3 个劳动力占比 41.47%，4 个及以上劳动力占比 2.15%。

3. 就读学生人数占总人数的百分比情况

城镇稳定脱贫对象家庭中就读学生人数占比 16.25%，其中，学前人数占比 0.32%，小学生人数占比 2.69%，初中生人数占比 2.96%，中专生和职高生占比 2.10%，普通高中生占比 2.15%，大专生和本科生占比 6.03%。农村稳定脱贫对象家庭中就读学生人数占比 17.07%，其中，学前人数占比 0.92%，小学生人数占比 3.31%，初中生人数占比 3.27%，中专生和职高生占比 1.96%，普通高中生占比 2.61%，大专生和本科生占比 5.00%。

4. 残疾失能人数占总人数的百分比情况

城镇稳定脱贫对象中重度残疾人失能人员占总人数的 20.36%，其中，一级残疾人数量占比 3.61%，二级残疾人数量占比 8.67%，三级精神、智力残疾人数量占比 3.12%，四级精神、智力残疾人数量占比 1.08%，失能、半失能人员数量占比 3.88%。农村稳定脱贫对象中重度残疾人失能人员占总人数的 13.44%，其中，一级残疾人数量占比 2.59%，二级残疾人数量占比 5.41%，三级精神、智力残疾人数量占比 2.23%，四级精神、智力残疾人数量占比 0.75%，失能、半失能人员数量占比 2.46%。

5. 特定病种患者占总人数的百分比情况

城镇稳定脱贫对象中特定病种患者人数占总人数的 11.58%，其中，一类特定病种患者占比 3.02%，二类特定病种患者占比 0.27%，三类特定病种患者占比 1.13%，四类特定病种患者占比 7.16%。农村稳定脱贫对象中特定病种患者占比 5.66%，其中，一类特定病种患者占比 1.67%，二类特定病种患者占比 0.19%，三类特定病种患者占比 0.35%，四类特定病种患者占比 3.45%。

6. 人均住院费用情况

城镇稳定脱贫对象人均住院费用为 390.24 元，农村稳定脱贫对象人均住院费用为 337.69 元。

（二）住房情况特征

1. 住房产权情况

城镇稳定脱贫对象中租住和借住占比 40.48%，房屋属于完全自有的占比53.22%，房屋属于部分自有的占比6.30%。农村稳定脱贫对象中租住和借住占比12.30%，房屋属于完全自有的占比75.79%，房屋属于部分自有的占比11.92%。

2. 房屋类型

城镇稳定脱贫对象中自建泥砖房占比0.74%，简易房占比0.49%，筒子楼占比4.69%，自建砖混房占比24.44%，20世纪90年代前建成商品房占比18.27%，90年代后建成商品房占比39.75%，自建框架（钢筋混凝土）房（3层及以下）占比10.62%，自建框架（钢筋混凝土）房（4层及以上）占比0.99%。农村稳定脱贫对象中简易房占比1.38%，泥砖房占比10.53%，砖混房占比67.63%，一层框架（钢筋混凝土）房占比9.01%，框架（钢筋混凝土）楼房占比11.45%。

3. 外墙类型

农村稳定脱贫对象中房屋外墙未装修的占比36.27%，使用抹灰的占比31.95%，使用油漆/涂料但已破损严重的占比14.67%，使用石米的占比13.47%，使用油漆/涂料且没有明显破损的占比1.91%，使用瓷砖且没有明显破损的占比0.92%，使用瓷砖但破损严重的占比0.81%。

4. 客厅地板类型

城镇稳定脱贫对象中客厅地板为瓷砖的占比78.87%，使用水泥的占比13.51%，使用青砖的占比5.90%，使用土、石的占比1.23%，使用（中高档）石材的占比0.25%，使用木地板的占比0.25%。农村稳定脱贫对象中客厅地板使用瓷砖的占比52.92%，使用水泥的占比23.68%，使用青砖的占比19.34%，使用土、石的占比3.82%，使用中高档石材的占比0.14%，使用木地板的占比0.11%。

5. 屋内墙壁装修情况

城镇稳定脱贫对象中屋内墙壁装修且没有明显破损的占比82.31%，装修但破损严重的占比6.63%，未装修的占比11.06%。农村稳定脱贫对象中屋内墙壁装修且没有明显破损的占比54.37%，装修但破损严重的占比8.98%，未装修的占比36.66%。

6. 大门类型

农村稳定脱贫对象中大门类型是铁门的占比46.34%，木门的占比

25.03%，不锈钢门的占比28.63%。

7. 厕所冲水类型

城镇稳定脱贫对象中厕所独用的占比93.83%，厕所几户合用的占比1.23%，使用公用厕所的占比4.94%。农村稳定脱贫对象中厕所为手动冲水的占比70.30%，厕所没有冲水的占比2.73%，无厕所的占比26.87%。

（三）生活资料特征

1. 是否通自来水

农村稳定脱贫对象家庭中87.65%已经通自来水，12.35%未通自来水。

2. 做饭的燃料类型

城镇稳定脱贫对象中做饭燃料使用煤气、太阳能、电的占比93.40%，使用沼气、煤炭的占比0.15%，使用柴草的占比6.45%。农村稳定脱贫对象中60.18%使用煤气、太阳能或电，39.57%使用柴草，0.25%使用沼气、煤炭。

3. 是否有国外品牌热水器

城镇稳定脱贫对象中98.20%没有国外品牌热水器，1.80%有国外品牌热水器。农村稳定脱贫对象中97.44%没有国外品牌热水器，2.56%有国外品牌热水器。

4. 是否有燃油摩托车（含电动摩托车）

城镇稳定脱贫对象中49.33%没有摩托车，有1辆的占比41.52%，2辆的占比8.55%，3辆的占比0.60%。农村稳定脱贫对象中41.31%没有摩托车，有1辆的占比46.30%，2辆的占比10.93%，3辆的占比1.33%，4辆及以上的占比0.13%。

5. 电视机尺寸大小

城镇稳定脱贫对象中18.44%无电视机，61.77%的电视机尺寸总和在40寸以下，18.59%的电视机尺寸总和在40～60寸之间，1.20%的电视机尺寸总和在60寸以上。农村稳定脱贫对象中26.54%无电视机，57.06%的电视机尺寸总和在40寸以下，15.51%的电视机尺寸总和在40～60寸之间，0.88%的电视机尺寸总和在60寸以上。

6. 空调制冷量总和

城镇稳定脱贫对象中49.48%没有空调，38.38%的空调制冷量在5000W以下，9.75%的空调制冷量总和在5000～7500W之间，2.40%空调制冷量总和在7500W以上。农村稳定脱贫对象中74.12%没有空调，21.93%的空调制冷量在5000W以下，3.41%的空调制冷量总和在5000～7500W之间，0.54%空调制冷量总和在7500W以上。

7. 冰箱容积总和

城镇稳定脱贫对象中23.09%没有冰箱，49.63%的冰箱容积在160～260升之间，21.14%的冰箱容积在160升以下，6.15%的冰箱容积在260升以上。农村稳定脱贫对象中36.28%没有冰箱，35.68%的冰箱容积在160～260升之间，24.30%的冰箱容积在160升以下，3.73%的冰箱容积在260升以上。

8. 洗衣机类型

城镇稳定脱贫对象中36.73%没有洗衣机，38.08%有1台波轮洗衣机，25.19%有1台滚筒洗衣机。农村稳定脱贫对象中63.46%没有洗衣机，20.09%有1台波轮洗衣机，16.46%有1台滚筒洗衣机。

9. 其他家用电器拥有情况

城镇稳定脱贫对象中89.66%没有微波炉，89.21%没有饮水机，73.16%没有电脑，40.78%有接入宽带，98.35%没有组合音响。农村稳定脱贫对象中98.14%没有微波炉，91.00%没有饮水机，92.10%没有电脑，18.57%有接入宽带，99.94%没有组合音响。

（四）生产资料特征

1. 粮食作物种植情况

农村稳定脱贫对象中未种植粮食作物的占比53.73%，家庭中种植0～1亩（包括1亩）粮食作物的占比14.81%，种植1～2亩（包括2亩）粮食作物的占比15.45%，种植2～3亩（包括3亩）粮食作物的占比7.86%，种植3～4亩（包括4亩）粮食作物的占比3.60%，种植4～5亩（包括5亩）粮食作物的占比1.86%，种植5亩以上粮食作物的占比2.68%。

2. 农业经济作物种植情况

农村边缘贫困群体中未种植农业经济作物的占比95.48%，种植1亩以下的占比2.18%，种植1~5亩的占比1.83%，种植5亩以上的占比0.51%。

3. 拥有林地情况

农村边缘贫困群体中有97.06%的家庭没有林地，0.73%的家庭有1亩以下的林地，1.42%的家庭有1~5亩林地，0.79%的家庭有5亩以上的林地。

4. 水产养殖情况

农村边缘贫困群体中有98.58%未从事水产养殖，仅1.42%从事水产养殖。

5. 牲畜及家禽存栏情况

农村边缘贫困群体中有99.02%的家庭未喂养牲畜，86.96%的家庭未喂养家禽，0.82%的家庭为养殖大户，家禽数量在100只以上。

（五）家庭人均月收入特征

城镇稳定脱贫对象中家庭人均月收入低于1D的占比42.58%，家庭人均月收入在1D~1.5D之间的占比23.69%，家庭人均月收入在1.5D~2D之间的占比13.94%，家庭人均月收入在2D及以上的占比19.79%。农村稳定脱贫对象中家庭人均月收入低于1D的占比49.78%，家庭人均月收入在1D~1.5D之间的占比21.10%，家庭人均月收入在1.5D~2D之间的占比12.21%，家庭人均月收入在2D及以上的占比14.91%。

三、典型案例

（一）稳定脱贫对象整体得分情况

从表7-3-2可知，江门市城镇稳定脱贫对象得分为35.09分，其中，家庭结构得分为9.41分，住房情况得分为13.45分，生活资料得分为10.20分，家庭收入得分为2.04分，各维度得分占比见图7-3-1；农村边缘贫困群体得分为 39.60 分,其中,家庭结构得分为 5.98 分,住房情况得分为 10.07 分,生产资料得分为 12.74 分,生活资料得分为 8.67 分,家庭收入得分为 2.12 分,各维度得分占比见图 7-3-2。

表 7-3-2 江门市稳定脱贫对象得分情况　　　　（单位：分）

指标	地区	
	城镇	农村
家庭结构	9.41	5.98
住房情况	13.45	10.07
生产资料	—	12.74
生活资料	10.20	8.67
家庭收入	2.04	2.12
总分	35.09	39.60

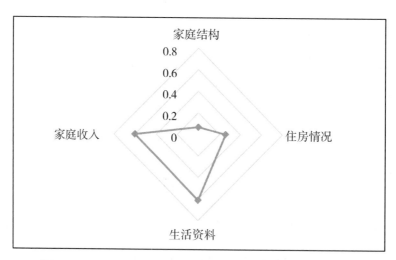

图 7-3-1　江门市城镇稳定脱贫对象各维度得分占比雷达图

第七章 江门市相对贫困治理目标群体的瞄准

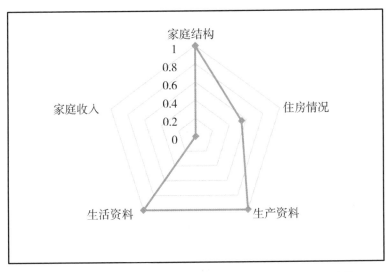

图 7-3-2 江门市农村稳定脱贫对象各维度得分占比雷达图

(二)典型案例解析

1. 案例1 新会区古井镇毅某家庭

毅某(户主)是新会区古井镇霞路村村民,是该镇的建档立卡贫困户。帮扶前,他已经54岁,离异,患有肢体残疾二级,完全丧失劳动力。儿子跟随他生活,正在读大学。母亲年迈。主要经济来源是儿子的劳动收入以及低保金,每月收入约900元。

2016年,毅某成为古井镇精准扶贫的帮扶对象,镇扶贫干部对毅某一家坚持跟踪慰问,密切关注其需求。针对他们主要是因残、因学致贫的情况,扶贫干部认为,他们前期需要解决学费的开支问题,后期需要增加职业培训,提高劳动技能,促进劳动力尽快就业;同时,需要增加残疾人的生活补助,并为他向该镇残联部门申请生活津贴和重度残疾人生活补助3260元,增加家庭收入。帮扶干部也十分关注毅某的社会保险参保和享受待遇情况,在推进精准扶贫社会保障政策实施过程中,为毅某家落实参加医疗救助和购买重大疾病保险,参保费用全额由国家补助,帮助其家庭成员购买合作医疗和新农保。在社保方面得到保障的情况下,帮扶干部将工作重点转移到就业帮扶上。

经走访了解，帮扶干部得知毅某有开柑普茶店的想法，就根据《关于印发新会区精准扶贫项目申报方案的通知》文件精神，协助毅某申请产业资助5000元，帮其开了一间柑普茶店铺。后来，针对其儿子大学毕业后工作收入不稳定的情况，帮扶干部又积极联系该镇人社所、相关厂企等，为其提供力所能及的职业介绍、职业指导、就业信息等就业服务，帮助其尽快实现就业。此外，组织其家庭成员参加就业培训，至少掌握一项工作技能，为有更高收入的就业提供技术保障。

通过一系列有针对性的助学、助工、创业等方面的帮扶，毅某树立了勤劳致富的观念，不断增强就业、创业能力，柑普茶店成功开张，并且生意不错，加上儿子在珠海某公司任职跟单员，增加了家庭收入，有效改善了生活水平，毅某感觉到生活有了新的开始。

从毅某家庭实现稳定脱贫的过程来看，主要有以下三个方面值得参考借鉴。

一是家庭经济来源趋于稳定，家庭收入结构多元化。毅某家庭在帮扶前主要依靠保障性收入、临时生活补贴或是亲友的临时性资助，此类收入来源极不稳定，从根本上难以使其摆脱贫困。经过三年帮扶，毅某家庭主要的收入来源有经营性收入、工资性收入，摆脱了单纯的、不稳定的经济来源。

二是毅某家庭自身脱贫动力较高，稳定脱贫的意愿强烈，对未来有规划，有较强的发展意愿。毅某及其儿子积极主动接受职业指导、职业介绍、职业培训等，提高自身文化水平和职业技能，保证了稳定脱贫的内生动力。

三是社会保障作为强力的支撑后盾，为毅某个人及家庭提供扶持、救助政策等，大大增强了毅某家庭抵御风险冲击的能力。

2. 案例2 恩平市沙滩镇劳某

劳某是恩平市沙塘镇莨畔村村民，是该镇的建档立卡贫困户。帮扶前，劳某的妻子因病不幸去世，家里有两个孩子，一儿一女，都刚毕业出来工作。自2016年实施精准扶贫工作以来，沙塘镇扶贫办见证了贫困户劳某一点一滴的变化。在帮扶过程中，镇扶贫干部不断跟他交流谈心，指出脱贫关键是要树立自信心，还需要勤劳实干，不能得过且过，要为儿女

第七章 江门市相对贫困治理目标群体的瞄准

着想等,扶贫干部还根据精准扶贫政策以及产业帮扶的措施,结合劳某的个人情况,制订了切实可行的帮扶方案,鼓励他选用新品种扩大水稻种植面积,争取以奖代补的政策补贴,享受贫困户的补助资金。

劳某的思想开始有所改变,积极性有所提高,重新振作起来的他开始扩大水稻种植面积,从原本的 40 亩扩大到 150 亩,每天起早贪黑,在稻田里除草施肥,整天忙得不亦乐乎。2017 年,他靠种水稻获得收入达 6 万多元,尝到了致富的甜头。经过一年多的勤劳实干,劳某的家庭生活水平有了明显改善,维修房屋、添置家具和新农具、购买新衣服……他说:"再奋斗几年后,打算建新房子。"扶贫工作人员将这一切看在眼里,记在心头,都为劳某翻天覆地的新生活感到高兴。劳某在亲人的帮助下,2019 年将水稻面积再扩大到 250 亩,全部种上"塘美粘"新品种,除去人工成本,年亩产效益 500 元,预计今年(2020 年)获得收入 12.5 万元。

从劳某家庭实现稳定脱贫的过程来看,主要有以下两个方面值得参考借鉴。

一是逐渐树立脱贫致富的思想,不再依靠"等、靠、要"。劳某在帮扶干部的不断鼓励和支持下,思想意识实现从"要我致富"到"我要致富"的转变,脱贫增收意识增强。

二是产业帮扶发挥效能巨大。稳定脱贫的关键要靠长效的帮扶机制来实现,劳某稳定脱贫的意愿强烈,帮扶干部根据其家庭实际情况,制订了针对性的脱贫方案,通过产业帮扶、以奖代补的政策,鼓励其发展农业生产,成为种植大户,增加了其家庭的经营性收入。

第八章 江门市相对贫困治理探索中的信息技术应用

大数据技术为实现精准扶贫目标提供了可行路径，也成为精准扶贫决策效能的重要技术支撑。智慧扶贫可以为政策设计者提供更多有效和可靠的决策信息服务，为扶贫效果的实现提供可靠的保障，以此促进扶贫事业的良性循环状态，成为精准扶贫有效实施的助推剂。[①] 为实现数据驱动的精准扶贫智慧决策，2019 年，江门市对现有精准扶贫大数据平台进行技术升级、功能优化与机制完善，建立江门市相对贫困人口信息管理平台，构建出大数据驱动的精准扶贫智慧决策系统。该系统是以扶贫最优决策为目标，以民政大数据为基础，以扶贫大数据平台为前提，以平台功能优化为手段，以扶贫治理能力现代化为支撑的新型扶贫智慧决策系统。

第一节 实时掌控人口分布，避免粗放扶贫

近年来，大数据的作用愈发重要，并逐渐融入社会各行各业当中，扶贫领域也不例外。在我国脱贫攻坚进入决胜阶段之际，江门市同样在实践中借助大数据的智慧助力精准扶贫。依靠技术创新，创建信息管理平台，通过"智慧＋扶贫"，找对穷根明确靶向，精准匹配政策需求，改进了低收入人口的动态管理技术。江门市的一个重要突破是克服了各数据库之间

---

① 杨娟丽、安定明：《民族地区的智慧化精准扶贫——以青海省为例》，《开发研究》2019 年第 1 期。

第八章　江门市相对贫困治理探索中的信息技术应用

的"数据孤岛"现象,基于"大数据"采集,整合比对、分析、统计、预警等功能,提升了大数据成果价值转化,将其运用于致贫症结分析、分类施策分析、行业帮扶分析、产业布局分析、帮扶成效分析、预警分析等多个方面。

一、总体视野,全时域统筹

贫困人口的分布呈现出大分散、小集中的特点,这对扶贫模式从粗放型走向精细化提出了更高的挑战,亟须对贫困人口进行实时监控,避免出现扶贫开发实践中的"精英俘获"和信息遗漏。[1] 借助江门市低收入对象帮扶信息管理平台(以下简称"信息管理平台")(如图8-1-1所示),江门市通过数据分析准确把握相对贫困人口分布、结构、发展变化。

依托信息管理平台,江门市实现了对全市范围内相对贫困人口信息的全面掌握。通过首页信息展示平台的数据,可直接获取全市低收入对象数量及其基本情况(就读情况、残疾情况、病患情况、住院费用和供养情况)、得分情况、当前各市(区)低收入对象的基本情况的数据可视化展示、低收入对象的贫困原因分析、低收入对象占比、贫困发生率、各项帮扶政策的帮扶人数。

对全市相对贫困人口数据进行统计,可以直接展示全市范围内所有的低收入对象占比及贫困发生率,对贫困状况有全局了解。如图8-1-2所示,根据信息管理平台数据,截至2020年7月,在江门市所有的低收入对象中,低保对象14745人,占比54%;新申请对象824人,占比3%;精准扶贫户3392户,占比12%;集中供养对象1045人,占比4%;分散供养对象7485人,占比24%;另有低收入家庭836户,占比3%。全市的低收入对象占比数据可从整体上反映江门市反贫困政策设计以及执行短板,如当前4%的集中供养率处于较低水平。

---

[1] 卫志民、于松浩、张迪:《政策群视域下的扶贫政策体系研究:演化过程、政策衔接与路径优化》,《江苏行政学院学报》2019年第1期。

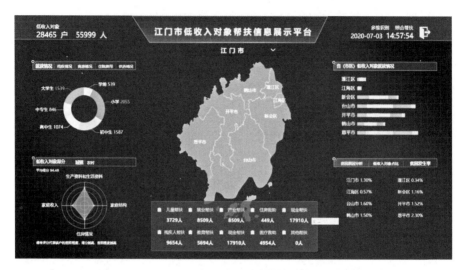

图 8-1-1　江门市低收入对象帮扶信息展示平台

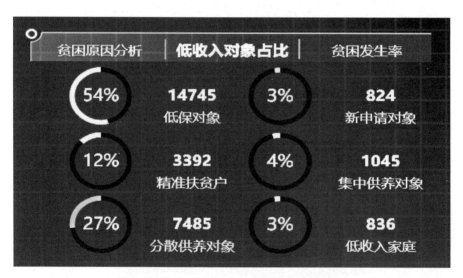

图 8-1-2　2020 年江门市低收入对象占比

二、聚焦局部，精细化管理

相对贫困治理需要整体性视野，也同样需要对局部的清晰认知。信息

第八章　江门市相对贫困治理探索中的信息技术应用

管理平台对江门市下辖的三区四市的相对贫困人口分布做地图分析，利用颜色深浅更直观地反映相对贫困人口的分布数量（如图8-1-3所示）。

图8-1-3　江门市贫困人口分布

此外，江门市根据信息管理平台的"统计分析"栏目可对各市（区）的贫困发生率分布状况进行分地区展现，将此项数据从高往低排列得出结果。由图8-1-4可知，江门市全市贫困发生率为1.30%。其中，蓬江区为0.34%，江海区为0.57%，新会区为1.16%，台山市为1.60%，开平市为1.52%，鹤山市为1.50%，恩平市为2.30%。该项数据支持研究者及政策制定者对区域间贫困状态做比较。根据上述结果，江门市三区四市的贫困发生率异质性较大，恩平市贫困发生率最高，蓬江区最低，两者相差达到1.96%，这提醒江门市在进行低收入人口帮扶时需要注重区域间协调。

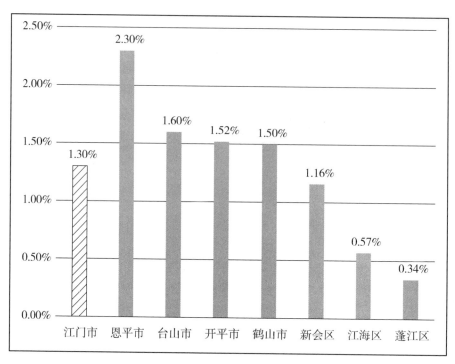

图 8-1-4 江门市及其所辖各市、区贫困发生率

第二节 精准把脉致贫源头，落实分类施策

由于致贫的因素往往呈现出区域间、人群间的高度异质性，因此扶贫开发的思路需要摒弃"大水漫灌"式的"大一统""普适化"思想，精准把脉致贫源头，摸清贫困人口处于贫困状态的内在因素逻辑，因人因地施策，因贫困原因施策，因贫困类型施策。这也是进行政策帮扶与贫困需求两者之间关联分析的前提条件，更是提高扶贫成效的关键一步。

第八章　江门市相对贫困治理探索中的信息技术应用

一、搭建系统结构

江门市依托信息管理平台，有效解决精准施策、资源整合、监督管理等问题，实现扶贫工作的未雨绸缪和精准聚焦。信息管理平台以健全的系统结构为基础，设立八大一级项目，下分29个二级项目，涵盖对数据的整体性统计分析，低收入人口的档案分类管理，各类政策、帮扶数据的储存，帮扶政策的分流体系设置，社工帮扶与企业帮扶的记录，项目帮扶的统计及监督，各级帮扶机构的绩效考核监测，实现贫困人口精准帮扶的全周期管理，项目设置详见表8-2-1。

表8-2-1　江门市信息管理平台系统结构

一级项目	二级项目	一级项目	二级项目
统计分析	统计分析	政策帮扶	产业帮扶
	数据展示		医疗帮扶
人口管理	基础档案		住房救助
	低收入对象数据		其他帮扶
	特殊人群数据	社工帮扶	人口查询
	脱贫人口数据		帮扶记录
数据管理	企业数据	企业帮扶	人口查询
	社工数据		帮扶记录
	政策数据	项目帮扶	项目库
	政策分类数据		项目统计报表
	政策标签数据		日常工作报表
政策帮扶	儿童帮扶		资金使用报表
	现金帮扶	绩效系统	镇级绩效考核
	教育帮扶		县级绩效考核
	残疾人帮扶	—	—

二、构建有效样本

信息管理平台以指标体系为基础进行系统建设,通过收入差额、家庭结构、住房情况、生产资料、生活资料五个一级指标对贫困人口的贫困状态展开科学测度,指标体系详见表8-2-2。低收入对象得分的综合评分代表该户的贫困程度,得分越高,贫困程度越高。

表8-2-2 江门市信息管理平台测度指标体系

一级指标	二级指标
1. 收入差额 (城镇、农村：10分)	收入差额=共同生活的家庭成员月人均可支配收入-江门市最新城乡最低生活保障标准
2. 家庭结构 (城镇：45分,农村：41分)	具备劳动能力人员、重度残疾人(包括失能人员)情况、子女就读情况、特定病种患者数量、住院费用(个人自付部分)、赡养/抚养/扶养义务人数
3. 住房情况 (城镇：27分,农村22分)	房屋类型、外墙、大门、人均房间数量(除了洗手间和厨房外的房间数量)、客厅地板、墙壁、厕所冲水类型
4. 生产资料 (城镇：0分,农村：13分)	人均农业经济作物(如果树)种植面积5亩以上、人均林地面积10亩以上、人均耕地面积5亩以上、人均水产养殖面积0.5亩以上、猪牛羊等大牲畜10头以上或家禽存栏100只以上、动力大于25马力的机械设备
5. 生活资料 (城镇18分,农村：14分)	家中有无固定生活用水水源、做饭用的燃料、摩托车(含电动摩托车)、电视、国外品牌热水器、空调、冰箱、洗衣机、微波炉、饮水机、电脑、接入宽带、高档乐器、组合音响

然后,根据上述指标体系收集数据样本,进而构建出"有效样本"。其做法是以江门市精准扶贫信息网和江门市民政低保系统为基础,整合数据信息,将江门市最低生活保障对象、特困人员、精准扶贫对象、低

收入家庭、城镇困难职工等低收入对象数据统一对接整合到江门市低收入对象信息管理平台，通过入户调查、各部门内外部的交互接口获取数据，并对数据进行清洗、转换和存储，保留有效数据，并利用实时计算方法对数据进行动态调整，构建出与精准扶贫决策目标或问题有关的"有效样本"，为精准扶贫智慧决策提供有力的证据链，使扶贫决策结果更具客观性。

上述指标体系在恩平市的实施试点取得了较好的效果。在试点中，恩平市依据这个指标体系，计算所有帮扶对象的得分并进行排序，同时结合本市经济社会条件测算贫困发生率和覆盖面，划定帮扶线，明确帮扶对象并进行分类帮扶，针对原扶贫和脱贫巩固对象形成脱贫帮扶，对排名靠前的低收入群体进行现金帮扶，对边缘人群进行能力帮扶，对特定维度缺陷（例如残疾）的群体形成政策帮扶，纳入低收入群体政策分流框架体系，匹配儿童及妇女帮扶政策、困难及特困供养政策、低保政策、教育政策、残疾人政策、就业政策和其他政策七大类帮扶政策。通过政策分流，达到帮扶的精细化与针对性相结合的政策执行效果。

三、建立政策分流框架体系

信息管理平台在数据采集挖掘构建的"有效样本"（即"对象库"）的基础上，运用多元回归、聚类判别和时间序列的方法，构建起多维度和多阶段的贫困测算模型，精准识别出低收入对象，并将其致贫原因归类（如图8-2-1所示）。再通过对江门市低保对象、特困对象、扶贫对象、低收入家庭等贫困人口的救助政策的梳理和整合，构建起低收入人口政策分流框架体系，将"对象库"和"政策库"信息相互匹配，实施信息、政策、技术和项目的互动推送，做到"项目安排精准、资金使用精准、措施到户精准"。

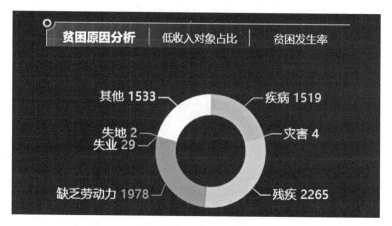

图8-2-1 江门市低收入对象贫困原因状况

例如,对没有发展能力的老年人等特殊低收入人群,可保证低保兜底扶贫;对在册贫困家庭在校大学生等后备劳动力实施教育脱贫,并鼓励其参加技能培训;对有发展能力及劳动意愿的低收入人群,加大产业扶贫力度,创造宽松的金融扶贫环境。此外,考虑到部分困难群体可能以家庭为单位无法被纳入低收入人口,所以政策分流体系不仅针对入户调查的以家庭为单位的对象,而且针对自行申请的有特殊需求的对象。在对低收入人口的帮扶上,坚持因人施策,因致贫原因施策,因贫困类型施策,对症下药,精准滴灌、靶向治疗。

除了识别低收入人口个体层面的贫困原因以外,结合信息管理平台对贫困人口、劳动力分布情况等进行综合研判,并基于个体多维度的贫困体检数据,可以加总推算制约各村发展的因素,明晰各村发展要素资源禀赋差异,找准"穷"根、寻对"困"源。在此基础上,政府职能部门针对不同致贫原因,因村施策、因户施策、因人施策,逐村逐步制定帮扶措施,使精准帮扶真正落到实处。例如,在加强产业扶贫项目规划中,可以根据村级贫困数据引领扶贫项目规划、资源配置,引导和推动更多产业项目落户贫困地区,助力乡村振兴。

需要注意的是,江门市并非只是根据信息管理平台的自动化决策做出帮扶决策,而是在人机协同联动下,提出大数据驱动的精准扶贫智慧决策方案。也就是说,一方面,在数据采集挖掘和建模计算的基础上,采用统计图表、三维建模和时空态势等可视化技术,动态呈现出扶贫自动化决策结果分析;另一方面,通过数据分析师、扶贫领域专家与扶贫决策者之间的有效互动,以及机器智慧、数据分析师与决策者智慧之间的协同联动,将这些自动化决策分析结果与扶贫决策问题及具体场景相结合,克服"量化一切"的局限性,从而提出更具科学性、针对性和前瞻性的精准扶贫智慧决策方案。

第三节 部门之间开放数据,增进协同治贫

江门市通过整合不同职能部门的扶贫政策,应用大数据,建立信息管理平台,将贫困人口信息推送至不同职能部门,不仅有助于打破扶贫过程中的职能壁垒,改进职能部门间的协同效率,还有利于对贫困人口精准施策,提升扶贫政策效能。互联网和信息技术的运用在未来的贫困治理事业中的重要性不言而喻,贫困数据的采集、整理和使用将在贫困对象识别、致贫原因分析、帮扶政策推送以及监督管理等环节赋能贫困治理工作。

一、部门间合作,形成政策合力

江门市为了让社会救助在保障和改善民生的过程中更好地发挥托底功能,在对全市低保对象、特困对象、扶贫对象、低收入家庭等贫困人口的救助政策进行梳理和整合,构建起低收入人口政策分流框架体系的基础上,实现各部门之间通力合作。信息管理平台优化整合了民政部门、教育部门、住建部门、残疾部门、人社部门等部门的数据,建立了覆盖全市低收入人口的数据库,仅通过信息管理平台即可查询社会救助兜底数据、学生就读及补助数据、危房改造数据、残疾人救助信息、疾病治疗信息、养老和就业等信息(如表 8-3-1 所示)。打破了以往救助政策碎片化、分散化的局面,形成救助政策合力,建立低收入人口救助服务与劳动就业、

公共教育、住房保障、医疗卫生等其他公共服务项目之间的衔接机制，形成政策合力。

表 8-3-1　信息管理平台数据来源

数据来源	来源部门	数据类型
基层主动摸排数据	—	—
行业提供数据	民政部门	社会救助兜底数据
	教育部门	学生就读及补助数据
	住建部门	危房改造数据
	残疾部门	残疾人救助信息
	卫健部门	疾病治疗信息
	人社部门	养老、就业等信息
建档立卡数据	—	—

此外，江门市制定了户籍、车辆、银行存款、证券财产、工商登记和住房公积金、住房保障等信息的具体办法，扩大了核对信息数据项，充实了城乡低保户、贫困户、特困人员、残疾人员信息管理数据，实现了数据互通、信息共享，做到精准救助、精准帮扶，提高了工作的效率和质量。

二、动态化管理，保障边缘群体

江门市在信息管理平台的基础上，推进了帮扶全过程的信息化动态管理。在实现低收入人口的精准识别之后，着手建立的信息管理平台，每年可对新增申请家庭及个人根据指标进行打分，符合条件的可以纳入低收入群体管理系统，不符合条件的要及时退出，实现了全过程动态管理低收入人口信息，确保了帮扶对象应纳尽纳、应退尽退。

处在低收入人口帮扶线边缘的人口，作为隐性贫困的群体，随时有可能因为各种原因陷入贫困状态。因此，江门市聚焦于收入略高于贫困线的四类边缘贫困群体：一是目前生活不存在困难，但容易因大病、意外伤害、自然灾害导致收入骤减而致贫的群体；二是目前生活不存在困难，但容易因大病、意外伤害、自然灾害导致刚性支出剧增，生活存在困难的群

第八章　江门市相对贫困治理探索中的信息技术应用

体；三是目前因大病、意外伤害、自然灾害、子女教育、住房导致刚性支出剧增，生活存在困难的群体；四是目前在医疗、教育、住房等公共服务获取上存在较大困难的群体。运用低收入群体信息数据库，对所有边缘群体的五个方面得分进行立体式分析，确保对其应扶尽扶。

具体来讲，通过找出潜在致贫因素，并按照低收入群体政策分流框架体系设计的信息管理平台，使边缘群体与其相对应的救助政策进行自动匹配，及时推送就业创业、医疗保障、教育资助、产业扶贫等帮扶信息，实现帮扶资源精准投放，从而实现两库互动，帮扶对象与帮扶政策自动匹配，对不同对象给予不同力度、资源的帮扶和救助。此外，根据该指标体系，江门市每半年开展一次代理家计调查，依据调查结果和当年财政经济实力决定容纳的低收入人口数量。与此同时，指标及其评分标准也根据经济社会发展的情况进行动态调整。

从动态管理的成效来看，以信息管理平台为基础，结合民政系统、精准扶贫系统，综合比对、分析、统计、预警，实行动态监管，对脱贫不稳定户、边缘易致贫户以及因疫情或其他原因收入骤减或支出骤增户加强监测，提前采取针对性的帮扶措施。疫情期间，江门市对 598 户 2274 人脱贫不稳定户进行重点监测，提前采取针对性帮扶措施，建立起了防止返贫机制，做到了脱贫不脱政策。

第九章　江门市探索相对贫困治理长效机制的基本经验

相对贫困是在特定的社会生产方式和生活方式下，依靠个人和家庭的劳动力所得或其他合法收入虽能维护其食物保障，但无法满足在当地条件下被认为是最基本的其他生活需求的状态，更多地表现为一个从低到高的连续分布，涉及主体感受和客观评价。[①] 从公共政策的视角看，相对贫困在我国还是一个很新的概念。2019年10月31日，党的十九届四中全会会议公报首次在中央文件中正式提出"相对贫困"概念。公报指出，要"坚持打赢脱贫攻坚战，建立解决相对贫困的长效机制"。实际上，早在2016年全国"两会"期间，习近平总书记就已经指出："脱贫和高标准的小康是两码事。我们不是一劳永逸，毕其功于一役。相对贫困、相对落后、相对差距将长期存在。要实事求是，求真务实，踏踏实实做这个事情，不能搞文字游戏。"[②] 2020年后，中国的绝对贫困将彻底成为历史，而绝对贫困的消灭并不意味着贫困的消失，贫困问题还是会以相对形式存在。

探索解决相对贫困的长效机制已经成为中央及地方2020年后主要的贫困治理方向，也成为学界关注的焦点。林闽钢提出要借鉴治理绝对贫困的经验，坚持党和政府主导型的贫困治理，从多个层次出发，侧重于发展

---

① 吴振磊：《相对贫困治理特点与长效机制构建》，2020年6月24日，http://www.qstheory.cn/dukan/hqwg/2020-06/24/c_1126153739.htm，2021年6月11日。

② 《习近平谈如何打赢脱贫攻坚战》，2018年8月14日，http://www.xinhuanet.com/politics/2018-08/14/c_1123264758.htm，2021年6月11日。

第九章　江门市探索相对贫困治理长效机制的基本经验

型的政策,主要是增强贫困人口的个人发展能力和社会竞争力。① 左停、苏武峥讨论了乡村振兴背景下的相对贫困治理,分析了相对贫困的表现形式,并指出 2020 年后治理相对贫困应重点从制度化建设、脱贫成效、发挥市场机制作用、激发贫困人口及贫困社区内生动力和推进与乡村振兴统筹衔接等方面入手。② 汪三贵、胡骏认为,缓解相对贫困不仅需要增加相对贫困群体的收入,还需要降低收入分配的不平等程度,提高相对贫困人口公共服务的可获得性和利用率,要围绕人民美好生活需求构建缓解相对贫困的政策体系。③ 李小云认为,应对相对贫困不再是"人海战""资金投入战",而要更多地依托经济发展、税收、公共财政以及公平就业机会等政策措施。④ 吴高辉、岳经纶从宏观、中观和微观三个层次思考了 2020 年后的相对贫困治理,提出:①构建城乡基本公共服务政策体系,以此作为防止返贫的宏观战略;②支持城乡社区治理与建设,持续改善社区综合环境与生活方式,以此作为消除贫困化的中观政策;③党建扶贫经验既是中国消除绝对贫困的重要经验,也充分凸显了加强基层党组织建设的引领作用,因此,加强基层党建是相对贫困治理的微观路径。⑤

从江门市治理相对贫困的实践经验来看,可以归纳为构建政府、市场、社会协同发力的整体性机制,发展基础设施、完善公共服务提供、筑牢社会保障兜底的发展性机制,充分激发和发掘贫困人口内生动力机制。

---

① 林闽钢:《相对贫困的理论与政策聚焦——兼论建立我国相对贫困的治理体系》,《社会保障评论》2020 年第 1 期。
② 左停、苏武峥:《乡村振兴背景下中国相对贫困治理的战略指向与政策选择》,《新疆师范大学学报(哲学社会科学版)》2020 年第 4 期。
③ 汪三贵、胡骏:《从生存到发展:新中国七十年反贫困的实践》,《农业经济问题》2020 年第 2 期。
④ 李小云:《全面建成小康社会后贫困治理进入新阶段》,《农村农业农民(B 版)》2020 年第 3 期。
⑤ 吴高辉、岳经纶:《面向 2020 年后的中国贫困治理:一个基于国际贫困理论与中国扶贫实践的分析框架》,《中国公共政策评论》2020 年总第 16 卷。

第一节 江门市相对贫困治理的整体性机制

2013年,中共中央办公厅、国务院办公厅印发的《关于创新机制扎实推进农村扶贫开发工作的意见》指出,当前和今后一个时期,扶贫开发工作要进一步解放思想、拓展思路、深化改革、创新机制,使市场在资源配置中起决定性作用和更好地发挥政府的作用,更加广泛、更为有效地动员社会力量,构建政府、市场、社会协同推进的大扶贫开发格局。政府、市场、社会协同发力是我国在解决绝对贫困实践中的经验总结。基于我国反贫困实践的这一基本经验,结合相对贫困问题的长期性、复杂性特征,江门市重点构建出"政府主导、市场促进、社会参与"的相对贫困治理整体性机制。

一、政府主导

社会秩序供给是政府存在的首要意义,这既是社会存在和发展的内在需求,也是人类对政府合理的目标期许。[①] 政府之所以能够承担起社会秩序供给这一重大责任,在很大程度上是由于其拥有相对于其他组织或机构的优势。这些优势可以归纳为两点:一是政策制定的合法性;二是强大的资源调配能力。而作为社会秩序供给的重要内容,减贫实践也充分体现了政府的优势。政府参与贫困治理能够增强其主导社会治理的合法性。经济发展可以为贫困治理提供条件,但经济发展本身并不能自发地解决贫困问题。随着贫富差距的扩大,以及贫困群体的不断增加,市场手段已经无法解决贫困问题,主张政府干预市场的理论逐步得到广泛的应用。在相对贫困治理的探索中,江门市各级政府作为贫困治理的主导力量和责任主体,针对贫困人口制定和实施了大量帮扶政策,投入了大量的帮扶资源,并为

---

① 贺东航、孔繁斌:《公共政策执行的中国经验》,《中国社会科学》2011年第5期。

第九章 江门市探索相对贫困治理长效机制的基本经验

保障帮扶成效制定了严格的监督考核体系。

（一）压紧压实责任主体

党的十八大以来，党中央和国务院将扶贫开发工作提升到治国理政的新高度，向贫困地区投入了更多的资源，促进贫困地区和贫困人口脱贫致富，实现稳定脱贫。自脱贫攻坚战打响以来，江门市始终坚持党政一把手负总责、分管领导具体抓的扶贫开发责任机制，不断提高政治站位，从思想上、行动上增强脱贫攻坚的责任感、紧迫感和使命感，坚决打赢脱贫攻坚战。

根据"省统筹、市负总责、县镇抓落实"的扶贫开发管理体制，为了进一步压实各级各部门脱贫攻坚责任，江门市先后出台了"三级结对""四级挂扶"责任机制，将脱贫攻坚责任落实到各级党委政府，落实到部门，落实到具体责任人。

一是选优配强基层扶贫干部队伍。建立了由市（中、省）直部门结对挂钩镇（街）、东部三区一市结对挂钩西部台（山）开（平）恩（平）三市、各市（区）落实派驻镇（街）帮扶工作组分片帮扶村（居）工作的"三级结对"扶贫工作机制。全市110个结对挂扶的市（中、省）直部门共派驻乡镇帮扶干部76人；另外，各市（区）结对单位派出驻镇干部103人，片区负责人134人，协调指导全市73个镇（街）开展精准扶贫精准脱贫工作。

二是压实抓党建促脱贫攻坚责任。建立了市、县、镇、村四级领导挂扶贫困户的"四级挂扶"工作机制，落实18位市领导为一级挂扶责任人，每人挂钩联系3～5个镇（街），实行贫困户脱贫责任包干，对应的市（区）、镇（街）、村（社区）相关负责同志分别为二、三、四级挂扶责任人，实行四级联动齐抓扶贫的工作机制。2018年，市县两级领导到结对挂扶镇（街）、村（社区）开展调研指导工作621人次，有效推动各项扶贫工作的落实。

同时，江门市各市（区）通过实施"基层党建促脱贫专项行动"，从配强队伍、建强组织、整合资源多方面入手，将基层党建与精准扶贫工作深度融合。例如，江海区通过"党建+头雁""党建+奖补""党建+培训"等系列"党建+扶贫"模式建设产业扶贫示范基地,走出了一条"村有产业、家有就业、人有事干"的脱贫攻坚新路子。鹤山市沙坪街道社会组织联合党支部以培育发展社会组织,通过社工干预的实务流程帮扶激发贫困户脱贫动机和行动的内发动力,促进救助对象的精准识别、精准介入和精准脱贫,为贫困户提供个性化的脱贫服务,借助社工助力补足农村社区的公共服务。

(二)加强政策支持力度

政策指引是指国家党政机关为了实现公共利益和体现政治意志,以明文规定的形式,对经济和社会的发展全局进行引导。自 2015 年 10 月 16 日习近平总书记在减贫与发展高层会议上提出"五个一批"① 脱贫措施后,发展生产脱贫、易地搬迁脱贫、生态补偿脱贫、发展教育脱贫和社会保障兜底脱贫成为全国各地常规化、制度化的扶贫手段。从政策支持的角度出发,江门市坚持从本地实际情况出发,科学合理地制定相关扶贫政策,不断提升扶贫工作人员的素质,强化监督问责机制,提高政策执行效能。

2013 年至 2020 年间,江门市委、市政府制订了四个纲领性的工作方案,分别是《江门市 2013—2015 年扶贫开发工作方案》(2013 年)、《关于统筹推进城乡扶贫开发的工作方案》(2014 年)、《关于新时期城乡精准扶贫精准脱贫的实施方案(2016—2018 年)》(2016 年)、《推进扶贫线与低保线"两线合一"长效帮扶机制三年扶贫行动方案(2018—2020 年)》(2018 年)。每个纲领性的工作方案都配套了若干个部门出台的政策方案,内容涉及教育帮扶、医疗帮扶、就业帮扶、社工帮扶、农村人居环境整治等帮扶政策(如表 9-1-1 所示)。

---

① "五个一批"是由习近平总书记在 2015 年 10 月首次提出的脱贫措施,具体是指发展生产脱贫一批、易地搬迁脱贫一批、生态补偿脱贫一批、发展教育脱贫一批、社会保障兜底一批。这些脱贫措施为打通脱贫"最后一公里"开出了破题药方。随后,"五个一批"脱贫措施被写入同年 11 月发布的《中共中央 国务院关于打赢脱贫攻坚战的决定》。

第九章 江门市探索相对贫困治理长效机制的基本经验

表 9-1-1 2013—2020 年间江门市出台的帮扶文件

出台时间	文件名称	出台时间	文件名称
2013 年	江门市 2013—2015 年扶贫开发工作方案	2016 年	关于印发江门市城乡居民精准扶贫精准脱贫医疗保障实施方案的通知
2013 年	江门市 2013—2015 年扶贫开发项目资金管理办法	2016 年	关于大力推进精准扶贫工作方案
2013 年	江门市教育扶贫开发专项方案	2016 年	关于就业创业精准扶贫整体行动方案
2013 年	江门市贫困村生活垃圾处理扶贫开发实施方案	2016 年	关于实施江门市技工院校精准技能扶贫行动的方案
2013 年	江门市 2013—2015 年"就业扶贫"工作实施方案	2016 年	江门市技能精准扶贫实施方案
2013 年	江门市贫困村生活垃圾收运处理设施建设指导意见	2016 年	江门市城乡居民精准扶贫精准脱贫医疗保障实施方案
2014 年	关于统筹推进城乡扶贫开发的工作方案	2016 年	江门市城乡居民精准扶贫精准脱贫医疗保障经办工作方案
2015 年	江门市 2015 年城镇扶贫工作方案	2016 年	江门市扶贫小额贷款管理办法（试行）
2015 年	新时期城乡精准扶贫相对贫困户申报工作方案	2016 年	关于底线民生精准扶贫精准脱贫三年攻坚的实施方案
2016 年	关于印发"千（万）义工助千户、百企扶百村、百医牵百村"实施方案的通知	2016 年	关于推进教育精准扶贫精准脱贫三年攻坚的实施方案
2016 年	关于新时期城乡精准扶贫精准脱贫的实施方案（2016—2018 年）	2016 年	关于我市水务精准扶贫精准脱贫的实施方案
2016 年	江门市 2016—2018 年城乡精准扶贫精准脱贫资金管理办法	2016 年	关于新时期妇女精准扶贫精准脱贫三年攻坚的实施方案

续表 9-1-1

出台时间	文件名称	出台时间	文件名称
2017 年	关于动态管理建档立卡贫困人口的工作方案	2019 年	关于印发江门市城乡居民精准扶贫精准脱贫医疗保障实施方案的通知
2017 年	关于建立"三级结对挂钩扶贫工作机制"的工作方案	2019 年	关于在脱贫攻坚三年行动中切实做好社会救助兜底保障工作的实施意见
2018 年	推进扶贫线与低保线"两线合一"长效帮扶机制三年扶贫行动方案（2018—2020 年）	2020 年	江门市推进消费扶贫的实施方案
2018 年	关于做好新时期精准扶贫精准脱贫资产收益扶贫工作的指导意见	—	—

（三）稳定资金投入水平

政府扶贫资金投入为减贫治理提供了多种途径，这些途径可分为直接途径和间接途径。直接途径是通过提供基础设施、公共服务和转移性收入等方式直接提高贫困人口的收入水平或降低其生产成本；间接途径是通过各种形式的政策和项目提高贫困人口的综合素质，进而提高贫困群体的农业生产效率，或增强贫困群体参与市场竞争的能力，最终增加贫困群体的收入水平。①

在不同类型扶贫资金的扶贫效率上，财政扶贫资金、扶贫信贷资金和以工代赈投向农村地区所带来的扶贫成绩是非常显著的。② 有研究进一步发现，以工代赈资金比扶贫信贷资金和财政扶贫资金的减贫成效要好得

---

① 罗知：《地方财政支出与益贫式经济增长——基于中国省际数据的经验研究》，《武汉大学学报》2011 年第 5 期。
② 蔡昉、陈凡、张车伟：《政府开发式扶贫资金政策与投资效率》，《中国青年政治学院学报》2011 年第 2 期。

第九章 江门市探索相对贫困治理长效机制的基本经验

多,前者在增加农村生产总值、提高农民人均收入水平上都比后两者要明显。[1]

此外,扶贫资金的使用方向不同,减贫的效率也有所差别,用于发展种养业的扶贫资金,不管是在促进贫困地区农户的收入水平,还是在增加农业生产总值和国民生产总值上,都要优于投向加工业、工业和其他方面的扶贫资金;[2] 而用于农村教育和农村卫生的财政扶贫支出对农村的减贫效果也是尤为显著的,农业科技的三项财政扶贫支出的减贫效果也是显著的,而专项扶贫资金只对绝对贫困的扶贫效果显著。[3] 政府的开发式财政扶贫资金对减贫的贡献要大于经济发展对减贫的贡献,人均GDP每增长1%,仅能提高0.09%的脱贫率,而财政资金每增长1%,却可以带来0.29%的脱贫率。[4]

在2016—2019年,江门市累计筹集市县两级扶贫资金4.7184亿元,其中市级资金3.6335亿元,县级资金1.0849亿元。截至2019年年底,资金已支出4.3458亿元,资金使用率达92.10%。其中,2019年筹集市县两级扶贫资金9681.62万元,已支出7446.67万元,扣减据实列支的精准医疗保障专项1549.29万元,资金支出进度为90.05%。扶贫资金重点用于贫困户的保障项目和造血型稳定增收项目的建设。2011—2017年江门市及江门市各市(区)扶贫资金项目支出情况见图9-1-1、图9-1-2。

---

[1] 朱乾宇:《政府扶贫开发资金投入方式与扶贫绩效的多元回归分析》,《中央财经大学学报》2004年第7期。
[2] 刘冬梅:《中国政府开发式扶贫开发资金投放效果的实证研究》,《管理世界》2001年第6期。
[3] 李盛基、吕康银、朱金霞:《财政支出、经济增长与农村贫困——基于1990—2008年时间序列数据的实证分析》,《东北师范大学学报》2014年第3期。
[4] 乔召旗:《扶贫政策、经济增长对中国扶贫工作的影响》,《云南社会科学》2009年第2期。

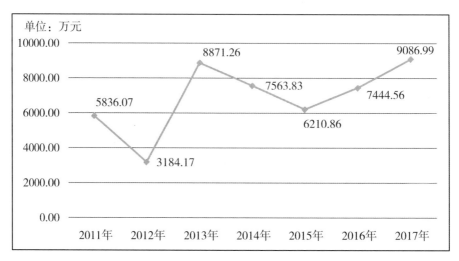

图9-1-1 2011—2017年江门市扶贫资金项目支出情况

数据来源：江门市扶贫办提供数据。

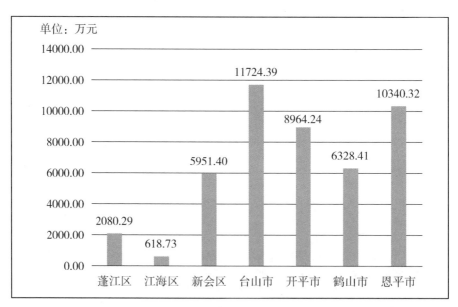

图9-1-2 2011—2017年江门市各市（区）扶贫资金项目支出情况

数据来源：江门市扶贫办提供数据。

第九章　江门市探索相对贫困治理长效机制的基本经验

（四）严格监督考核力度

为保证脱贫质量，确保扶贫资金能真正用在贫困户身上，江门市严格加强扶贫资金监管，坚决落实"项目跟规划走、资金跟项目走、监管跟资金走"的要求。2016年，江门市印发了《2016—2018年城乡精准扶贫精准脱贫资金管理办法》，明晰扶贫、财政和各市（区）等单位在扶贫资金使用方面的职责，建立起完善的扶贫项目立项、审批、实施、验收、评估等全过程管理制度，做到统筹全市扶贫资金年度使用计划，指导督促各市（区）选定扶贫资金重点使用投向，充分发挥扶贫资金最大效能。为规范各市（区）扶贫资金使用，江门市先后联合印发了《江门市扶贫资金项目资金公告公示实施细则》（2018年）、《江门市关于进一步加强市级扶贫资金使用管理的意见》（2019年）等系列文件，就加强扶贫资金使用管理提出明确的指导意见，进一步简化资金使用报账程序，有效地确保资金重点扶持产业、资产性收益、生产设施和公益性等477个项目建设，推动精准扶贫措施落实。

为确保扶贫资金能够发挥最大的效益，江门市加强项目指导，建立了一批长效脱贫产业项目，配套出台了《江门市关于新时期精准扶贫精准脱贫资产收益指导意见》（2018年），切实加强重点扶贫产业项目指导，提出了资产性收益项目实施的"十大"贯彻指导意见，促进"造血式"扶贫产业项目加快落地，资金早出实效，带动贫困户早日实现脱贫。切实加强项目支出绩效管理，注重资金使用绩效。牢记"花钱必问效，无效必问责"的理念，江门市各市（区）扶贫部门积极配合财政支农项目绩效评价工作，实施事前项目安排评价，事中跟踪项目实施评价，以及事后项目绩效自评，将项目绩效评价结果作为次年项目资金安排的最重要参考依据，提高财政资金使用效益。2018年12月，江门市扶贫办组织第三方开展2016—2018年江门市扶贫专项资金绩效评价项目，从资金投入、资金拨付、资金监管和资金使用成效等方面对三年扶贫专项资金进行了绩效评价，综合评价结果为优。

(五) 狠抓扶贫领域作风建设

扶贫领域作风问题，特别是形式主义、官僚主义问题，严重降低脱贫攻坚质量和效率，削弱贫困群体脱贫的信心，损害党和政府公信力，影响党中央决策部署的贯彻落实。江门全市各地各单位采取有效措施，集中解决扶贫领域"四个意识"不强、责任落实不到位、政策措施不精准、作风不严不实、资金使用管理不规范等突出问题，用扎实的作风建设成果确保各项扶贫政策措施全面落实。全市各级纪检监察机关深入开展扶贫领域腐败和作风问题专项治理，持续保持高压态势，坚持反腐惩恶和正风肃纪一体推进，把整治形式主义、官僚主义摆上更加重要的位置，坚决查处和纠正弄虚作假、急躁蛮干、消极拖延等问题，重点查处履责不力、监管不严、推诿扯皮，不作为、慢作为、乱作为等问题，以作风攻坚促进脱贫攻坚。

2017年以来，江门市各部门联动协作，开展"地毯式"排查，扎实推进扶贫领域监督执纪问责工作，各级纪检监察机关共排查出扶贫领域问题线索264条，立案55件。① 对扶贫领域排查出来的问题线索，进行优先查处。在排查中，江门市围绕脱贫攻坚"五个一批"工程，重点对扶贫资金分配、项目申报审批、检查验收等关键环节进行排查，对假公济私、贪污侵占、克扣挪用、优亲厚友等重点问题开展线索排查。2017年，开平市纪委组建5个排查小组，深入到下辖15个镇（街），走村入户开展"地毯"排查，不到一个月就走访了群众592户，发现问题98个，移交线索20条，立案13件。新会区纪委抽调30多人组成4个专项巡查组，深入全区11个镇（街、区），开展扶贫领域违纪违法行为专项巡查，排查问题线索126条，立案审查5件。台山市纪委紧盯扶贫资金的管理使用情况，聚焦十八大以来新时期城乡精准扶贫脱贫资金、危房改造资金等八大扶贫专项资金开展专项检查，抽调200多名干部进村入户，实地走访群众563户，发现扶贫领域问题170条，移交线索33条。

---

① 《压实责任精准打击扎实推进扶贫领域监督执纪问责》，2017年10月20日，http://www.gdjct.gd.gov.cn/nyzx/55755.jhtml? isWap=1，2021年6月11日。

第九章 江门市探索相对贫困治理长效机制的基本经验

> **案例9-1-1 江门市扶贫领域腐败和作风问题案例**
>
> 2019年以来,江门市各级纪检监察机关深化扶贫领域腐败和作风问题专项治理,排查扶贫领域违纪违法问题线索174条,立案128件,给予党纪政务处分149人,① 主要是对低保人员资格审核把关不严、导致低保资金被冒领、截留。
>
> 蓬江区环市街道办事处社会事务办主任马金年审核不严导致低保金被侵占。2015年至2017年7月,马金年负责低保户审核工作,不及时更新低保人员信息动态,对低保人员资格审核把关不严,导致环市街道有9名不符合低保资格的人员领取低保金,涉及金额5.66万元。2018年12月,马金年受到党内警告处分。
>
> 新会区双水镇社会事务办主任邓栋汉监管不严导致残专委补助经费被侵占。2012年至2017年,邓栋汉不认真履行工作职责,对村级残疾人专职委员资格审核不严,对残专委临时补助经费、残疾人基层组织建设工作经费发放情况监管不严,导致该镇多个村发生村干部冒领、截留或分占村级残专委工作补贴问题。2018年12月,邓栋汉受到党内警告处分。

二、市场促进

(一) 有效配置帮扶资源

在社会资源总量既定的情况下,要想优化社会治理效果,就要尽可能地将治理资源的效用最大化。达到这一目的的可行途径便是优化资源配置的手段。而与政府相比,市场是配置资源更为有效的手段。党的十八大报告指出,处理好政府和市场的关系,使市场在资源配置中起决定性作用。中国的扶贫实践证明,在政府强有力的指引和约束下,市场机制也能够在

---

① 戴惠甜:《江门市纪委监委通报4起扶贫领域形式主义、官僚主义典型问题》,2019年10月16日,http://static.nfapp.southcn.com/content/201910/16/c2712691.html?group_id=1,2021年6月11日。

扶贫领域将扶贫资源的效用最大化地发挥出来。

江门市充分发挥市场在扶贫资源配置中的决定性作用，全力打造广东省农产品加工示范区和大湾区农产品交易流通中心。2019年，新会陈皮产业园正式通过国家认定。同年，全国现代农业产业园推进会在江门市召开，国家农业农村部部长韩长赋、广东省省长马兴瑞对新会陈皮国家现代农业产业园建设经验给予充分肯定。到2020年，江门市新增创建3个省级、13个市级现代农业产业园，全市省级以上现代农业产业园增至6个。新会陈皮、开平家禽、台山鳗鱼、恩平丝苗米、江门水产等产业园的省级资金使用进度分别达100%、100%、92.74%、48.32%和66.99%，在全省领先，所有项目均按进度开工实施，部分项目已提前完成。

江门市大力推进"一村一品、一镇一业"，印发实施了《江门市"一村一品、一镇一业"实施方案》（2019年），并成功创建国家农产品质量安全市。目前，全市农产品区域公用品牌达48个，成功创建国家级示范村镇2个、省级专业镇2个、省级专业村33个。

案例9-1-2　新会区陈皮村推动一、二、三产业融合发展

新会区陈皮村以文化旅游为抓手，将一、二、三产业全域融合，以果为根，以果为本，实现一果多业，引领GAP种植，创立新会陈皮加工、仓储、鉴定标准，首创新会陈皮仓单交易与金融对接，服务于新会陈皮产业链各个环节，将特色农业与地区传统文化、现代科学技术、文化旅游、互联网、金融有机融合，切实推动了产业的转型升级，丰富了旅游文化内涵。在经济供给侧结构性改革补短板方面，陈皮村探索出一条富有成效的发展路径。在2016—2018年精准扶贫攻坚期间，陈皮村以"公司+专业合作社+基地+农户"模式，通过土地流转租用农户田地，引导贫困户种植新会柑，组织贫困户加入专业合作社，提供就业岗位帮扶贫困户实现就业等形式参与精准扶贫工作，并且公司向贫困户提供技术指导、产品采购，培育了一批家庭农场、手工作坊和小型商户。2016年至今，已扶持带动精准扶贫户及低收入家庭200多户300多人参与陈皮相关产业，主要从事新会柑种植、陈皮及柑普加工等工作，每户每年可增收1万多元，使有劳动意愿贫困户通过劳动实现脱贫致富。

第九章　江门市探索相对贫困治理长效机制的基本经验

> **案例9-1-3　开平市马冈镇打造具有本土特色的田园综合体**
>
> 马冈镇位于江门开平市西北部,人口共5.6万人,通过精准识别,纳入精准扶贫对象的有35户131人。为带动精准扶贫户实现稳定增收致富,马冈镇2016年依托开平市牛山龙生态农业开发有限公司建设马冈镇辣木产业扶贫基地。辣木产业扶贫基地以发展生态农业为主导方向,集辣木育苗、种植、生产、加工、销售、乡村农耕体验、休闲旅游娱乐和现代化校外科普为一体,打造本土特色田园综合体,连贯一、二、三产业。辣木产业扶贫基地通过资金入股基地获得固定收益,采取"公司+基地+农户"的模式,辐射带动农户发展生产。据统计,2018年1月,马冈镇已将第一期的分红收益合计17325元发放到各贫困户手中,平均每户得到分红收益693元;第二期的分红收益190575元在2018年的10月底前完成发放;第三期的分红收益190575元将会在2019年的10月底前完成发放。该项目完成后,平均每户可得到本金和红利15939元。目前,已有两名扶贫户在马冈镇辣木产业扶贫基地工作,月收入为2500元,实现稳定就业。

(二) 链接帮扶资源

相对贫困的治理不仅需要政府对扶贫机制做出相应的调整,也需要积极吸纳政府之外的其他贫困干预力量,充分发挥其优势,有效提升贫困治理的效率。实践证明,各种市场主体整合社会资源的能力不容忽视,尤其是企业整合资源的能力。由江门市工商联牵头,结合广东省的"万企帮万村"行动和本市实施的"百企扶百村"行动,动员了全市100家企业以签约结对、村企共建形式参与扶助100个相对落后的老区村。全市参与帮扶的商协会和企业达到126家,筹建项目库112个,所筹帮扶资金355万元,惠及100条老区村1300名贫困人口,各种社会资源的汇集产生了巨大的效能,解决了老区村行路难、饮水难等基础设施问题,改善了村内的生产生活条件,带动了老区村经济发展和贫困户脱贫增收。

案例9-1-4　恩平市打造"龙头合作社+基地+贫困户+就业"的马铃薯产业模式

2017年，恩平市投入20万元扶贫资金，打造以马铃薯种植为主的脱贫示范产业，建立起56亩马铃薯产业示范基地，通过"龙头合作社+基地+贫困户+就业"的产业模式开展产业帮扶，由丰江合作社提供种苗、日常管理技术培训、保价收购等服务，政府则为贫困户提供一定的政策性薯种补贴和金融免息贷款，帮助贫困户脱贫致富。随着马铃薯种植整体技术水平的不断提高，加之单位面积产量高、马铃薯市场环境成熟、加工产业链完整，其市场潜力巨大。在马铃薯产业示范基地的带头作用下，辐射周边镇（街），全市共75户贫困户参与种植马铃薯，总亩数达280多亩，其中50户贫困户通过种植马铃薯实现了脱贫。同时，各地合作社、种植大户为当地贫困对象提供大量的季节性就业岗位，共有330个贫困对象通过季节性就业增加了收入，真正实现了在"家门口"就业。而基地以"保底收益，盈利共享"的利益分配方式运行，参与的贫困户基本收益得到了保障，且较为稳定。2018年，马铃薯产业示范基地产量达5500斤/亩，收益达17.8万，项目参与贫困户26户，每户获得分红达2600元以上。

案例9-1-5　台山市汶村镇发挥渔业优势，打造光伏产业

台山市汶村镇具有较好的光资源条件，滩涂地条件十分适合建设渔业光伏项目。2016年，为了充分发挥地理优势，该镇积极引进江门广发渔业光伏有限公司，在九岗村打造水产经济光伏一体化基地，利用沿海滩涂地，规划建设广州发展台山500MW渔业光伏产业园。其中，50MW项目是该产业园的第一期工程，已于2017年6月投产并网发电。汶村镇光伏扶贫项目与江门广发渔业光伏有限公司合作，进行光伏产业扶贫项目建设试点，项目建设完成并网发电产生效益后，以分红的方式在约定期内向贫困户发放资产收益资金。该项目每年售电产生的收益由江门广发渔业光伏有限公司汇入汶村镇委镇政府专门设立的精准扶贫精准脱贫账户，并用于帮扶建档立卡贫困户，直至2020年完成精准脱贫工作。期满后，再对贫困户资格重新核定，进行动态调整。此项目在

> 2018—2020年共收回资金129万，可分配给汶村镇建档立卡贫困户55户190人每人每年2263元。之后9年（即2021—2029年）每年10万的投资收益，从精准扶贫精准脱贫账户转账汇入汶村镇镇委镇政府专门设立的镇扶贫助困基金账户并统筹管理，对符合帮扶条件的困难家庭或人员进行帮扶。通过光伏产业扶贫项目，可为汶村镇建档立卡重点帮扶对象55户190人实现稳定脱贫，并建立长效扶贫、脱贫机制。

三、社会参与

政府和市场作为扶贫开发的两大主体力量，先后在不同时期为减贫事业做出了巨大贡献。但随着扶贫开发进程的深入，也出现了"政府失灵"和"市场失灵"现象，社会力量在扶贫开发中的作用受到了越来越多的关注。社会参与扶贫有其突出的天然优势，主要体现在三个方面：一是委托代理关系更明确，问责制度更健全，监督体系更完善，能更好地规避政府扶贫在权利和义务上的不对称性；二是创新激励更充足，能更好地克服政府在扶贫中出现的对新机会和新问题不敏感、制度创新激励不足的问题；三是项目瞄准更科学更合理，扶贫资源使用的可持续性强，扶贫资金的渗漏率低，资源配置更有效。[①]

（一）专业社会组织帮扶

专业社会工作者是为贫困群众提供心理疏导、精神关爱、关系调适、能力提升等社会服务的新兴社会力量，在帮助贫困群众转变思想观念、树立脱贫信心、拓宽致富路径、提升自我脱贫能力等方面可以发挥独特作用。党中央、国务院十分重视社工组织在扶贫攻坚中的作用，《中共中央国务院关于打赢脱贫攻坚战的决定》（中发〔2015〕34号）、《国民经济和社会发展第十三个五年规划纲要》、《国务院关于印发"十三五"脱贫

---

① 共济：《新阶段社会扶贫体制机制创新》，中国农业出版社2012年版。

攻坚规划的通知》（国发〔2016〕64号）和《民政部、财政部、国务院扶贫办关于支持社会工作专业力量参与脱贫攻坚的指导意见》（民发〔2017〕119号）等文件，要求"实施社会工作专业人才服务贫困地区计划"，"制定出台支持专业社会工作和志愿服务力量参与脱贫攻坚专项政策"，大力支持社会工作专业力量参与脱贫攻坚工作。

江门市新会区政府通过购买社工服务探索出的"社工+扶贫"帮扶模式，充分发挥了社工组织在专业化和资源整合方面的优势，成功搭建起政府和扶贫对象之间沟通的桥梁。社工通过对扶贫对象需求的精准摸排，及时、准确地将政府相关的惠民政策向其进行介绍和推送；在帮助有劳动能力的人群就业时，充分体现了社工组织所具有的资源链接能力和个性化的服务特征。

案例9-1-6 新会区利用社工资源开展专业化帮扶工作

新会区社工组织每30户扶贫户配套1名专业社工人员，实现区域管理，使扶贫工作更加精细和精准。一是重新核实贫困户的档案信息。扶贫部门将民政、房管、交管、税收等部门掌握的贫困户信息提供给社工组织，由社工组织对贫困户的情况进行重新调查核实，将不符合标准的"贫困户"反馈给扶贫部门，由扶贫部门进行处理。二是按照贫困户的需求进行分类管理。社工组织详细评估贫困户的需求，并进行排序，先急后缓，采取相应帮扶措施。三是动态化管理。在服务过程中，社工组织对贫困户的需求状况和帮扶情况等信息进行更新，确保信息的及时性和准确性。四是提供专业化的服务。社工组织利用专业的理论和方法，通过个案交流改变贫困户的思想观念，开展有针对性的小组活动，或者利用节假日开展丰富多彩的社区活动，鼓励贫困户参与，帮助他们克服社会排斥，融入社会，增强贫困户的脱贫意识，挖掘其潜能和优势，提升其工作技能，增强其致富的内在动力和信心。截至2018年年底，新会区已实现脱贫912户2849人。项目根据贫困户家庭的实际需求，将912户贫困户分为四类管理，分别是因病致贫型、经济过度型、劳动力束缚型、认知缺乏型，针对不同的类型，分类施策，做到精准帮扶。

第九章 江门市探索相对贫困治理长效机制的基本经验

(二) 社会力量参与帮扶

社会力量涉足的领域广泛,在脱贫攻坚工作中,社会力量有着自身的独特优势,通过广泛动员社会力量的参与,江门市凝聚起社会力量参与治理相对贫困的合力。

1. 通过开展扶贫活动,强化社会资源链接

以"广东省扶贫济困日"和"10·17"全国扶贫日等活动为契机,2019年6月,江门市启动了以"决战脱贫攻坚,助力乡村振兴"为主题的全市性扶贫济困慈善活动。活动期间,全市设立10个扶贫济困、公益慈善类的定向认捐项目向社会筹款,共募集扶贫济困慈善公益善款折合人民币1.85亿元。所筹资金将定向用于农村贫困家庭技能培训、贫困家庭子女入学资助、贫困家庭创业就业扶持等精准扶贫项目。

2. 搭建扶贫产品销售平台,扩大农副产品知名度

积极推荐扶贫产品参加农博会、脱贫攻坚展及农民丰收节,推动参与消费扶贫各类主体的需求与江门市(协作崇左市)各地区特色产品供给信息精准对接,推广乡村特色美食及农作物。打造各地特色农产品品牌助推消费扶贫。借助创建农产品质量安全示范市机遇,主动将江门农产品质量安全整体提升与消费扶贫紧密结合,推动消费扶贫。目前,江门市贫困户生产的新会陈皮、杜阮凉瓜、恩平簕菜等名优特农产品,通过新型农业经营主体销售平台,顺利销售并实现增收。积极搭建消费扶贫创新创业基地。江门市"消费扶贫·江门行动"系列活动依托设在万达广场的首个"江门市消费扶贫示范基地"——"摩天农+"搭建超3000平方米扶贫产品展示销售平台,实现扶贫产品与市场的精准对接。

3. 发动社会力量参与教育扶贫

在恩平市圣堂镇政府的号召下,从2016年开始,道氏公司积极参与该镇教育扶贫工作,资助了当地9名品学兼优的寒门学子。据了解,自2014年以来,道氏公司累计投入近60万元用于公益事业,大部分用来支持教育事业。该公司采取一对一的帮扶模式,对受助者每人每年给予一定额度的资助,直到其大学毕业。目前,圣堂镇60户贫困户中的45名在读生,全部受惠于长期固定公司进行的一对一捐资助学。除道氏公司以外,已有圣堂镇个体劳协党支部、佛山市三水亿安劳动保护用品制造有限公司、星腾纺织有限公司、瑞龙生物能源科技有限公司、恩平市拓博建材有限公司等热心企业和社团组织参与圣堂镇的捐资助学行动，提供助学款合计41万元，有效解决了该镇贫困户子女的读书难问题，实现了"人人有帮扶、人人有学上、个个有技能、家家有希望"的目标。

案例9-1-7　江海区引入社会力量丰富帮扶力量

2017年，江海区发布了《江海区实现"小康路上一个都不能少"，全面结对、爱心帮扶实施方案》等政策，开始实施精准结对帮扶工作。相关政策试图发挥各职能部门力量，尤其是发挥区社会事务局民政部门与人社部门合署办公的优势，统筹就业救助、大病医疗救助、困难残疾人生活补贴等各类保障，以街道为主体，满足结对对象的需求为导向，村（社区）公共服务站精准扶贫服务为平台，村居干部、社工为辖区发动为主力，加上义工、志工的协助，发挥区、街、村（社区）三级慈善组织的合力，引入更多外部资源和社会力量共同参与。同时，对暂无社会力量介入帮扶的低保户家庭实行政府机关、事业单位、街道、村居干部结对的兜底，安排各街道、区直部门机关干部和事业单位工作人员实施结对帮扶。2013年起，江海区逐步构建起区慈善会、街道慈善会、村级慈善联谊会的三级慈善体系，实现了慈善组织城乡全覆盖，并开通了江海区慈善会网站、微信公众号等新媒体，使慈善信息传播更快捷、更透明。江海区以"大慈善"的精神为指导，先后整合慈善公益万人行与"扶贫济困日"两大活动，以"我为广东贫困人口捐多少"为目标，重点开展公益项目，包括"精准扶贫""情暖万家""敬老福星"等11个慈善公益项目。2018年，全区各级慈善组织共接收捐款3869.59万元，用于慈善公益支出2008.78万元，为近2.3万人次提供了援助和帮扶，资助公益慈善项目50多个，助力全区打响脱贫攻坚战，决胜全面建成小康社会。

第九章　江门市探索相对贫困治理长效机制的基本经验

第二节　江门市相对贫困治理的发展性机制

习近平总书记多次在重要会议与讲话上发表"贫困地区要提高基础设施和公共服务水平,全力保障和改善民生"[①]、"要保障和改善民生,坚持公共服务项目优先安排"[②]、"对没有劳动能力的特殊贫困人口要强化社会保障兜底、实现应保尽保"[③] 等重要论述。完善基础设施建设、保障公共服务供给、织牢社会保障兜底是江门市治理相对贫困的前提和基础。

一、完善农村基础设施建设

基础设施建设是地区经济发展的先行条件,也是影响贫困的重要因素。基础设施建设对减贫具有调节作用,大致从直接影响和间接影响两个方面来考虑。从直接影响来看,不同类型基础设施对贫困人口减贫的作用渠道不尽相同,农村基础设施水平的提高将有效地提升劳动要素流动的便利性,促进农业劳动力充分流动,非农部门的发展也极大地增加了对劳动力的需求,促进农业劳动力向非农产业转移,增加农村贫困人口收入渠道,从而减少农村贫困。从间接影响来看,一方面投资农村基础设施建设会直接促进国民生产总值的提高,另一方面农村基础设施建设所带来的乘数效应会间接带动其内部产业和与其紧密相关产业的产出增加,促进农村经济增长,经济增长会通过"涓滴效应"自动惠及贫困人口,从而使其收入增加,进而促进贫困减少。

江门市积极推进基础设施建设,坚持"开发式扶贫"政策的连续性。

---

① 习近平:《在黄河流域生态保护和高质量发展座谈会上的讲话》,《求是》2019 年第 20 期。
② 《六年后再赴甘肃,习近平总书记牵挂着这些事》,2019 年 8 月 23 日,http://cpc.people.com.cn/n1/2019/0823/c164113-31312222.html,2021 年 6 月 11 日。
③ 《习近平:在决战决胜脱贫攻坚座谈会上的讲话》,2020 年 3 月 11 日,http://dangjian.gmw.cn/2020-03/11/content_33638376.htm,2021 年 6 月 11 日。

一是 2019 年江门市全面完成交通运输部、广东省下达的整治"畅返不畅"路段任务 96.132 公里，改造农村公路危桥任务 17 座，行政村通客车率保持 100%，基本实现自然村村村道路硬化。二是全域推进自然村集中供水工程建设。江门市已实现集中供水的村（居）1095 个、自然村 10455 个，全域自然村集中供水率达 93.63%，3 个省级新农村连片示范建设工程内 20 户以上自然村集中供水覆盖率达 100%。三是全面实施中小河流治理。江门市中小河流治理二期完成治理河长 131.12 公里，超额完成省下达的 100 公里治理任务。四是全面完成农村电网改造升级工程。投资 3395 万元开展农村地区存量"低电压"治理项目 23 项，完成率 100%，基本完成农村地区"低电压"治理，农村供电可靠率、综合电压合格率、户均配变容量三项关键指标分别为 99.96%、99.998% 和 2.63 千伏安。五是落实信息基础设施建设。已实现行政村 4G 网络全覆盖、自然村 4G 网络覆盖率 94.6%，全省排第 13 名。六是实施农村物流建设发展规划。建设邮政包裹柜 52 组，智能快件箱 386 组，建成农村快递网点 166 个，实现县、镇、村物流服务网点全覆盖；与菜鸟物流网络合作，建设菜鸟驿站体系，服务农村区域物流，目前已有 31 家驿站开始运作，并在不断增长中。七是推进村卫生站规范化建设。完成省下达的 133 个村卫生站公建规范化建设任务，累计完成了 564 间村卫生站规范化建设，基本实现每个行政村建有 1 间公建卫生站并投入使用，完成全市 16 家紧密型医联体试点分院按二级医院标准建设。

二、提升公共服务供给能力

基本公共服务不均衡是考察收入和生活水平的变量，也是相对贫困问题产生的重要因素。从赋权和能力发展层面看，缩小城乡公共服务差距是相对贫困治理的重要内容。近年来，很多地方政府在公共服务领域实际上都开展了各种各样的探索，在政策、体制及方式方法上都在不断地创新；在坚持普惠性、保基本、均等化、可持续的大前提下不断地改革，以解决人民最关心最直接最现实的利益问题，提高公共服务共建能力和共享水平。

第九章　江门市探索相对贫困治理长效机制的基本经验

2011年1月14日，江门市人民政府印发了《江门市推进基本公共服务均等化实施方案（2009—2020年）》，明确提出到2020年江门全市基本建成覆盖城乡、功能完善、分布合理、管理有效，与经济发展水平相适宜的基本公共服务体系，并分为四个阶段推进，每一阶段都详细规定了具体的任务目标。2014年6月17日，江门市人民政府印发了《江门市全面深化基本公共服务均等化综合改革试点方案（2014—2015年）》，深入推进基本公共服务均等化综合改革试点工作。2016年，江门市《政府工作报告》中提出要深化大民政工作。同年8月正式印发了《江门市"大民政"综合保障体系建设"十三五"规划》。这一规划是政府创新社会管理、公共服务的重要依据，是未来五年江门市"大民政"工作发展的宏伟蓝图。2016年12月8日，中共江门市第十三次代表大会通过的《兴业惠民、治吏简政，为率先全面建成小康社会而努力奋斗》报告提出，未来五年的奋斗目标之一是明显增进民生福祉，就业、教育、文化、社会保障、医疗卫生等公共服务水平明显提高，实现基本公共服务均等化和社会保障城乡一体化。2017年，江门市《政府工作报告》中又明确提出"实事惠民，服务联动"的目标。党的十九大召开之后，江门市政府迅速组织召开学习十九大精神会议，再次强调要狠抓各项民生实事，确保高质量、如期完成任务，向群众交出一份优秀的答卷。《政府工作报告》多次提及要加大民生保障力度，提升公共服务供给能力，这足以说明公共服务供给的重要性。

在多项政策的支持和推动下，江门市委、市政府致力于改善公共服务供给现状，抓住民生服务重点，开创了一条特色与共性兼具的改革之路，形成了"统筹城乡、波次推进、清单管理、确保两底"的总体工作思路，并在这个思路的基础上形成了"全面推进与重点突破相结合"以及"抓关键式"的实施路径；同时，加大投入，强化统筹，构建了一套促进区域均衡发展的财政支撑机制。通过明确各级政府基本公共服务事权和支出责任，逐步提高基本公共服务支出比重，要求从2014年起每年市级新增财力的50%、县级新增财力的60%以上投入民生工程/项目。

2014年以来，江门市公共服务供给现状得到了很大的改善。一是覆盖全面、城乡一体，编织了一张底线民生服务网。城乡居民养老保险、医疗保障等10个专题基本公共服务在城乡间、区域间和群体间实现了全覆盖。城乡最低生活水平、五保户供养水平、医疗救助水平和孤儿保障水平都有大幅提升,低保、五保等人员可以免费参加基本医疗保险。二是立足精准、完善细节,构筑了一个具有"侨都"特色的公共服务体系。江门市推动"邑门式"行政服务改革,按"1+7+74+1324"模式,完成了"邑门式"服务大厅建设,并在全国率先建成地级市四级服务体系;创新精准扶贫模式,以"两个率先"在脱贫攻坚思路上和行动上先行一步。率先把城镇贫困户纳入扶贫范围,率先将扶贫工作与实行基本公共服务均等化相结合,通过开展"底线"服务,保障贫困人口基本生活。另外,城市公交、公园城市建设等都取得了显著成效。三是深化"大民政"工作。把"大民政"理念和要求与推进基本公共服务相结合,推动包括养老、社会组织参与、社区服务、社会救助体系以及政府购买服务、大民政信息化项目在内的"四个体系、两个项目"的顺利开展。其中,最具代表性的是江门的养老领域。江门市已初步建立起多层次的养老服务体系,政府逐步从养老服务市场退出,将社会资金引入养老服务领域,作为主要的参与主体。

三、完善社会保障体系建设

江门市社会保障兜底扶贫形成了涵盖社会救助、社会保险、社会福利、医疗保障、教育保障、住房保障等多方面的多层次社会保障体系,对兜底扶贫对象发挥了重要的保障作用。

一是织牢社会救助兜底保障网。对扶贫对象实行政策性保障兜底,将所有符合条件的家庭纳入低保范围,做到应保尽保。将符合条件的因病、因学、因残、因灾贫困人口家庭分别纳入就业救助、医疗救助、教育救助、灾害救助和住房救助。完善临时救助制度,保障因遭遇重大事故或突发重大疾病和其他社会救助制度实施后仍有严重困难的贫困人口的基本生活。

二是充分发挥社会保险化解风险的重要作用。将符合条件的兜底扶贫对象100%纳入社会保险覆盖范围,使其能及时便捷地享受基本养老保险和基本医疗保险待遇,实现"老有所养、病有所医"的社保扶贫目标。

第九章　江门市探索相对贫困治理长效机制的基本经验

三是发挥社会福利"锦上添花"的作用。完善适度普惠型儿童福利制度体系建设，全面落实残疾儿童、少年十五年免费教育及助学政策；加强农村留守儿童关爱保护工作等。完善以居家养老为基础、社区养老为依托、机构养老为补充的养老服务体系，成立扶贫赡养基金，探索互助养老扶贫新模式，实现兜底扶贫对象老有所养、老有所依。

> **案例9-2-1　江海区引入社会力量丰富帮扶力量**
>
> （1）家庭基本情况介绍。吕某（户主），62岁，鹤山市鹤城镇农村居民，从事清洁员工作，每月收入约为1500元；户主妻子精神二级残疾，患有癫痫，丧失劳动能力；户主大女儿智力三级残疾，被安排在公益性岗位上——巡河员，月工资1550元；户主女婿（大女儿的丈夫）在鹤山市和强工艺餐具有限公司务工，每月工资约2000元；户主二女儿做服务员，每月工资约2000元；户主小儿子智力一级残疾，完全丧失劳动能力。
>
> （2）低保救助情况。吕某家庭于2013年3月开始被纳入低保救助，2018年9月，在低保复核工作中，因家庭存款超标原因被取消低保救助。2018年11月，广东省民政厅、广东省财政厅、广东省扶贫开发办公室出台《关于在脱贫攻坚三年行动中切实做好社会救助兜底保障工作的实施意见》，当地民政部门与扶贫部门迅速行动，按照政策规定，对未脱贫建档立卡家庭中重度残疾人（含三级、四级精神和智力残疾人）、重病患者等完全丧失劳动能力和部分丧失劳动能力的相对贫困人口，经个人申请，参照单人户纳入低保救助范围。经排查，吕某家庭中妻子、大女儿、小儿子三人符合政策相关规定，于当月即纳入低保救助范围，进行政策性兜底帮扶，截至2020年3月，三人每月领取低保金合计1706元，其中基础低保金1026元，重残分类施保680元。三名对象重新纳入低保后，同时获得困难残疾人生活补贴（2019年为1980元/人年）待遇。2019年，民政部门通过完善困难残疾人生活补贴和重度残疾人护理补贴制度，将三、四级精神和智力残疾人也纳入重度残疾人护理补贴发放范围，逐步扩大政策覆盖面，使智力三级残疾的吕×梅与其他两名重残家庭成员一样，也能享受重度残疾人护理补贴待遇（2019年为2640元/人年）。2019年12月，《广东省最低生活保障家庭经济状

况核对和生活状况评估认定办法》正式实施，明确在低保认定工作中对残疾人、失能人员、重病或慢性病患者等特殊困难对象给予适当优待。结合政策实施情况和该家庭情况，现已组织对该家庭开展调查认定工作，若认定符合低保救助政策规定，将对该家庭所有家庭成员实施低保救助，切实做到应保尽保。

（3）医疗救助情况。2017年1月，为做好建档立卡精准帮扶对象的医疗帮扶工作，《关于印发江门市城乡居民精准扶贫精准脱贫医疗保障实施方案的通知》（江人社发〔2017〕16号）明确对建档立卡精准帮扶对象实施扶贫医疗保障，对住院和特定病种门诊给予全额报销；同时，按照医疗救助政策规定，对建档立卡精准帮扶对象参加城乡居民基本医疗保险给予全额资助。吕某家庭中，妻子、大女儿、小儿子三人均患有长期慢性病，持有《特定病种门诊专用证》（即绿卡），需长期服药治疗，扶贫医疗政策的实施使该家庭的医疗费用得到了有效的保障。自2016年被纳入精准帮扶以来，该家庭共产生各类医疗费用合计16.33万元，各项医疗保障政策救助帮扶15.46万元，其中医疗保险报销10.59万元，实施医疗救助3.47万元，扶贫医疗保障救助1.4万元，经救助后其家庭医疗费用实际自付0.87万元，实际救助比例达94.67%；与此同时，江门市在全市范围内推行医疗救助和医疗保险"一站式"结算工作，困难群众就医后仅需支付各项救助后的个人自付医疗费用，无须另行提交救助申请，相关医疗保障救助涉及的费用由医院垫付后与相关职能部门结算，避免了困难群众多次跑腿，切实减轻了困难群众的经济压力和心理负担。

第三节 江门市相对贫困治理的政策整合机制

一、目标群体的整合

在相对贫困治理过程中，江门市的一个重要创新是逐步实现了社会救

第九章　江门市探索相对贫困治理长效机制的基本经验

助制度与扶贫开发政策两项制度的政策目标群体的整合。2016 年,江门市从 2015 年城乡低保家庭 2.9 万户 6.1 万人中挑选出有劳动能力且愿意接受帮扶的 5097 户 16659 人作为城乡精准扶贫重点帮扶对象。在建档立卡贫困户脱胎于低保对象的情况下,江门市初步实现了政策目标群体的整合。江门市还充分考虑到了低保标准和扶贫标准的变化,将扶贫标准提高到城乡居民年人均可支配收入低于 6600 元(其中,台山、开平、恩平三市农村低于 5040 元),与江门市下辖的三区四市 2015 年城镇和农村低保标准保持一致,实现社会救助制度与扶贫开发政策两项制度的认定标准一致。

2017 年 5 月 25 日,江门市出台《江门市加快推进城乡低保制度与扶贫开发政策有效衔接的实施方案》。在对象衔接方面,提出要综合评估家庭贫困程度。即不仅考虑家庭收入和财产两个主要指标,还要适当考虑家庭成员因残疾、重病等增加的刚性支出因素。在标准衔接方面,该实施方案指出,要在 2018 年实现低保标准城乡一体化,2018 年后同步提高城乡低保标准与扶贫标准。在管理衔接方面,沿用了 2016 年分类施策的做法,也就是由扶贫部门负责帮扶有劳动能力且愿意接受帮扶的城乡低保家庭,并将其作为精准扶贫重点帮扶对象,而民政部门负责兜底管理无劳动能力或有劳动能力但不愿意接受帮扶的城乡低保家庭。

2018 年 3 月 13 日,江门市出台《关于推动扶贫线与低保线"两线合一"改革试点工作的实施方案》。该实施方案提出要对低保户、特困供养人员、扶贫户和低收入家庭等低收入群体实施"两线合一"城乡统筹扶贫,并且在实现"两线合一"后,不再区分低保户和贫困户,统称低收入人口。确立深化认定对象衔接的基本思路以后,2019 年,通过咨询政策专家团队,最终形成了统一识别低收入人口的《江门市城乡低收入人口识别指标体系》。《江门市城乡低收入人口识别指标体系》将低收入人口的认定指标区分为家庭收入、家庭结构、住房情况和生产生活资料多个贫困的维度,再根据城市与农村两个不同生活场景设置二级指标并对其赋值。在整合认定指标的基础上,江门市再根据其贫困发生率和财政承受能力,最终确定了统一的贫困线,进而实现了社会救助制度和扶贫开发政策两项制度的政策目标群体的贫困认定指标、贫困线的完全整合。

从家庭收入、家庭结构、住房情况和生产生活资料多个维度衡量帮扶对象的贫困程度，而非过去偏重收入维度衡量帮扶对象的贫困程度，减少了"保不应保"（错保）和"应保未保"（漏保）的可能，提高了政策目标群体识别的精准性。基于多维度的贫困识别指标体系，江门市也实现了精准把脉致贫、致困症结的目标。此外，采用新的贫困线后，在原低保对象、特困人员、建档立卡贫困户和低收入家庭之外，可以识别出收入略高于建档立卡贫困户的边缘人群，有助于推动制度帮扶的覆盖范围从原来的收入型贫困家庭扩展到支出型贫困家庭和贫困边缘家庭。

总体来看，江门市在整合政策目标群体过程中，通过逐步深化认定对象的衔接，从最初简单地从低保对象中挑选建档立卡贫困户，发展成为通过相对科学的、量化的、统一的认定指标认定贫困对象，破除了原社会救助制度和扶贫开发政策两项制度下的城乡界限和政策界限，实现了相对贫困治理中政策目标群体的整合。在这个过程中，江门市扶贫办与江门市民政局之间的跨部门合作是实现扶贫线与低保线"两线合一"的关键。正是因为有了两个部门的通力合作，才可能使得动态的低保标准与扶贫标准实现衔接。政策目标群体的整合还得益于两个部门按照同样的认定方法共同认定贫困对象，再根据两个部门帮扶政策的差异对共同认定的贫困对象实施差异化的政策供给。

二、帮扶政策的整合

相对贫困治理涉及诸多反贫困政策。其中，不仅有民政部门负责实施的社会救助制度，还有扶贫部门负责实施的扶贫开发政策，以及诸多职能部门基于自身职能实施的专项扶贫开发政策。庞杂的政策体系使得不同政策之间存在诸多交叉重叠之处，妨碍了不同政策间合力作用的发挥，也会造成行政资源的极大浪费。在探索相对贫困治理的长效机制的过程中，江门市一个重要的切入点是帮扶政策的整合。

虽然自2016年起江门市就开始探索实施扶贫线与低保线"两线合一"改革，但是其时缺乏整合社会救助制度与扶贫开发政策的具体思路，也没有对社会救助制度与扶贫开发政策两项制度可能衔接的地方做出判断。即

第九章　江门市探索相对贫困治理长效机制的基本经验

使在2017年和2018年江门市分别出台了《江门市加快推进城乡低保制度与扶贫开发政策有效衔接的实施方案》和《关于推动扶贫线与低保线"两线合一"改革试点工作的实施方案》，但是上述两个实施方案都没有指出如何将社会救助制度与扶贫开发政策两项制度有效衔接起来。

我们认为，江门市帮扶政策的真正整合开始于2019年其在按照同一认定方法统一认定低收入人口之后。因为如果民政部门和扶贫部门两个职能部门没有就其政策目标群体的认定达成一致，那么针对政策目标群体的帮扶政策不可能真正实现整合。换言之，在反贫困政策实施中，谁是贫困人口是居于先决性地位的。综观江门市针对相对贫困人口的政策整合，主要表现在以下两个方面。

第一，借助低收入人口大数据库推进帮扶政策的整合。前文已述，江门市构建的《江门市城乡低收入人口识别指标体系》是结合了家庭收入、家庭结构、住房情况、生产生活资料多个贫困维度建立的，所以基于这一指标体系建立的低收入人口大数据库可以呈现江门市贫困人口的致贫原因。以贫困人口的致贫原因来整合帮扶政策是其改善帮扶政策绩效的关键。相较于过去没有统一认定的帮扶对象下的政策帮扶，不同职能部门之间缺乏足够的信息共享，故而其在实施反贫困政策过程中不可避免地会出现政策重叠或者是政策空白的情况。

在建立低收入人口大数据库后，"对象库"与"政策库"已经对接起来，不同职能部门均可以在低收入人口大数据库上共享所有帮扶对象的致贫原因及其可享受的政策的信息。由此可见，江门市帮扶政策的整合的第一步是通过系统梳理既有的反贫困政策存量，确定不同反贫困政策的性质及其帮扶对象的类型，具体来讲就是针对何种致贫原因和何种类型的贫困群体，将其与开展入户调查搜集的贫困人口基本信息对接起来，从而实现既有帮扶政策的整合，改进了不同部门协同帮扶贫困人口的政策效率。

第二，探索"1+N"反贫困政策体系。在以往的反贫困斗争中，已经形成了复杂、庞大的反贫困政策体系，在低收入人口大数据库提供的信息共享条件下实现了一定程度的帮扶政策整合。但是，上述帮扶政策的整合实际上主要还是在反贫困政策的执行层面。江门市扶贫线与低保线"两线合一"改革的定位是为2020年以后的贫困治理提供示范性经验。那么，江门市要真正实现帮扶政策的整合，势必首先在政策制定过程中就体现出更高程度的整合，而非像以往不同职能部门单独制定反贫困政策导致政策体系可能的分裂。为此，江门市在探索实施扶贫线与低保线"两线合一"改革过程中，制订《江门市相对贫困人口帮扶改革实施方案》时就多次征求了不同职能部门的意见。

考虑到扶贫线与低保线"两线合一"改革涉及众多职能部门，可能会遇到诸多不可预测的障碍，江门市首先在恩平市实施了政策试点。在总结恩平市政策试点经验的基础上，再在全市制订《江门市相对贫困人口帮扶改革实施方案》。按照先试点再全面铺开的改革思路，恩平市的政策试点制定了低收入对象产业、就业、教育、健康养老、住房安全、救助供养和小额贷款七个方面的帮扶政策，与总体实施方案共同组成惠及低收入对象多方面帮扶需求的"1+7"帮扶政策体系，实现帮扶政策体系内部政策的整合。然后，江门市经征求有关横向部门的意见，最终形成了江门市相对贫困治理的总体实施方案和16项帮扶政策，在实现江门市相对贫困人口帮扶政策整合的同时，也实现了相对贫困人口帮扶政策的扩展。

综合来看，江门市在深化扶贫线与低保线"两线合一"改革过程中，首先是在政策执行层面针对已有的反贫困政策存量进行了政策整合，然后才是在政策制定层面，通过征询不同横向部门意见，以共同决策的形式制定新的反贫困政策体系，达到进一步整合帮扶政策的目的。由此可见，要对庞杂的反贫困政策进行整合，并不可能一蹴而就。即使江门市从政策制定和政策执行两个层面切入进行政策整合，也并不等于江门市的反贫困政策已经完成了帮扶政策整合。反贫困政策的整合一直都只有进行时而没有完成时，但如何实施反贫困政策整合尤为关键。

三、帮扶资源的整合

在政府主导、市场促进与社会参与的整体性机制下，我们认为江门市主要有行政资源、市场资源与社会资源三大类帮扶资源。

行政资源的整合主要有两种方式。

第一，借助信息化手段为帮扶资源的精准配置提供了决策依据。前文

第九章　江门市探索相对贫困治理长效机制的基本经验

已述，低收入人口大数据库包含"对象库"和"政策库"。其中"政策库"是江门市已有反贫困政策的集合，而不同部门反贫困政策的背后是帮扶资源的流动方向。在"对象库"和"政策库"两库合一，以及不同职能部门帮扶信息共享的情况下，帮扶政策整合后意味着与之有关的帮扶资源实现较高程度的整合。进一步从帮扶资源的最终流向来看，在"对象库"已经建立也就是低收入人口已经瞄准的情况下，不同职能部门基于开放共享的帮扶资源信息，能够获知相对贫困人口接受帮扶资源的具体情况，有利于不同的职能部门以此作为判断，实现更加高效的帮扶资源输送。

第二，虽然上述信息化手段有助于实现既有政策背后帮扶资源的整合，但是并不能改变既有政策帮扶资源本身碎片化的现状。换言之，过去不同职能部门基于自身业务实际制定的反贫困政策即使被整合，在政策帮扶的系统性层面仍然有改进空间。江门市探索制定的"1+N"反贫困政策体系正是为了解决这一问题。其中的"1"即总体实施方案，明确了不同职能部门在治理相对贫困中的工作任务，"N"即16项配套的多类型的帮扶政策，根据致困原因的不同，涵盖产业、就业、医疗、教育、住房、养老、康复、救助等多个专项帮扶领域。江门市通过制定"1+N"帮扶政策体系，将分散在各个不同职能部门的帮扶资源统筹安排，改变了过去"各自为政"的局面，实现了更高程度的帮扶资源的整合。

企业资源的介入是实现贫困人口长效脱贫和建立相对贫困治理的长效机制的关键。江门市主要通过政策补贴、政策优惠等形式整合企业资源参与治理相对贫困。以企业参与老区村的相对贫困治理为例，首先是在政府的引导下，鼓励企业主动参与治理相对贫困。将企业确定为帮扶方，老区村为帮扶对象，建立"一村一企业"联结机制。换言之，将企业与老区村挂钩，实施结对帮扶。然后，企业充分利用其自身优势和帮扶资源，与政府共同扶持老区村开展基础设施建设和改善老区村的生产生活条件。除了利用企业资源改善老区村居民的生活环境以外，江门市政府还通过政府补贴的形式，鼓励企业有限招录其对口的老区村的劳动力就业，对实现就业困难人员就业的企业给予相应的社会保险和岗位补贴。在企业帮扶老区村过程中，如果企业积极参与治理相对贫困，吸纳一定数量的建档立卡贫困劳动力稳定就业,将获得江门市财政、金融、税务等部门在企业项目贷款、税收等方面给予的优惠政策支持。

此外,在相对贫困治理过程中,江门市也有多重社会资源的介入。以整合社工和社会组织资源为例,江门市主要是通过政府购买服务的方式鼓励社工和社会组织参与治理相对贫困。在"扶贫干部、社工与贫困对象结对"的模式下,社工通过入户调查和电话访谈等方式了解贫困家庭的基本情况和贫困家庭的帮扶需求,向贫困家庭宣传政府出台的帮扶政策,将政府的帮扶政策与贫困家庭需求连接起来。以第四章提到的新会区社工扶贫"2112"模式[①]为例,政府在其中扮演的角色首先是向社工和社会组织购买服务并瞄准贫困家庭,社工则通过入户调查和电话访谈等方式识别出贫困家庭的基本情况和贫困家庭的帮扶需求,然后将其与政府已经出台的就业、创新、金融、产业、教育、救助等帮扶政策背后的帮扶资源进行链接,并将其反馈至政府部门。就帮扶资源而言,在上述社工扶贫"2112"模式作用下,社工和社会组织帮助贫困家庭获得了相应的政府部门的帮扶资源,还促进了爱心企业、社会机构、义工等其他帮扶资源与贫困家庭的对接,使得帮扶资源精准瞄准贫困家庭。

第四节　江门市相对贫困治理的内生动力机制

2013年11月3日,习近平总书记在湖南省湘西州考察座谈会上强调,"脱贫致富贵在立志,只要有志气、有信心,就没有迈不过去的坎"[②]。在党的十九大报告中,习近平总书记明确提出要"注重扶贫同扶志、扶智相结合"。贫困人口的内生动力对于精准扶贫的健康顺利开展和最终成效,

---

① "2112"模式指由2名扶贫人员(1名科级干部和1名社工)对口帮扶1户贫困家庭,每个季度扶贫人员与帮扶对象进行至少1次思想交流,完成基本服务和特色服务等2大类服务。
② 学习小组:《习近平考察湖南十八洞村你所不知道的那些细节》,http://politics.people.com.cn/n1/2018/1006/c1001-30326192.html,2021年12月23日。

第九章　江门市探索相对贫困治理长效机制的基本经验

对于真脱贫、稳定脱贫、可持续脱贫,具有十分重要的作用。①

国内学者在研究贫困人口缺乏内生动力的根源以及如何激发贫困人口内生动力上提供了丰富的文献资料。傅安国、张再生等对脱贫的内生动力进行了系统性解释,研究表明:一是消极的价值观、消极的自我观和被动脱贫的行为倾向是世代贫困个体的消极内生驱动力;二是作为社会心理动力的控制感缺失是引致世代贫困个体内生动力匮乏的重要诱因,而贫困个体缺少市场理性及扶贫的运动式治理可能是导致控制感缺失的外部肇因;三是家长亲职能力在家庭内部建设能力培植子代内生动力的过程中起着中间作用,即家庭内部建设能力可促进家长亲职能力的提高,进而激发子代脱贫的内生动力。② 王强基于 2014—2016 年中国农村困难家庭面板数据,探究了精准扶贫以来具有劳动能力的贫困群体脱贫内生动力情况及其影响因素。研究发现,贫困深度越深,其脱贫内生动力越低;陷入贫困时间越长,其脱贫内生动力越低;单纯提供资金补贴帮扶方式显著降低其客观脱贫内生动力,提供就业创业的积极帮扶能显著提升其主观脱贫能力。③

为保障脱贫质量,江门市建立了治理相对贫困的内生动力机制,重在挖掘培育典型,充分发挥典型案例的模范引领作用,激发贫困人口的就业主体能力及产业主体能力,改变贫困主体消极懈怠的态度,摆脱"等、靠、要"观念,实现真正意义上的高质量脱贫。

一、挖掘培育脱贫典型

所谓"扶志",就是要扶观念、扶思想、扶信心,改变贫困人口的精神面貌,激发他们脱贫致富的内生动力,帮助他们树立起追求美好生活的信心和勇气。④ 江门市借力基层党组织的先锋模范带动作用,发动帮扶干

---

① 薛刚:《精准扶贫中贫困群体内生动力的作用及其激发对策》,《行政管理改革》2018 年第 7 期。
② 傅安国等:《脱贫内生动力机制的质性探究》,《心理学报》2020 年第 1 期。
③ 王强:《贫困群体脱贫内生动力及影响因素研究——基于全国农村困难家庭 2014—2016 年面板数据的实证分析》,《云南民族大学学报(哲学社会科学版)》2020 年第 1 期。
④ 张志胜:《精准扶贫领域贫困农民主体性的缺失与重塑——基于精神扶贫视角》,《西北农林科技大学学报(社会科学版)》2018 年第 3 期。

部、驻村书记等对贫困人口耐心、细心地开展思想教育工作，引导他们树立脱贫致富的决心和信心。通过宣传脱贫致富的典型案例，让榜样现身说法，感染周边的贫困人口，激励其奋发图强。提升基层风貌，注重发挥村规的引领作用，促进民风持续向好。

（一）党做桥头堡，探索扶贫新模式

注重引领，发挥关键群体的引领作用。2018 年以来，台山市大力实施党建促脱贫攻坚专项行动，坚持党建领航，坚持重心下移，充分发挥基层党组织的战斗堡垒作用和党员的先锋模范作用。

首先，通过优化基层党组织设置，积极探索推行村民小组综合治理新模式，目前已建立村（居）民小组党支部 617 个，覆盖 4062 个村（居）民小组，切实将党的领导核心作用延伸到脱贫攻坚"最前线"。优化农村扶贫组织设置，推行"农村党组织+合作社+贫困户"模式，根据本地气候、土壤等特点，大力发展特色产业。其中，海宴镇永和村党委结合当地花卉种植特色，通过将村党委自有土地无偿租借给贫困户、成立工作社提供无偿技术援助和产后收购优惠等方式，每年为贫困户增加 4 万多元收入，目前已帮助 3 户共 12 人脱贫致富。

其次，坚持重心下移，建强脱贫攻坚"主力军"，充实一线扶贫工作队。在此方面，江门市的主要措施是：第一，配强村组干部队伍，实施"头雁"培育专项行动，按每个村不少于 7 名"两委"干部标准，建强农村扶贫工作队伍。第二，加强村组干部培训教育，依托镇街党校及各分教点，结合本地扶贫工作实际开展培训。如赤溪镇渡头村党委创建"扶贫工作坊"，成立党员服务队，促进贫困户每月每户增收近 1500 元。

最后，坚持典型引路，擦亮脱贫攻坚"探路灯"。如北陡镇党委联合社会各界建立北陡镇精准扶贫荔枝园，构建"政府+社会团体+贫困户"的扶贫新模式，通过定期举办荔枝节加强宣传，每年为荔枝种植户增收约 4 万元。水步镇茅莲村党总支则尝试和企业结对，携手将闲置的厂房打造成"扶贫车间"，将公司部分简单的包装业务转包给村里的低保户、贫困户、残疾人员等，有效地解决了 100 多名贫困人员的就业问题，人均年增收 1 万多元。原本村里在册的 40 户贫困户，有将近一半通过自己或子女

第九章　江门市探索相对贫困治理长效机制的基本经验

的劳动,摘掉了贫困户的帽子,而村集体的年经济收入也从原来的 5 万元翻了两番多,达到了 25 万元。

(二) 挖掘脱贫先进典型案例

江门市在全市范围内挖掘收集贫困人口脱贫先进典型案例,包括扶贫一线的典型事迹和自强不息的脱贫案例,经收集、整理,筛选出 11 个典型案例,印制成《江门市典型扶志扶智故事》。2019 年以来,江门市印制了《江门扶贫——精准扶贫江门在行动》《精准扶贫在江门——江门市城乡精准扶贫先进典型案例》等宣传画册派发至各地贫困户,让贫困户看看身边人是怎样做事、怎样脱贫的,激发贫困户内生动力,实现长效脱贫。

各市(区)每年树立脱贫致富先进典型案例,依托先进典型案例,打造"脱贫致富故事"宣讲团,开办脱贫攻坚先进事迹巡回报告会,并组织专家学者、道德模范、致富能手、第一书记等多个扶志宣讲团,一方面将党的好政策讲充分、讲透彻、讲明白,另一方面讲述自身脱贫致富事迹和心路历程。通过专家讲理论、干部讲政策、群众讲故事,让贫困户了解政策,学有榜样、赶有目标。

案例 9-4-1　蓬江区杜阮镇黄某积极脱贫,成为脱贫先进模范

精准扶贫对象黄某,是蓬江区杜阮镇村民,视力三级残疾,患有甲亢、心脏病,在家务农;妻子患有妇科病、风湿病,在镇内一工业区工作;大儿子是湖南某大学的在读本科生;小儿子在江门一职读大专。一家四口同住在 45 平方米的旧平房,人均居住面积不足 12 平方米,且屋顶出现裂缝,下雨天有严重渗水漏雨的现象,居住环境恶劣,亟须修葺改造。

2018 年年初,市政协主席到杜阮镇进行节前慰问,了解到黄某的情况后,指示要尽快落实对该户房屋改造的帮扶措施,并表示可以考虑从市政协支持该镇的扶贫专项资金中给予补助。该镇扶贫办迅速组织设计、工程施工队到现场进行勘察,提出为其原住房一楼整体翻新、更换老旧电线电路、旧屋瓦面修葺以及在房屋平台加建板层不锈钢隔热星瓦

> 式的方案，最大限度改善其居住环境。住房改造完成后，镇扶贫办又积极联系协调上级帮扶单位和企业家，给黄某赠送家用电器、家具和日常用品一批。
>
> 在帮扶期间，派驻杜阮镇的扶贫干部和扶贫办的工作人员多次与黄某交谈，商议如何用好自留地，如何提高蔬菜的种植技术、质量和产量，增加蔬菜的销售收入。工作人员还与黄某的大儿子促膝畅谈人生，从扶贫扶志的角度出发，指导他如何发挥自己大学生的优势，鼓励他好男儿志在四方、应立志报效国家，激发了其报名参军的主动性。
>
> 多渠道帮扶不仅大大改善了黄某一家的居住环境，还将其从"等、靠、要"和脱贫致富主体意识薄弱的错误思想行为中扭转过来，激发了他一家人强化自主意识、树立脱贫信心、提升致富本领、增强创业动力的主观能动性。目前，黄某的家庭收入稳定，大儿子于2017年考入湖南某大学就读本科，并于2018年参军入伍，现在贵州省武警七支队服役。据了解，他入伍一年来，刻苦训练、学习认真，军政素质过硬，各项训练科目均达优秀，并坚持做好人好事，帮助战友和驻地群众，获部队嘉奖3次，表扬多次。入伍前，他说自己曾放弃过，是政府的帮扶政策让他深深感受到：父亲老了，换来了他和弟弟的成长，家庭的希望靠的是自强不息，勇于克服一切困难。他表示，要努力学习更多知识和技术，争当一名优秀军人，回馈社会，回报政府的帮扶之恩。

习近平总书记强调，"要改进工作方式方法，改变简单给钱、给物、给牛羊的做法，多采用生产奖补、劳务补助、以工代赈等机制，不大包大揽、不包办代替，教育和引导广大群众用自己的辛勤劳动实现脱贫致富"。[①] 扶志可以真正激发出人自身的潜能，助其树立脱贫信心、提升致富本领、增强创业动力。

(三) 加强乡村文明建设，塑造良好乡村风气

江门市着力对贫困地区群众进行思想发动、感情沟通，精准满足贫

---

① 习近平：《在深度贫困地区脱贫攻坚座谈会上的讲话》，http://www.gov.cn/xinwen/2017-09/02/content_5222125.htm，2021年12月23日。

第九章　江门市探索相对贫困治理长效机制的基本经验

困群众精神需求，坚定改变贫困落后面貌的信心和决心，加强人文关怀，倡导文明健康的生活方式，激活贫困人口的内生动力。一是制定村规民约。各行政村可结合实际，制定符合社会主义新风尚的村规民约，以正确的价值观作为引导，推动形成良好的乡村风气。二是在相对贫困地区建立文化娱乐活动场所，设立农家书屋，定期开展脱贫致富榜样宣传讲座和相关农业技术专家的报告活动等，树立学习知识与培养技能的理念。三是结合脱贫先进典型案例，创作出一批教育意义强、群众喜闻乐见的地方戏、文艺小品、励志歌曲，通过下乡汇演和展播，潜移默化地改变相对贫困群众的思想观念。四是各行政村可将社会主义核心价值观、中华传统美德、村规民约、文明礼仪、脱贫标兵、道德模范等内容融入文化墙建设，采取国画、漫画、卡通画、书法等多种艺术形式，提振贫困人口的精神和斗志。

2019年，江门市1050个行政村实现先进综合性文化体育服务中心100%全覆盖，并且入选省首批"戏曲进农村"全覆盖试点，新会区成为第二批省级公共文化服务体系示范区。积极推进市、县、镇、村四级文明联创，文明村镇创建达标率达90%以上。修订完善村规民约的行政村完成率为92%，其中，省级连片示范村、问题村（社区）改造完成率均为100%。

二、激发产业主体能力

为了激发产业主体能力，江门市借鉴贵州省六盘水市的经验与做法，在农村实施了"三变"改革（资源变资产、资金变股金、农民变股东）。

一是将资源建设为资产，让沉睡的资源活起来。围绕盘活农村土地、资本、劳动力、技术等资源要素，江门市对农村资源进行核查清理、登记备案、评估认定，以股权形式入股企业、合作社、家庭农场等经营主体，聚集发展要素，激活发展潜能，推动农村加速发展。

二是将资金建设成股金，让分散的资金聚起来。在不改变资金使用性质及用途的前提下，将各级财政投入农村的发展类、扶持类等资金，量化为村集体或农民持有的股金，采取集中投入、产业带动、社会参与、农民受益的方式，集中投入企业、合作社、家庭农场等经营主体形成股权，按股份比例分享收益，提高资金的使用效益，形成农民稳定增收的长效机制。

三是将农民建设为股东，让增收的渠道多起来。农民自愿将个人的资源、资产、资金、技术等，入股经营主体，参与分红，成为股东。

> **案例9－4－2　鹤山市探索开展资产收益扶贫**
>
> 新时期精准扶贫工作中，鹤山市双合镇结合本地区的扶贫攻坚工作及农业产业发展的实际情况，借鉴贵州省六盘水市的经验做法，探索创新产业、"三变"与本地精准扶贫的有机结合，与辖区内发展规模大、经营状况好的鹤山市品自现代农业有限公司进行战略合作，打造"产业＋'三变'＋扶贫"的工作模式，努力探索出一条适合本地区实际的贫困人口长效脱贫之路。一方面，充分发挥鹤山市品自现代农业有限公司发展农业产业的辐射带动作用，采用"公司＋基地＋农户"的模式，发动双桥都村村民进行土地流转和整合；另一方面，探索扶贫资金变股金入股鹤山市品自现代农业有限公司，镇政府将每年获得入股资金的固定收益用来帮扶贫困户。

三、激发就业主体能力

（一）全方位了解贫困人口就业创业的意愿和能力

为了激发就业主体的能力，江门市对贫困人口的个人基本信息、转移就业情况、培训及技能情况、转移就业意愿等进行登记，按季度更新。一方面，依托市县职业培训机构，按照"因人施培、因产施培、因岗定培"的原则，采取定向、订单、定岗、联办、自办等方式，开展技能培训和创业培训。另一方面，根据本地重点行业和重点企业用工需求，对贫困人口的信息数据进行评估分类、双向匹配，精准向贫困人口发送用工信息。

第九章　江门市探索相对贫困治理长效机制的基本经验

案例9-4-3　恩平市开展常态化的就业扶贫

恩平市圣堂镇通过开展精准扶贫就业招聘会，前期多次组织镇政府工作人员深入各村居委会及精准扶贫对象户家中，详细登记精准扶贫对象户的就业创业意向，结合全镇精准扶贫对象户的求职需求信息，按照一户一结对的形式，凝聚村委干部、结对帮扶干部、劳动就业机构等各方智慧，结合精准扶贫对象户的从业经验和求职意向，科学精准化制订个性化的就业指导方案，积极引导精准扶贫对象户的就业态势呈现稳健化、技能化、多元化。在摸底调研精准扶贫对象户的就业创业信息基础上，实时反馈需求信息至镇劳动站，再由镇劳动站牵头对接用人需求单位，"送"岗位到家门口。

案例9-4-4　鹤山市打造"造血式"就业帮扶扶贫模式

鹤山市古劳镇自开展精准脱贫攻坚以来，充分利用辖区内工业厂企众多的有利条件，不断开拓创新，在探索以就业帮扶为主的"造血式"扶贫方面打出了精准的组合拳，贫困户脱贫成效显著。截至2018年年底，古劳镇建档立卡贫困户全部脱贫。该镇通过深入分析研究辖区内工业厂企众多的有利条件，选取"一企一校一组织"作为全镇打造精准扶贫就业孵化基地的主心骨。"一企"是指鹤山市雅图仕印刷有限公司，直接为贫困人口提供就业岗位；"一校"是江门雅图仕职业学校，为贫困家庭子女提供职业技术教育；"一组织"是指鹤山市仁爱社会工作综合服务中心，受委托参与专项扶贫，增强扶贫的效果，从而实现"就业一人、脱贫一家"，帮扶效果立竿见影。

（二）促进劳动力由"苦力型"向"技能型"转变

江门市以制造业、建筑业、服务业、农产品销售等就业容量大的行业用工需求为重点广泛开展培训。江门市充分发挥优势，依托广东厨艺技工学校，积极推进"粤菜师傅"工程，将"粤菜师傅"工程与打好精准脱贫攻坚战进行有机衔接，积极发动相对贫困人口参加"粤菜师傅"工程技能培训,并对参加技能培训的精准扶贫对象实行全免政策。项目通过专业人才培养、短期的职业培训、定点合作培训,辅之以对培训机构和培训对象的优惠政策,在职业技能获取途径上给予贫困户足够的便利,帮助贫困户培养就业技能。强化技能培训、提升贫困户就业能力是就业扶贫中的基础性工作。

> **案例9-4-5 多渠道开展就业创业技能培训**
>
> 以江门市江海区为例,江海区通过举办免费的技能培训班进村(居)活动,为扶贫对象提供"家门口"技能培训机会,并联合市职业训练指导中心开展免费技能培训,扶贫对象培训后能通过鉴定获得技能证书的,可按规定继续申请技能晋升补贴。
>
> 在恩平市,为切实解决贫困户就业创业难题,市人社局根据贫困户和社会发展需求,开设相应的职业技能培训,拓宽培训内容和形式,切切实实让贫困户都能学到一技之长,在帮助贫困户提升劳动技能水平的同时,又能有效解决"就业难""创业难"等问题,促使他们依靠自己勤劳的双手早日实现脱贫致富。

第十章 总结与讨论

第一节 总结：江门市相对贫困治理探索实践的价值

一、创新贫困人口识别方法，增进精准识别的科学性

建立解决相对贫困治理的长效机制，首先要解决的问题是如何识别相对贫困人口。在中国的政策情景下，何谓相对贫困并没有进入公共政策的辩论，也缺乏关于相对贫困的政策定义。虽然一些地方政府在政策文件中也使用了"相对贫困"的概念，但没有给予清晰的界定，也不是依据收入比例法而确立贫困规模，多数是根据高于国家标准的扶贫标准来界定相对贫困。[①] 简而言之，一般是把略高于绝对贫困标准作为相对贫困标准[②]。在江门市探索相对贫困治理的过程中，相对贫困是一个综合收入、生产和生活状况后，再结合地域贫困发生率而确定的相对贫困标准，符合这个标准的人群被视为相对贫困人口。

一般来说，识别相对贫困人口的过程涉及两个方面：第一，识别贫困人口的维度；第二，贫困人口的范围。江门市的具体做法是，首先使用家计调查法达到识别多维贫困人口的目标，再结合其财政承受能力确定贫困

[①] 李棉管、岳经纶：《相对贫困与治理的长效机制：从理论到政策》，《社会学研究》2020年第6期。

[②] 吴高辉、岳经纶：《面向2020年后的中国贫困治理：一个基于国际贫困理论与中国扶贫实践的分析框架》，《中国公共政策评论》2020年总第16卷。

发生率，进而确定区分贫困人口与非贫困人口的代理家计调查分数。从精准识别贫困人口的具体方法来看，江门市识别贫困人口的标准不再依赖单纯的收入维度，而是综合了贫困人口与贫困家庭的家庭结构、生产和生活资料和住房情况等多个可能导致贫困人口与贫困家庭贫困的维度，进而对每个维度设置不同的二级指标，再结合问卷调查数据对上述不同的贫困维度赋予权重，寻求贫困人口识别指标体系的优化。

根据贫困标准的变化调整贫困人口识别方法，从而达到精准识别的目标，是江门市探索相对贫困治理创新的一部分。进一步来看，在过去以收入维度作为单一维度识别贫困人口的过程中，收入的隐蔽性和动态性或者说不稳定性是地方政府精准识别贫困人口的一个挑战。在精准识别创新过程中，江门市采用的是一种与量化识别类似的思路，其在设置代理家计调查的指标过程中，遵循的是可观测原则和可证实原则。两项原则的叠加降低了精准识别过程中可能存在的过度主观性，使得基层工作人员掌握了一套操作性强的识别贫困人口的指标体系，不仅有利于减少精准识别中漏保和错保的可能，还有助于基层工作人员依据可靠的贫困信息来源判断谁更需要帮扶，避免了因不同部门的认知差异或者是不同基层工作人员自身的判断差异而引起的贫困人口认定的分歧。从这个意义上来说，江门市精准识别方法的改进，其意义不仅在于贫困人口识别机制本身的创新，也有助于政府不同职能部门间针对贫困人口的识别形成共识，进而对贫困人口实施更具针对性的帮扶措施，改善以往因贫困人口识别分歧导致的帮扶碎片化境况。

二、注重职能部门协同扶贫，提升精准帮扶的整体性

在政府内部，精准帮扶主体主要涉及多个职能部门，由扶贫部门推进的多项扶贫事务需要得到其他职能部门的支持。换言之，精准帮扶的成效与多部门合作状况紧密相关。然而，由于条块分割的行政管理格局和部门利益的存在，加之各职能部门、地方政府间沟通与协调机制的缺乏，扶贫政策难免政出多门，甚至相互冲突，各部门间责任推诿、相互扯皮等不良

现象也时有显现。①

为了提高多部门精准帮扶的成效，江门市通过整合不同职能部门的扶贫政策，应用互联网信息技术，建立相对贫困人口信息管理平台，对相对贫困人口进行统一管理。然后将相对贫困人口的致贫信息推送至相应的职能部门，打破了精准帮扶过程中的职能壁垒，改进了横向职能部门间的协同效率，推进了对相对贫困人口的精准施策，提升了地方政府实施贫困帮扶的政策效能。

从江门市利用大数据治理贫困的经验来看，基于相对贫困人口的"大数据"采集，分析相对贫困人口的致贫原因，进而为相对贫困人口提供个性化的扶贫项目，实现帮扶主体、帮扶政策和帮扶对象的精准对接和匹配，提高了精准帮扶的科学化、精细化和信息化，可以为有条件深化"互联网＋精准扶贫"的地区提供有益经验。

三、探索建立四大长效机制，保障贫困治理的有效性

在解决相对贫困人口的长效帮扶问题方面，江门市探索建立了整体性机制、发展性机制、政策整合机制和内生动力机制四大长效机制。整体性机制侧重政府、市场和社会间关系，强调政府、市场和社会治理贫困的边界。发展性机制的作用在于保障和改善相对贫困人口的生存基础和发展条件。政策整合机制强调通过政策整合提高政策效率。内生动力机制注重激发相对贫困人口的脱贫动力，助推相对贫困人口实现"我要脱贫"的目标。

第一，整体性机制强调形成"政府主导、市场促进和社会参与"三位一体的贫困治理模式。政府主导强调政府作为贫困治理的主导力量，将相对贫困治理的责任落实到各级党委政府和具体责任人，针对贫困地区和相对贫困人口制定和实施行之有效的帮扶政策，并通过提高扶贫资金投入水

---

① 何植民、陈齐铭：《精准扶贫的"碎片化"及其整合：整体性治理的视角》，《中国行政管理》2017 年第 10 期。

平，促进扶贫资金投入途径的多样化，以及加强扶贫资金监管等措施确保政策支持落到实处。

建立市场促进机制的目标在于借助市场机制的作用优化扶贫资源配置。在江门市实施"百企扶百村"过程中，形成了"公司＋专业合作社＋基地＋农户""公司＋基地＋农户"等多种促进相对贫困人口脱贫的帮扶模式。社会参与的意义在于弥补相对贫困治理中可能存在的政府失灵与市场失灵。江门市的一个重要创新是实施"社工＋扶贫"的帮扶模式，支持专业社会工作者和志愿服务力量参与相对贫困治理。

第二，发展性机制是江门市探索相对贫困治理过程中形成的另一个长效机制。它由完善基础设施建设、保障公共服务供给和织牢社会保障兜底三个部分组成，旨在促进和保障民生水平。通过加强道路硬化、供水、河流治理、电网改造、网络建设、物流建设、卫生站等多项基础设施建设，为相对贫困人口的生产与发展建立了有利的环境条件。江门市还缩小了城乡基本公共服务供给的不平衡，建立了与经济发展水平相适宜的基本公共服务体系，形成了涵盖社会救助、社会保险、社会福利、医疗保障、教育保障、住房保障等多方面的多层次社会保障体系，为相对贫困人口提供了稳定的兜底保障。

第三，政策整合机制是江门市探索相对贫困治理过程中的重要创新。通过创新相对贫困人口识别方法，使用量化的、多维度的指标体系统一认定相对贫困人口，将社会救助制度与扶贫开发政策下的不同贫困人口整合起来，再根据不同的致贫原因，给予相对贫困人口相应的帮扶政策和帮扶资源，使得不同职能部门间的政策协同改进成为可能。

第四，基于内源式发展理念，内生动力机制意在增强相对贫困人口依靠自身力量提升生活水平和谋求发展的内生动力；江门市借力基层党组织的先锋模范带动作用，通过党建扶贫、挖掘脱贫先进典型案例、乡村文明建设等方式提升了相对贫困人口的内生动力；还通过推行"三变"改革（资源变资产、资金变股金、农民变股东）激发了产业主体发展能力；以及通过强化技能培训，促进劳动力由"苦力型"向"技能型"转变。

第二节　讨论：走向更具整体性的相对贫困治理

一、从重视绝对贫困治理转向缓解相对贫困治理

党的十九届四中全会首次提出，"坚决打赢脱贫攻坚战，巩固脱贫攻坚成果，建立解决相对贫困的长效机制"。党中央适时提出我国贫困治理将从绝对贫困治理转向缓解相对贫困，是基于我国贫困形态变化的正确研判。那么，面对新的贫困形态，如何实施相对贫困治理呢？我们认为，以下几个方面应是未来推进相对贫困治理的重点。

第一，重视多维贫困治理。江门市探索相对贫困治理的一个重要创新是将贫困治理的重心由收入贫困治理转向了多维贫困治理。与从单一收入维度不同，多维贫困强调除了收入贫困维度以外，还需要考虑其他维度的贫困，最终形成一种综合多个维度的相对贫困标准。① 多维贫困的思想来源于森定义贫困时采用的可行能力视角。不过，江门的经验显示，在政策实践中应遵从"收入＋多维"贫困识别的检验，即在收入贫困的基础上兼顾多维剥夺取向，而不是直接采取发达国家常用的相对贫困和剥夺指标。② 结合目前全国大部分地区处于从绝对贫困治理转向相对贫困治理的过渡期来看，我们认为，可以先从常见的因学致贫、因残致贫、因病致贫等入手，加大社会政策制定与执行过程中对贫困人口的教育、健康、医疗的重视。目前，部分发达省份已经开始注意到这些方面，并出台了相应的政策以阻断贫困，例如广东省民政厅实施的低保治理改革，只不过这些政策目前还只是针对低保对象和低保边缘群体，没有将其政策目标群体的范围扩展开来。

---

① 王小林、冯贺霞：《2020年后中国多维相对贫困标准：国际经验与政策取向》，《中国农村经济》2020年第3期。
② 林闽钢：《相对贫困的理论与政策聚焦——兼论建立我国相对贫困的治理体系》，《社会保障评论》2020年第1期；王小林：《贫困测量：理论与方法》，社会科学文献出版社2017年版。

第二，重视人力资本的培育。贫困人口之所以难以走出贫困陷阱，很重要的一个原因是缺乏摆脱贫困的能力。因为他们本身就是被社会发展这台高速运转的离心机甩到边缘的群体。重视人力资本的培育不仅有助于提升贫困人口走出贫困陷阱的可能，还有利于社会在转型过程中不至于产生更多的贫困人口。既有研究表明，实现人力资本的培育有多条途径。例如，重视教育阻断代际贫困的作用，或借鉴在欧洲热议的"工作导向福利"等。[1] 我们认为，有条件的地区可以参考江门市全阶段教育帮扶的经验，对贫困家庭从九年义务教育到普通高等教育全学段给予生活费和免学费资助。

第三，重视公共服务的作用。我国以"运动式"扶贫推动的反贫困斗争取得了举世瞩目的成就。但是，"运动式"扶贫也产生了诸多问题，其中最为显著的是"悬崖效应"。我国贫困人口的致贫状况集中表现为因病致贫、因老致贫、因残致贫、因学致贫，以及地区自然条件恶劣导致生产困难等方面。一般而言，当政府为其所有公民提供较高质量的医疗保障、养老保障、教育保障、基础设施建设等公共服务时，上述贫困问题应会得到极大缓解。同时，将"运动式"扶贫转向扶贫与公共服务供给相结合，并且以完善公共服务供给为重心，也有助于避免政策目标群体和非政策目标群体间因政策干预导致的生活境况和社会心态的差异。将重心转移至改善公共服务供给，还有助于发达地区走出"找穷人"的尴尬境地。

但是，我国长期以来基本公共服务发展不足，且递送不均衡，社会救助制度不得不扮演超越其能力的作用，不堪重负。[2] 换言之，社会救助制度甚至说扶贫开发政策承担了过多本来应由基本公共服务发挥的功能，社会救助制度、扶贫开发政策与基本公共服务三者间的关系需要得到调整，而其中最重要的一项变化就是要让基本公共服务发挥更大的作用，而不是让社会救助制度与扶贫开发政策承担过多超出其能力范围的功能。从2011年开始实施基本公共服务均等化，到积极探索全面深化基本公共服务均等

---

[1] 李棉管、岳经纶：《相对贫困与治理的长效机制：从理论到政策》，《社会学研究》2020年第6期。

[2] 岳经纶：《香港社会救助制度的发展及其对中国内地的借鉴》，《暨南学报（哲学社会科学版）》2017年第7期。

化综合改革试点，江门市一直致力于改善公共服务供给现状。在这个过程中，江门市形成的"全面推进与重点突破相结合"的实施路径及其构建的促进区域均衡发展的财政支撑机制，极大地改善了基本公共服务供给不均等和不充分的问题。

第四，重视兜底保障的作用。任何一个社会都不可能没有穷人，在发达国家，其贫困发生率甚至高达10%以上。这其中有贫困标准的影响，但是也启示我们绝对贫困人口是不可能消失的。当贫困人口无法凭借自身努力走出贫困陷阱时，一项正义的制度理应发挥作用。这就需要兜底保障继续发挥政策干预作用，将底层绝对贫困人口纳入政策保障范围，使其能够相对体面和有尊严地生活。这其中有一个争论是兜底保障是否会产生过多的福利依赖对象。我们认为，在其他反贫困政策的干预作用下，兜底保障的贫困人口可能不会太多。与之有关的财政支出也不太可能超出政府的财政支出范围。虽然从政策瞄准效率的角度上讲并不理性，但是，从社会稳定的角度上讲，这并非完全不理性的政府行为。

从江门市的情况来看，它的兜底保障形成了涵盖社会救助、社会保险、社会福利、医疗保障、教育保障、住房保障等多方面的多层次社会保障体系，对兜底扶贫对象发挥了重要的保障作用。我们认为，江门市将兜底保障贫困人口融入常态化运行的社会政策措施中，实际上是一种强调发展型救助的政策理念，它在保障相对贫困人口最低生活水平的同时，还有助于开发并提升个体及其家庭发展能力，实现扶贫开发政策体系与社会救助制度体系从"保障型"帮扶向"发展型"帮扶转变。

二、强化社会救助与脱贫攻坚有效衔接

社会救助与脱贫攻坚（精准扶贫）是我国反贫困斗争取得胜利的两种重要驱动力。但是，在政策实践中，这两股力量并没有得到很好的衔接。最为典型的是，一些地方政府比较粗暴地将所有低保对象纳入建档立卡贫困户，或者将建档立卡贫困户全部纳入低保对象。再以两项制度衔接中最为基础的对象衔接为例，大部分地区均没有实现两个部门的数据共享。部门间数据壁垒的存在，不仅使得两个部门无法掌握该地区精准的贫困人口

信息，还使得两项制度在执行过程中出现较为明显的政策叠加现象，极大地损害了反贫困政策整体的干预效果。我们认为，至少可以从以下几个方面来推进当前社会救助制度与扶贫开发政策的衔接。

第一，认定标准与认定对象的衔接。从江门市建立低收入人口识别指标体系的过程来看，认定标准和认定对象的衔接关键是由民政部门和扶贫开发部门按照同一认定标准共同确定贫困对象。两个部门先按照同一认定标准共同认定贫困对象，然后再按照有无劳动能力，对不同类型的贫困对象实行分部门管理。从党中央对巩固脱贫攻坚成果的要求来看，防止已脱贫对象返贫和关注存在致贫风险的边缘贫困群体，内在地要求了两个部门要具备贫困人口数据共享的基础。长远来看，两个部门共同认定低保对象和扶贫对象，有利于克服长期以来因部门分治导致的贫困人口管理混乱的问题；可以在解决"帮扶谁"的问题的同时，为两个部门乃至所有参与反贫困工作的政府部门以及其他社会主体提供基础。

第二，管理衔接和政策衔接。无论是在社会救助实践中，还是在扶贫开发政策实践中，民政部门和扶贫部门实际上都扮演着牵头部门的角色，具体的政策措施落实除了需要两个部门外，还需要多个横向部门的配合才可以完成。例如，社会救助制度中，不仅有民政部门负责实施的特困人员供养制度、低保制度、低收入家庭政策等，教育救助、医疗救助、就业救助、住房救助等专项救助政策还需要依靠教育部门、医保部门、人社部门、住建部门等其他职能部门实施；扶贫政策中的危房改造、就业帮扶、教育帮扶、医疗帮扶等也是如此。

两项制度不仅在政策构成上具有诸多相同的地方，在其政策实施过程中涉及的职能部门也有交叉。这就为两项制度的管理衔接和政策衔接提供了空间。江门市的做法是利用互联网技术，建立相对贫困人口信息管理平台。该平台包含相对贫困人口的"数据库"与"政策库"。"数据库"不仅有利于江门市掌握其辖区内相对贫困人口的情况，还有助于江门市对相对贫困人口实施动态监测，实现两项制度在政策目标群体管理层面的衔接。"政策库"是不同职能部门反贫困政策的汇总。江门市将所有的反贫困政策汇总导入相对贫困人口信息管理平台，然后根据"数据库"中相对贫困人口的贫困特征或者说是致贫原因予以匹配相应的反贫困政策，提高了反贫困政策衔接的有效性。

我们认为,在当前无法实施机构整合的情况下,江门市上述的做法是一个比较折中的促进管理衔接和政策衔接的形式。其他地区可以通过优化或整合自身已经建立的贫困人口数据管理系统来增进贫困人口的管理效率和帮扶贫困人口的政策效果。对于有条件的地区,也可以通过合署办公的形式,邀请横向部门和地方政府领导参与成立与贫困治理有关的联席会议小组。在促进民政部门和扶贫部门两个部门管理衔接的同时,通过联席会议小组讨论和部署重要政策的落实,从而增强两个部门实施反贫困政策的整体性。

第三,统筹社会救助制度和扶贫开发政策在城乡间均衡施策。当前社会救助制度实施的一大特点是城市社会救助制度不断发展完善,但是农村社会救助制度的发展相对滞后。而扶贫开发政策主要是针对农村地区,城市地区则没有扶贫开发政策。乐观地看,两项制度在城乡间形成了互补,但实际上这也正是两项制度的短板。江门市早在2016年就开始探索实施城乡统筹扶贫,而不只是在农村地区开展扶贫。在后续的政策创新过程中,借助统一低保标准和扶贫标准,对城乡贫困对象实施差异相对较小的帮扶,促进了城乡实施反贫困政策的均衡,也对增进城乡融合和减少城乡差距起到了一定作用。我们认为,在后续政策改进过程中,不应再延续当前的城乡分治模式,而是应深化以贫困对象为政策中心,形成更具整体性和均衡性的贫困治理政策体系。

附 录

附录1　2019年江门市城镇低收入对象识别指标体系

收入部分：1个指标；家庭结构部分：7个指标；住房情况：5个指标；生活资料部分：13个指标。共计：26个指标。具体见下表。

一级指标	二级指标	初始分值	加分项	扣分项	满分	最低分
1. 收入差额 [0, 10]（1个指标）	收入差额=共同生活的家庭成员月人均可支配收入-江门市最新城乡最低生活保障标准①	0	收入差额=0，得0分； -100≤收入差额<0，得1分； -200≤收入差额<-100，得2分； -300≤收入差额<-200，得3分； -400≤收入差额<-300，得4分； -500≤收入差额<-400，得5分； -600≤收入差额<-500，得6分； -700≤收入差额<-600，得7分； -800≤收入差额<-700，得8分； -850<收入差额<-800，得9分； 收入差额=-850，得10分	—	10	0

① 江门市最新城乡最低生活保障标准按850元计算。

续表

一级指标	二级指标	初始分值	加分项	扣分项	满分	最低分
2. 家庭结构 [0，45] （7个指标）	必得/扣全分项	0	按重度残疾人（包括失能人员）与共同生活的家庭成员总数比例计分：比例＝1，该维度得满分45分	按具备劳动能力人员与共同生活的家庭成员总数比例计分：75%＜比例≤100%，该维度得0分；50%＜比例≤75%，得－22.5分，并继续计算以下指标得分	45	0
	具备劳动能力人员比例	12	按具备劳动能力人员与共同生活的家庭成员总数比例计分：比例＝0%，得0分（即得该项指标原始分12分）	按具备劳动能力人员与共同生活的家庭成员总数比例计分：0%＜比例≤25%，得－6分；25%＜比例≤50%，得－12分	12	0
	重度残疾人（包括失能人员）比例	0	按重度残疾人（包括失能人员）与共同生活的家庭成员总数比例计分：0%＜比例＜50%，得6分；50%≤比例＜1，得12分	—	12	0

续表

一级指标	二级指标	初始分值	加分项	扣分项	满分	最低分
2. 家庭结构 [0, 45] （7个指标）	子女就读情况	0	学前 = 2 分/人；小学生 = 1.5 分/人；初中生 = 1 分/人；中专生、职高生 = 2 分/人；普通高中生 = 1.5 分/人；大专生、本科生 = 3 分/人	—	6	0
	特定病种患者数量	0	四类特定病种患者 = 2 分/人；三类特定病种患者 = 3 分/人；二类特定病种患者 = 4 分/人；一类特定病种患者 = 5 分/人	—	7	0
	住院费用（个人自付部分）	0	0 < 去年家庭住院费用总和 ≤ 1000，得 0.5 分；1000 < 去年家庭住院费用总和 ≤ 2000，得 1 分；2000 < 去年家庭住院费用总和 ≤ 3000，得 1.5 分；3000 < 去年家庭住院费用总和 ≤ 4000，得 2 分；4000 < 去年家庭住院费用总和 ≤ 5000，得 2.5 分；	—	6	0

续表

一级指标	二级指标	初始分值	加分项	扣分项	满分	最低分
2. 家庭结构 [0, 45] (7个指标)	住院费用（个人自付部分）	0	5000 < 去年家庭住院费用总和 ≤ 6000，得3分；6000 < 去年家庭住院费用总和 ≤ 7000，得3.5分；7000 < 去年家庭住院费用总和 ≤ 8000，得4分；8000 < 去年家庭住院费用总和 ≤ 9000，得4.5分；9000 < 去年家庭住院费用总和 ≤ 10000得5分；10000 < 去年家庭住院费用总和 ≤ 11000得5.5分；去年家庭住院费用总和 > 11000，得6分	—	6	0
	赡养/抚养/扶养义务人数	0	共同生活家庭成员对共同生活家庭成员以外的人有赡养/抚养/扶养义务=1分/每1名共同生活家庭成员以外的人	共同生活家庭成员以外的人对共同生活家庭成员有赡养/抚养/扶养义务= -1分/每1名共同生活家庭成员以外的义务人	2	-2

续表

一级指标	二级指标	初始分值	加分项	扣分项	满分	最低分
3. 住房条件① [0，27]（5个指标）	必得/扣全分项	0	出现以下情况，该维度得满分27分：①无房；②只租赁1套房屋；③借住私房，没有其他房屋	出现以下情况，该维度得0分：①有1套自建框架（钢筋混凝土）房（4层及以上）；如果属于该房屋类型，但房屋产权为部分自有，则不扣分；房屋类型按照"自建框架（钢筋混凝土）房（3层及以下）"计算得分 ②租赁2套及以上房屋 ③有2套及以上房产 ④有1套房产和租赁1套房	27	0

① 如自有房屋危险性鉴定等级被评为C级、D级，则不计入房屋数量。

续表

一级指标	二级指标	初始分值	加分项	扣分项	满分	最低分
3. 住房条件 [0, 27] (5个指标)	房屋类型	0	自建泥砖房、简易房=16分；筒子楼、自建砖混房=8分；90年代前建成的商品房=4分；自建框架（钢筋混凝）房（3层及以下）、90年代后建成的商品房=0分	—	16	0
	人均房间数量（除了洗手间和厨房外的房间数量）	0	不足1间=3分；1~2间=0分	2间及以上=-2分	3	-2
	客厅地板	0	木地板、瓷砖、（中高档）石材=0分；水泥、青砖=1.5分；土、石=3分	—	3	0
	墙壁	0	装修且没有明显破损=0分；装修但破损严重=1.5分；未装修=3分	—	3	0
	厕所	0	独用=0分；几户合用=1.5分；公用厕所=2分	—	2	0

续表

一级指标	二级指标	初始分值	加分项	扣分项	满分	最低分
4. 生产资料和生活资料 [0，18]（13个指标）	摩托车（含电动摩托车）	18		有 = -4 分/辆	0	-18
	做饭用的主要燃料			煤气（液化气、天然气）、太阳能、电 = 0 分；沼气、煤炭 = 2 分；柴草/不做饭 = 4 分	—	4	0
	电视		没有 = 2 分；电视尺寸总和≤40寸，得 = 0 分	40 寸 < 电视尺寸总和≤60 寸，得 -4.5 分；电视尺寸总和 > 60 寸，得 -9 分	2	-9
	国外品牌热水器		没有 = 0 分	有 = -4 分	0	-4
	空调		没有 = 2 分；空调制冷量总和≤5000W，得 = 0 分	5000W < 空调制冷量总和≤7500W，得 -4.5 分；空调制冷量总和 > 7500W，得 -9 分	2	-9
	冰箱		没有 = 2 分；冰箱容积总和≤160 升，得 = 0 分	160 升 < 冰箱容积总和≤ 260 升，得 -4.5 分；冰箱容积 > 260 升，得 -9 分	2	-9

续表

一级指标	二级指标	初始分值	加分项	扣分项	满分	最低分
4. 生产资料和生活资料 [0，18] （13个指标）	洗衣机	18	没有=2分；有1台波轮洗衣机=0分	有滚筒洗衣机=得-2分/台；有2台及以上波轮洗衣机=得-2分/台（从第2台开始计分）	2	-18
	微波炉		没有=0分	有=-2分/台	0	-18
	饮水机		没有=0分	有=-2分/台	0	-18
	电脑		没有=0分	有=-3分/台	0	-18
	接入宽带		没有=0分	有=-2分	0	-2
	高档乐器		没有=0分	有=-9分/件	0	-18
	组合音响		没有=0分	有=-9分	0	-9

附录2 2019年江门市农村低收入对象识别指标体系

收入部分：1个指标；家庭结构部分：7个指标；住房情况：7个指标；生产资料部分：6个指标；生活资料部分：14个指标。共计：35个指标。具体见下表。

一级指标	二级指标	初始分值	加分项	扣分项	满分	最低分
1. 收入差额 [0, 10]（1个指标）	收入差额 = 共同生活的家庭成员月人均可支配收入 − 江门市最新城乡最低生活保障标准①	0	收入差额 = 0，得0分； −100 ≤ 收入差额 < 0，得1分； −200 ≤ 收入差额 < −100，得2分； −300 ≤ 收入差额 < −200，得3分； −400 ≤ 收入差额 < −300，得4分； −500 ≤ 收入差额 < −400，得5分； −600 ≤ 收入差额 < −500，得6分； −700 ≤ 收入差额 < −600，得7分； −800 ≤ 收入差额 < −700，得8分； −850 < 收入差额 < −800，得9分； 收入差额 = −850，得10分	—	10	0

---

① 江门市最新城乡最低生活保障标准按850元计算。

续表

一级指标	二级指标	初始分值	加分项	扣分项	满分	最低分
2. 家庭结构 [0, 41] (7个指标)	必得/扣全分项	0	按重度残疾人（包括失能人员）与共同生活的家庭成员总数比例计分：比例＝1，该维度得满分41分	按具备劳动能力人员与共同生活的家庭成员总数比例计分：75%＜比例≤100%，该维度得0分；50%＜比例≤75%，得－20.5分，并继续计算以下指标得分	41	0
	具备劳动能力人员比例	8	按具备劳动能力人员与共同生活的家庭成员总数比例计分：比例＝0%，得0分（即得该项指标原始分8分）	按具备劳动能力人员与共同生活的家庭成员总数比例计分：0%＜比例≤25%，得－4分；25%＜比例≤50%，得－8分	8	0
	重度残疾人（包括失能人员）比例	0	按重度残疾人（包括失能人员）与共同生活的家庭成员总数比例计分：50%≤比例＜1，得12分；0%＜比例＜50%，得6分	—	12	0

续表

一级指标	二级指标	初始分值	加分项	扣分项	满分	最低分
2. 家庭结构 [0，41] （7个指标）	子女就读情况	0	学前＝2分/人；小学生＝1.5分/人；初中生＝1分/人；中专生、职高生＝2分/人；普通高中生＝1.5分/人；大专生、本科生＝3分/人	—	6	0
	特定病种患者数量	0	四类特定病种患者＝2分/人；三类特定病种患者＝3分/人；二类特定病种患者＝4分/人；一类特定病种患者＝5分/人	—	7	0
	住院费用（个人自付部分）	0	0＜去年家庭住院费用总和≤1000，得0.5分；1000＜去年家庭住院费用总和≤2000，得1分；2000＜去年家庭住院费用总和≤3000，得1.5分；3000＜去年家庭住院费用总和≤4000，得2分；4000＜去年家庭住院费用总和≤5000，得2.5分；	—	6	0

续表

一级指标	二级指标	初始分值	加分项	扣分项	满分	最低分
2. 家庭结构 [0, 41] （7个指标）	住院费用（个人自付部分）	0	5000＜去年家庭住院费用总和≤6000，得3分；6000＜去年家庭住院费用总和≤7000，得3.5分；7000＜去年家庭住院费用总和≤8000，得4分；8000＜去年家庭住院费用总和≤9000，得4.5分；9000＜去年家庭住院费用总和≤10000得5分；10000＜去年家庭住院费用总和≤11000得5.5分；去年家庭住院费用总和＞11000，得6分	—	6	0
	赡养/抚养/扶养义务人数	0	共同生活家庭成员对共同生活家庭成员外的人有赡养/抚养/扶养义务＝1分/每1名共同生活家庭成员外的人	共同生活家庭成员外的人对共同生活家庭成员有赡养/抚养/扶养义务＝－1分/每1名共同生活家庭成员外的义务人	2	－2

267

续表

一级指标	二级指标	初始分值	加分项	扣分项	满分	最低分
3. 住房条件① [0，22] (7个指标)	必得/扣全分项	0	出现以下情况，该维度得满分22分：①无房 ②只租赁1套房屋 ③借住私房，没有其他房屋	出现以下情况，该维度得0分：①租赁2套及以上房屋 ②有2套及以上房产 ③有1套房产和租赁1套房	22	0
	房屋类型	0	框架（钢筋混凝土）楼房=0分；一层框架（钢筋混凝土）房=2.5分；砖混房=5分；泥砖房或简易房=10分	—	10	0
	外墙	0	油漆/涂料（没有明显破损）、瓷砖（没有明显破损）=0分；油漆/涂料（破损严重）、瓷砖（破损严重）、抹灰、石米=1分；未装修=2分	—	2	0

① 如自有房屋危险性鉴定等级被评为C级、D级，则不计入房屋数量。

续表

一级指标	二级指标	初始分值	加分项	扣分项	满分	最低分
3. 住房条件 [0，22] （7个指标）	大门	0	不锈钢门＝0分；铁门＝1分；木门/无门＝2分（如果有多扇大门，则看材质最好的那扇大门的情况）	—	2	0
	人均房间数量（除了洗手间和厨房外的房间数量）	0	2间及以上＝0分；1～2间＝1分；小于1间＝2分	—	2	0
	客厅地板	0	木地板、瓷砖、（中高档）石材＝0分；水泥、青砖＝1分；土、石＝2分	—	2	0
	墙壁	0	装修且没有明显破损＝0分；装修但破损严重＝1分；未装修＝2分	—	2	0
	厕所	0	手动冲水＝0分；没有冲水/无厕所＝2分	自动冲水＝-1分	2	-1

续表

一级指标	二级指标	初始分值	加分项	扣分项	满分	最低分
4. 生产资料 [0，13] （6个指标）	人均农业经济作物（如果树）种植面积5亩以上	13	否＝0分	是＝扣此维度所有分值（即扣13分）	13	0
	人均林地面积10亩以上		否＝0分	是＝扣此维度所有分值（即扣13分）		0
	人均耕地面积5亩以上		否＝0分	是＝扣此维度所有分值（即扣13分）		0
	人均水产养殖面积0.5亩以上		否＝0分	是＝扣此维度所有分值（即扣13分）		0
	猪、牛、羊等大牲畜10头以上或家禽存栏100只以上		否＝0分	是＝扣此维度所有分值（即扣13分）		0
	动力大于25马力的机械设备		否＝0分	是＝扣此维度所有分值（即扣13分）		0

续表

一级指标	二级指标	初始分值	加分项	扣分项	满分	最低分
5. 生活资料 [0，14] （14个指标）	家中有无固定生活用水水源	14	有＝0分；没有＝4分	—	4	0
	做饭用的主要燃料		煤气（液化气、天然气）、太阳能、电＝0分；沼气、煤炭＝2分；柴草/不做饭＝4分	—	4	0
	摩托车（含电动摩托车）		没有＝0分	有＝－4分/辆	0	－14
	电视		没有＝2分；电视尺寸总和≤40寸，得＝0分	40寸＜电视尺寸总和≤60寸，得－3.5分；电视尺寸总和＞60寸，得－7分	2	－7
	国外品牌热水器		没有＝0分	有＝－4分	0	－4
	空调		没有＝0分	0匹＜空调制冷量总和≤5000W，得－3分；5000W＜空调制冷量总和≤7500W，得－5分；空调制冷量总和＞7500W，得－7分	0	－7

续表

一级指标	二级指标	初始分值	加分项	扣分项	满分	最低分
5. 生活资料 [0,14] (14个指标)	冰箱	14	没有=2分；冰箱容积总和≤160升，得0分	160升<冰箱容积总和≤260升，得-3.5分；冰箱容积总和>260升，得-7分	2	-7
	洗衣机		没有=0分	有波轮洗衣机=-2分/台 有滚筒洗衣机=-3分/台	0	-14
	微波炉		没有=0分	有=-2分/台	0	-14
	饮水机		没有=0分	有=-2分/台	0	-14
	电脑		没有=0分	有=-3分/台	0	-14
	接入宽带		没有=0分	有=-2分	0	-2
	高档乐器		没有=0分	有=-7分/件	0	-14
	组合音响		没有=0分	有=-7分	0	-7

附录3 江门市城乡低收入人口政策分流框架设计

低收入人口政策分流框架体系主要划分为儿童及妇女政策、困难及特困供养政策、低保政策、教育政策、残疾人政策、就业扶持政策和其他政策七大类,作为系统中的接入端口分类界面。每一大类里面又具体划分了不同的人群标签,作为系统中的受惠对象标签说明,方便二次入户能根据受助对象进行界面选择,确定受助对象享受政策适用范围。为避免政策重复,课题组将受助对象的标签进行简化和整合,并根据不同部门进行梳理。低收入人口政策分流框架设计如下表所示。

接入端口分类界面	政策文件依据	政策代码	主要牵头负责部门	受惠对象标签说明
儿童及妇女政策	关于2017年开展"先心病"项目摸查的通知	1	江门市妇女联合会	儿童
	江门市关于加强农村留守儿童关爱保护工作的实施方案	2	江门市妇女联合会	儿童
	2018年"爱心父母"招募书	3	江门市妇女联合会	儿童
	关于加强困难妇女儿童救助帮扶工作的意见	4	江门市妇女联合会	儿童及妇女
	关于做好2018年贫困妇女"两癌"救助工作的通知	5	江门市妇女联合会	妇女
	关于做好2017年援建单亲特困"母亲安居房"工作的通知	6	江门市妇女联合会	妇女
	江门市"困难妇女儿童帮扶"项目捐赠资金管理办法	7	江门市妇女联合会	妇女

续表

接入端口分类界面	政策文件依据	政策代码	主要牵头负责部门	受惠对象标签说明
儿童及妇女政策	江门市妇联关于新时期妇女精准扶贫精准脱贫三年攻坚的实施方案	8	江门市妇女联合会	妇女
困难及特困供养政策	江门市基本医疗保险管理办法（江府办〔2017〕47号）	9	江门市人力资源和社会保障局	特困供养人员
困难及特困供养政策	江门市大病医疗保险实施方案（江人社发〔2016〕519号）	10	江门市人力资源和社会保障局	特困供养人员
困难及特困供养政策	江门市人民政府办公室关于印发《江门市临时救助实施办法（试行）》的通知（江府办〔2015〕36号）	11	江门市民政局	困难及特困供养人员
困难及特困供养政策	关于印发《广东省困难群众医疗救助暂行办法》的通知（粤民发〔2016〕184号）	12	广东省民政厅	特困供养人员
困难及特困供养政策	江门市人民政府关于印发《江门市医疗救助暂行办法》的通知（江府〔2017〕26号）	13	江门市民政局	特困供养人员
困难及特困供养政策	关于印发《进一步加强医疗救助与城乡居民大病保险有效衔接工作方案》的通知（粤民发〔2017〕194号）	14	广东省民政厅	特困供养人员
困难及特困供养政策	关于下发《关于江门市提高特困供养人员基本生活标准的公告》的通知	15	江门市民政局、财政局	特困供养人员

续表

接入端口分类界面	政策文件依据	政策代码	主要牵头负责部门	受惠对象标签说明
困难及特困供养政策	关于进一步健全特困人员救助供养制度的实施意见（粤府〔2016〕147号）	16	广东省民政厅、财政厅	特困供养人员
	广东省社会救助条例——特困人员供养	17	广东省民政厅	特困供养人员
	江门市基本医疗保险特定病种门诊补助范围和待遇标准	18	江门市卫生和计划生育局、民政局	特困人员
低保救助	江门市基本医疗保险管理办法（江府办〔2017〕47号）	19	江门市人力资源和社会保障局	低收入、低保家庭成员
	江门市大病医疗保险实施方案（江人社发〔2016〕519号）	20	江门市人力资源和社会保障局	低收入、低保家庭成员
	关于贯彻落实广东省城乡居民基本养老保险实施办法的意见（江府〔2015〕14号）	21	江门市人力资源和社会保障局	低保和残疾家庭
	江门市人民政府办公室关于印发《实施江门市市区低收入家庭优惠措施》的通知（江府办〔2016〕26号）	22	江门市民政局	低保和残疾家庭
	江门市人民政府办公室关于印发《江门市临时救助实施办法（试行）》的通知（江府办〔2015〕36号）	23	江门市民政局	低保和残疾家庭
	江门市人民政府关于印发《江门市医疗救助暂行办法》的通知（江府〔2017〕26号）	24	江门市民政局	低保和残疾家庭

续表

接入端口分类界面	政策文件依据	政策代码	主要牵头负责部门	受惠对象标签说明
低保救助	关于印发《进一步加强医疗救助与城乡居民大病保险有效衔接工作方案》的通知（粤民发〔2017〕194号）	25	广东省民政厅	低保和残疾家庭
	关于下发《关于江门市提高城乡最低生活保障标准的公告》的通知	26	江门市民政局	低保和残疾家庭
	广东省最低生活保障申请家庭经济状况核对及认定暂行办法（粤民发〔2014〕202号）	27	广东省民政厅	低保和残疾家庭
	广东省社会救助条例——最低生活保障	28	广东省民政厅	低保家庭成员及特困人员
	广东省社会救助条例——医疗救助	29	广东省民政厅	低保家庭成员及特困人员
	广东省社会救助条例——教育救助	30	广东省民政厅	低保家庭成员及特困人员
	广东省社会救助条例——住房救助	31	广东省民政厅	低保家庭成员及特困人员
	广东省社会救助条例——临时救助	32	广东省民政厅	低保家庭成员及特困人员
教育政策	广东省教育厅关于实施学前教育资助制度的通知（粤教基函〔2012〕63号）、关于印发《江门市实施学前教育资助制度实施方案》的通知（江教发字〔2012〕30号）、转发《广东省财政厅、广东省教育厅关于调整完善学前教育资助政策》的通知（江财教〔2016〕2号）	33	广东省教育厅、江门市教育局	学前教育家庭经济困难儿童

续表

接入端口分类界面	政策文件依据	政策代码	主要牵头负责部门	受惠对象标签说明
教育政策	印发《关于资助普通高中困难家庭学生的实施办法》的通知（江委办〔2008〕64号）	34	江门市教育局	普通高中家庭经济困难学生
	广东省人民政府关于进一步完善城乡义务教育经费保障机制的通知（粤府〔2016〕68号）	35	江门市教育局	义务教育困难学生
	转发关于印发《关于广东省普通高中家庭经济困难学生国家资助工作实施意见（试行）》的通知（江财教〔2011〕34号）、转发《省财政厅、省教育厅、省人社厅关于调整普通高中和中职教育国家助学金政策》的通知（江财教〔2015〕103号）	36	江门市教育局	普通高中家庭经济困难学生
	关于贯彻扩大中等职业教育免学费政策范围进一步完善国家助学金制度的实施意见（江财教〔2013〕123号）、转发《关于调整中等职业教育免学费政策》的通知（江财教〔2016〕63号）、转发《省财政厅、省教育厅、省人社厅关于调整普通高中和中职教育国家助学金政策》的通知（江财教〔2015〕103号）	37	江门市教育局	中职家庭经济困难学生

续表

接入端口分类界面	政策文件依据	政策代码	主要牵头负责部门	受惠对象标签说明
教育政策	关于印发《江门市建档立卡家庭经济困难学生精准资助工作实施方案》的通知（江教发字〔2018〕1号）	38	江门市教育局	建档立卡家庭经济困难学生
残疾人政策	江门市基本医疗保险管理办法（江府办〔2017〕47号）	39	江门市残疾人联合会	精神和智力残疾人；重度残疾及重病患者
残疾人政策	关于印发《江门市残疾人精准康复服务行动实施方案（2017—2020）》的通知（江残联〔2017〕40号）	40	江门市残疾人联合会	残疾人
残疾人政策	关于加快发展残疾儿童学前教育的实施方案（江残联〔2011〕80号）	41	江门市残疾人联合会	残疾儿童
残疾人政策	广东省社会救助条例——教育救助	42	江门市残疾人联合会	残疾儿童
残疾人政策	关于我省残疾人生活津贴和重度残疾人护理补贴资金管理使用有关问题的通知（粤财社〔2014〕39号）	43	江门市残疾人联合会	重度残疾
残疾人政策	关于调整0—6岁残疾儿童基本康复教育训练及医疗康复资助标准的通知（江残联〔2013〕27号）	44	江门市残疾人联合会	义务教育阶段残疾在读学生
残疾人政策	关于印发《江门市扶助残疾人办法》的通知（江府〔2010〕30号）	45	江门市残疾人联合会	残疾人

续表

接入端口分类界面	政策文件依据	政策代码	主要牵头负责部门	受惠对象标签说明
残疾人政策	中共江门市委、江门市人民政府关于加快残疾人事业发展的实施意见（江发〔2010〕5号）	46	江门市残疾人联合会	残疾人及残疾人家庭
	江门市残疾人联合会、江门市财政局关于印发《江门市残疾人康复服务资助计划实施方案》的通知（江残联〔2011〕50号）	47	江门市残疾人联合会	残疾人
	广东省残联关于印发《广东省残疾人就业保障金缓减免管理办法》的通知（粤残联〔2014〕50号）	48	广东省残疾人联合会	残疾人家庭
	阳光家园计划——江门市智力、精神和重度残疾人托养服务实施方案（修订）	49	江门市残疾人联合会	残疾人家庭
	关于贯彻落实广东省城乡居民基本养老保险实施办法的意见（江府〔2015〕14号）	50	江门市人力资源和社会保障局	重度残疾及精神智力残疾
	江门市人民政府关于印发《加快推进残疾人小康进程实施方案》的通知（江府〔2016〕11号）	51	江门市残疾人联合会	残疾人及残疾人家庭
	江门市人民政府关于印发《江门市医疗救助暂行办法》的通知（江府〔2017〕26号）	52	江门市（区）民政部门	重度残疾或重病患者

续表

接入端口分类界面	政策文件依据	政策代码	主要牵头负责部门	受惠对象标签说明
残疾人政策	关于印发《进一步加强医疗救助与城乡居民大病保险有效衔接工作方案》的通知（粤民发〔2017〕194号）	53	广东省民政、人力资源和社会保障部门	重度残疾及优抚对象
	关于印发《江门市残疾人联合会、江门市财政局、江门市人力资源和社会保障局关于江门市扶持残疾人就业创业办法》的通知（江残联〔2018〕58号）	54	江门市残疾人联合会	残疾人
就业扶持政策	江门市人力资源和社会保障局关于建档立卡贫困人员就业岗位补贴实施办法（江人社发〔2018〕519号）	55	江门市人力资源和社会保障局	困难人员
	江门市人力资源和社会保障局关于用人单位吸纳建档立卡贫困人员就业一次性补贴实施办法（江人社发〔2018〕520号）	56	江门市人力资源和社会保障局	困难人员
	江门市人力资源和社会保障局关于创办初创企业租金补贴实施办法（江人社发〔2018〕522号）	57	江门市人力资源和社会保障局	困难人员
	江门市人力资源和社会保障局关于一次性创业资助实施办法（江人社发〔2018〕523号）	58	江门市人力资源和社会保障局	困难人员

续表

接入端口分类界面	政策文件依据	政策代码	主要牵头负责部门	受惠对象标签说明
就业扶持政策	江门市人力资源和社会保障局关于用人单位吸纳困难家庭高校毕业生社会保险补贴实施办法（江人社发〔2018〕516号）	59	江门市人力资源和社会保障局	困难家庭
其他政策	广东省社会救助条例——受灾人员救助	60	广东省各级人民政府民政部门	受灾人员
	广东省社会救助条例——生活无着的流浪乞讨及其走失人员救助	61	广东省民政厅	走失人员及生活无着的流浪乞讨人员

参 考 文 献

[1] 白维军. 城市居民最低生活保障制度中的"贫困陷阱"研究：目标定位制下的负激励分析 [J]. 西北人口, 2010, 31 (2)：31 – 35.

[2] 蔡昉, 陈凡, 张车伟. 政府开发式扶贫资金政策与投资效率 [J]. 中国青年政治学院学报, 2001 (2)：60 – 66.

[3] 陈前恒, 方航. 打破"文化贫困陷阱"的路径：基于贫困地区农村公共文化建设的调研 [J]. 图书馆论坛, 2017, 37 (6)：45 – 54.

[4] 陈晓兰, 沙万强, 贺立龙. 当前扶贫开发工作面临的问题及政策建议：来自四川省广元市苍溪县的调查报告 [J]. 农村经济, 2016 (1)：26 – 31.

[5] 陈友华, 苗国. 老年贫困与社会救助 [J]. 山东社会科学, 2015 (7)：104 – 113.

[6] 程蹊, 陈全功. 较高标准贫困线的确定：世界银行和美英澳的实践及启示 [J]. 贵州社会科学, 2019 (6)：141 – 148.

[7] 池振合, 杨宜勇. 贫困线研究综述 [J]. 经济理论与经济管理, 2012 (7)：56 – 64.

[8] 崔效辉. 乡村建设运动：参与式发展理论的本土来源与贡献 [J]. 南京人口管理干部学院学报, 2005 (2)：48 – 52.

[9] 戴惠甜. 江门市纪委监委通报 4 起扶贫领域形式主义、官僚主义典型问题 [N/OL]. 南方 + , 2019. [2021 – 06 – 11]. http://static.nfapp.southcn.com/content/201910/16/c2712691.html? group_id = 1.

[10] 丁建军. 多维贫困的理论基础、测度方法及实践进展 [J]. 西部论坛, 2014, 24 (1)：61 – 70.

[11] 丁军, 陈标平. 构建可持续扶贫模式治理农村返贫顽疾 [J]. 社会科学, 2010 (1)：52 – 57, 188.

［12］杜毅，肖云. 农村低保和扶贫对象动态管理机制研究［J］. 西部论坛，2015，25（4）：21-30.

［13］傅安国，张再生，郑剑虹，等. 脱贫内生动力机制的质性探究［J］. 心理学报，2020，52（1）：66-81，86-91.

［14］高帆. 新时代我国城乡差距的内涵转换及其政治经济学阐释［J］. 西北大学学报（哲学社会科学版），2018，48（4）：5-16.

［15］共济. 新阶段社会扶贫体制机制创新［M］. 北京：中国农业出版社，2010.

［16］顾昕. 贫困度量的国际探索与中国贫困线的确定［J］. 天津社会科学，2011（1）：56-62，65.

［17］关于新时期城乡精准扶贫精准脱贫的实施方案（2016—2018）［S/OL］.［2016-08-19］. http://www.heshan.gov.cn/gzjg/sfbm/hsczj/fpzjzc/zcwj/201903/P020190323675141691961.pdf.

［18］郭熙保，周强. 长期多维贫困、不平等与致贫因素［J］. 经济研究，2016，51（6）：143-156.

［19］国家统计局. 中国农村贫困监测报告：2019［M］. 北京：中国统计出版社，2019.

［20］韩华为，高琴. 代理家计调查与农村低保瞄准效果：基于CHIP数据的分析［J］. 中国人口科学，2018（3）：73-84，127-128.

［21］何华征，盛德荣. 论农村返贫模式及其阻断机制［J］. 现代经济探讨，2017（7）：95-102.

［22］何植民，陈齐铭. 精准扶贫的"碎片化"及其整合：整体性治理的视角［J］. 中国行政管理，2017（10）：87-91.

［23］贺东航，孔繁斌. 公共政策执行的中国经验［J］. 中国社会科学，2011（5）：61-79，220-221.

［24］贺雪峰. "最后一公里"问题是基层组织治理问题［J］. 农村工作通讯，2018（8）：43.

［25］胡原，曾维忠. 稳定脱贫的科学内涵、现实困境与机制重构：基于可持续生计—脆弱性—社会排斥分析框架［J］. 四川师范大学学报（社会科学版），2019，46（5）：121-128.

[26] 黄承伟. 党的十八大以来脱贫攻坚理论创新和实践创新总结 [J]. 中国农业大学学报（社会科学版），2017，34（5）：5－16.

[27] 黄承伟. 建立健全稳定脱贫长效机制 [N/OL]. 中国扶贫杂志社，2019 [2021－09－06]. https://baijiahao.baidu.com/s? id = 1622687976988196735& wfr = spider& for = pc.

[28] 黄承伟. 中国扶贫开发道路研究：评述与展望 [J]. 中国农业大学学报（社会科学版），2016，33（5）：5－17.

[29] 黄宗智. 中国被忽视的非正规经济：现实与理论 [J]. 开放时代，2009（2）：51－73.

[30] 霍尔. 政策范式、社会学习和国家：以英国经济政策的制定为例 [J]. 中国公共政策评论，2007（1）：1－28.

[31] 霍萱，林闽钢. 为什么贫困有一张女性的面孔：国际视野下的"贫困女性化"及其政策 [J]. 社会保障研究，2015（4）：99－104.

[32] 金江峰. 倒逼与反倒逼：精准扶贫中的国家与社会关系 [J]. 西北农林科技大学学报（社会科学版），2019，19（1）：7－14.

[33] 雷望红. 论精准扶贫政策的不精准执行 [J]. 西北农林科技大学学报（社会科学版），2017，17（1）：1－8.

[34] 李博，左停. 精准扶贫视角下农村产业化扶贫政策执行逻辑的探讨：以 Y 村大棚蔬菜产业扶贫为例 [J]. 西南大学学报（社会科学版），2016，42（4）：66－73，190.

[35] 李棉管. 技术难题、政治过程与文化结果："瞄准偏差"的三种研究视角及其对中国"精准扶贫"的启示 [J]. 社会学研究，2017，32（1）：217－241，246.

[36] 李棉管，岳经纶. 相对贫困与治理的长效机制：从理论到政策 [J]. 社会学研究，2020，35（6）：67－90，243.

[37] 李娜，王有强. "后脱贫时代"农村边缘贫困群体帮扶机制构建研究 [J]. 乡村科技，2020（11）：23－26.

[38] 李盛基，吕康银，朱金霞. 财政支出、经济增长与农村贫困：基于 1990—2008 年时间序列数据的实证分析 [J]. 东北师大学报（哲学社会科学版），2014（3）：100－104.

[39] 李小云. 参与式发展概论 [M]. 北京：中国农业大学出版社，2001.

[40] 李小云. 冲破"贫困陷阱"：深度贫困地区的脱贫攻坚 [J]. 人民论坛·学术前沿，2018（14）：6-13.

[41] 李小云. 全面建成小康社会后贫困治理进入新阶段 [J]. 农村·农业·农民（B版），2020（3）：18-20.

[42] 李小云. 我国农村扶贫战略实施的治理问题 [J]. 贵州社会科学，2013（7）：101-106.

[43] 李小云，徐进，于乐荣. 中国减贫四十年：基于历史与社会学的尝试性解释 [J]. 社会学研究，2018，33（6）：35-61，242-243.

[44] 李学举. 民政30年 [M]. 北京：中国社会出版社，2008.

[45] 李艳军. 农村最低生活保障目标瞄准研究：基于代理财富审查（PMT）的方法 [J]. 经济问题，2013（2）：80-84.

[46] 李迎生，李金珠. 走向一体化的反贫困政策框架：扶贫开发与农村低保衔接的路径与趋势研究 [J]. 江苏行政学院学报，2019（4）：64-73.

[47] 林闽钢. 如何面对贫困和消除贫困：贫困视角及其政策转换的社会历程 [J]. 南国学术，2018（1）：144-155.

[48] 林闽钢. 我国社会救助体系发展四十年：回顾与前瞻 [J]. 北京行政学院学报，2018（5）：1-6.

[49] 林闽钢. 相对贫困的理论与政策聚焦：兼论建立我国相对贫困的治理体系 [J]. 社会保障评论，2020，4（1）：85-92.

[50] 林雪霏. 扶贫场域内科层组织的制度弹性：基于广西L县扶贫实践的研究 [J]. 公共管理学报，2014，11（1）：27-38，138-139.

[51] 刘冬梅. 中国政府开发式扶贫资金投放效果的实证研究 [J]. 管理世界，2001（6）：123-131.

[52] 刘伟，李树茁，任林静. 西部农村扶贫项目目标瞄准方法研究：基于陕西安康贫困山区的调查 [J]. 西安交通大学学报（社会科学版），2017，37（1）：72-78，106.

[53] 鹿永华，辛德树. 浅谈"贫困陷阱"与新农村建设问题 [J]. 农业经济，2008（1）：45-46.

[54] 吕方. 精准扶贫与国家减贫治理体系现代化 [J]. 中国农业大学学报（社会科学版），2017，34（5）：17-23.

[55] 吕方. 迈向2020后减贫治理：建立解决相对贫困问题长效机制 [J]. 新视野，2020（2）：33-40.

[56] 罗利丽. 农村贫困人口反弹与可持续性发展机制的缺失 [J]. 贵州社会科学，2008（12）：76-79.

[57] 罗知. 地方财政支出与益贫式经济增长：基于中国省际数据的经验研究 [J]. 武汉大学学报（哲学社会科学版），2011，64（3）：75-80.

[58] 欧阳静. 论基层运动型治理：兼与周雪光等商榷 [J]. 开放时代，2014（6）：180-190+9.

[59] 欧阳琼. 中国社会保障地区差异研究 [D]. 中国矿业大学（北京），2012.

[60] 乔召旗. 扶贫政策、经济增长对中国扶贫工作的影响 [J]. 云南社会科学，2009（2）：106-108.

[61] 森. 以自由看待发展 [M]. 任赜，于真，译. 北京：中国人民大学出版社，2002.

[62] 申秋. 中国农村扶贫政策的历史演变和扶贫实践研究反思 [J]. 江西财经大学学报，2017（1）：91-100.

[63] 沈扬扬，李实. 如何确定相对贫困标准？：兼论"城乡统筹"相对贫困的可行方案 [J]. 华南师范大学学报（社会科学版），2020（2）：91-101，191.

[64] 宋洪远. 中国农村改革三十年 [M]. 北京：中国农业出版社，2008.

[65] 孙久文，夏添. 中国扶贫战略与2020年后相对贫困线划定：基于理论、政策和数据的分析 [J]. 中国农村经济，2019（10）：98-113.

[66] 孙久文，张倩. 2020年后我国相对贫困标准：经验、实践与理论构建 [J]. 新疆师范大学学报（哲学社会科学版），2021，42（4）：79-91，2.

[67] 孙兆霞，张建，曾芸，等. 贵州党建扶贫30年：基于X县的调查研究 [M]. 北京：社会科学文献出版社，2016.

[68] 孙志燕，侯永志. 对我国区域不平衡发展的多视角观察和政策应对

[J]．管理世界，2019，35（8）：1-8．

[69] 唐皇凤．社会主要矛盾转化与新时代我国国家治理现代化的战略选择[J]．新疆师范大学学报（哲学社会科学版），2018，39（4）：7-17，2．

[70] 唐钧．城乡低保制度：历史、现状与前瞻[J]．红旗文稿，2005（18）：14-17．

[71] 唐钧．农村低保的果实已经成熟[J]．社会观察，2007（6）：52．

[72] 唐钧．确定中国城镇贫困线方法的探讨[J]．社会学研究，1997（2）：62-73．

[73] 唐钧，沙琳，任振兴．中国城市贫困与反贫困报告[M]．北京：华夏出版社，2003．

[74] 唐钧．社会政策的基本目标：从克服贫困到消除社会排斥[J]．江苏社会科学，2002（3）：41-47．

[75] 童星，林闽钢．我国农村贫困标准线研究[J]．中国社会科学，1994（3）：86-98．

[76] 汪晨，万广华，吴万宗．中国减贫战略转型及其面临的挑战[J]．中国工业经济，2020（1）：5-23．

[77] 汪磊，伍国勇．精准扶贫视域下我国农村地区贫困人口识别机制研究[J]．农村经济，2016（7）：112-117．

[78] 汪三贵，PARK A，CHAUDHURI S，等．中国新时期农村扶贫与村级贫困瞄准[J]．管理世界，2007（1）：56-64．

[79] 汪三贵，冯紫曦．脱贫攻坚与乡村振兴有机衔接：逻辑关系、内涵与重点内容[J]．南京农业大学学报（社会科学版），2019，19（5）：8-14，154．

[80] 汪三贵，胡骏．从生存到发展：新中国七十年反贫困的实践[J]．农业经济问题，2020（2）：4-14．

[81] 汪三贵，殷浩栋，王瑜．中国扶贫开发的实践、挑战与政策展望[J]．华南师范大学学报（社会科学版），2017（4）：18-25，189．

[82] 汪三贵．在发展中战胜贫困：对中国30年大规模减贫经验的总结与评价[J]．管理世界，2008（11）：78-88．

[83] 汪三贵,曾小溪. 从区域扶贫开发到精准扶贫:改革开放 40 年中国扶贫政策的演进及脱贫攻坚的难点和对策[J]. 农业经济问题,2018(8):40-50.

[84] 汪三贵,曾小溪. 后 2020 贫困问题初探[J]. 河海大学学报(哲学社会科学版),2018,20(2):7-13,89.

[85] 汪三贵. 中国扶贫绩效与精准扶贫[J]. 政治经济学评论,2020,11(1):130-148.

[86] 王春光,孙兆霞,曾芸. 社会建设与扶贫开发新模式的探求[M]. 北京:社会科学文献出版社,2014.

[87] 王刚,白浩然. 脱贫锦标赛:地方贫困治理的一个分析框架[J]. 公共管理学报,2018,15(1):108-121,158-159.

[88] 王海燕,修宏方,唐钧. 中国城乡最低生活保障制度:回顾与评析[J]. 哈尔滨工业大学学报(社会科学版),2011,13(2):22-27.

[89] 王亮亮,杨意蕾. 贫困陷阱与贫困循环研究:以贵州麻山地区代化镇为例[J]. 中国农业资源与区划,2015,36(2):94-101.

[90] 王强. 贫困群体脱贫内生动力及影响因素研究:基于全国农村困难家庭 2014—2016 年面板数据的实证分析[J]. 云南民族大学学报(哲学社会科学版),2020,37(1):90-99.

[91] 王曙光,王丹莉. 中国扶贫开发政策框架的历史演进与制度创新(1949—2019)[J]. 社会科学战线,2019(5):24-31.

[92] 王曙光. 中国扶贫:制度创新与理论演变(1949—2020)[M]. 北京:商务印书馆,2020.

[93] 王小林,冯贺霞. 2020 年后中国多维相对贫困标准:国际经验与政策取向[J]. 中国农村经济,2020(3):2-21.

[94] 王小林. 贫困标准及全球贫困状况[J]. 经济研究参考,2012(55):41-50.

[95] 王小林. 贫困测量:理论与方法[M]. 北京:社会科学文献出版社,2017.

[96] 王小林,张晓颖. 迈向 2030:中国减贫与全球贫困治理[M]. 北京:社会科学文献出版社,2017.

[97] 王雨磊. 精准扶贫何以"瞄不准"？：扶贫政策落地的三重对焦 [J]. 国家行政学院学报，2017（1）：88-93，128.

[98] 王雨磊. 数字下乡：农村精准扶贫中的技术治理 [J]. 社会学研究，2016，31（6）：119-142，244.

[99] 王雨磊，苏杨. 中国的脱贫奇迹何以造就？：中国扶贫的精准行政模式及其国家治理体制基础 [J]. 管理世界，2020，36（4）：195-209.

[100] 王兆萍. 贫困文化的性质和功能 [J]. 社会科学，2005（4）：125-128.

[101] 卫志民，于松浩，张迪. 政策群视域下的扶贫政策体系研究：演化过程、政策衔接与路径优化 [J]. 江苏行政学院学报，2019（1）：36-43.

[102] 魏程琳，赵晓峰. 常规治理、运动式治理与中国扶贫实践 [J]. 中国农业大学学报（社会科学版），2018，35（5）：58-69.

[103] 吴高辉. 国家治理转变中的精准扶贫：中国农村扶贫资源分配的解释框架 [J]. 公共管理学报，2018，15（4）：113-124，155.

[104] 吴高辉，岳经纶. 面向2020年后的中国贫困治理：一个基于国际贫困理论与中国扶贫实践的分析框架 [J]. 中国公共政策评论，2020，16（1）：1-29.

[105] 吴海涛，陈强. 精准扶贫政策与农村低保制度的有效衔接机制 [J]. 农业经济问题，2019（7）：47-55.

[106] 吴理财. 论贫困文化（上）[J]. 社会，2001（8）：17-20.

[107] 吴振磊. 相对贫困治理特点与长效机制构建 [J]. 红旗文稿，2020（12）：23-24.

[108] 习近平. 在黄河流域生态保护和高质量发展座谈会上的讲话 [J]. 求是，2019（20）：4-11.

[109] 习明明，郭熙保. 贫困陷阱理论研究的最新进展 [J]. 经济学动态，2012（3）：109-114.

[110] 鲜祖德，王萍萍，吴伟. 中国农村贫困标准与贫困监测 [J]. 统计研究，2016，33（9）：3-12.

[111] 向德平,刘欣. 构建多元化反贫困政策:农村低保与扶贫开发政策的有效衔接 [J]. 社会工作与管理,2014,14(3):54-61,100.

[112] 邢成举. 村庄视角的扶贫项目目标偏离与"内卷化"分析 [J]. 江汉学术,2015,34(5):18-26.

[113] 邢成举,李小云. 相对贫困与新时代贫困治理机制的构建 [J]. 改革,2019(12):16-25.

[114] 邢成举. 乡村扶贫资源分配中的精英俘获:制度、权力与社会结构的视角 [D]. 中国农业大学,2014.

[115] 邢成举. 压力型体制下的"扶贫军令状"与贫困治理中的政府失灵 [J]. 南京农业大学学报(社会科学版),2016,16(5):65-73,155-156.

[116] 熊建. 扶贫军令状专治不认账 [N]. 人民日报,2015-12-02(12).

[117] 徐霞. 新农合的减贫效应研究:基于CHNS微观数据的实证分析 [D]. 东北财经大学,2016.

[118] 许汉泽. 扶贫瞄准困境与乡村治理转型 [J]. 农村经济,2015(9):80-84.

[119] 许汉泽,李小云. 精准扶贫:理论基础、实践困境与路径选择:基于云南两大贫困县的调研 [J]. 探索与争鸣,2018(2):106-111,143.

[120] 薛刚. 精准扶贫中贫困群众内生动力的作用及其激发对策 [J]. 行政管理改革,2018(7):51-55.

[121] 压实责任精准打击扎实推进扶贫领域监督执纪问责 [N/OL]. 2017. http://www.gdjct.gd.gov.cn/nyzx/55755.jhtml?isWap=1.

[122] 燕继荣. 反贫困与国家治理:中国"脱贫攻坚"的创新意义 [J]. 管理世界,2020,36(4):209-220.

[123] 燕继荣,王禹澔. 保障济贫与发展脱贫的主题变奏:中国反贫困发展与展望 [J]. 南京农业大学学报(社会科学版),2020,20(4):22-34.

[124] 杨舸. 流动人口与城市相对贫困:现状、风险与政策 [J]. 经济与管理评论,2017,33(1):13-22.

[125] 杨娟丽,安定明. 民族地区的智慧化精准扶贫:以青海省为例[J]. 开发研究,2019(1):56-64.

[126] 杨力超,WALKER R. 2020年后的贫困及反贫困:回顾、展望与建议[J]. 贵州社会科学,2020(2):146-152.

[127] 叶兴庆,殷浩栋. 从消除绝对贫困到缓解相对贫困:中国减贫历程与2020年后的减贫战略[J]. 改革,2019(12):5-15.

[128] 岳经纶,胡项连. 低保政策执行中的"标提量减":基于反腐败力度视角的解释[J]. 中国行政管理,2018(8):70-75.

[129] 岳经纶. 建构"社会中国":中国社会政策的发展与挑战[J]. 探索与争鸣,2010(10):37-42.

[130] 岳经纶,刘喜堂,李琴. 当代中国社会救助制度:机遇与挑战[M]. 北京:人民出版社,2016.

[131] 岳经纶. 社会政策与"社会中国"[M]. 北京:社会科学文献出版社,2014.

[132] 岳经纶. 中国劳动政策:市场化与全球化的视野[M]. 北京:社会科学文献出版社,2007.

[133] 岳经纶. 专栏导语:精准扶贫与社会救助[J]. 公共行政评论,2017,10(3):1-6.

[134] 张克中. 贫困理论研究综述[C]//向德平,黄承伟. 减贫与发展. 北京:社会科学文献出版社,2015.

[135] 张琦,冯丹萌. 我国减贫实践探索及其理论创新:1978—2016年[J]. 改革,2016(4):27-42.

[136] 张倩. 贫困陷阱与精英捕获:气候变化影响下内蒙古牧区的贫富分化[J]. 学海,2014(5):132-142.

[137] 张全红,周强. 多维贫困测量及述评[J]. 经济与管理,2014,28(1):24-31.

[138] 张腾,蓝志勇,秦强. 中国改革四十年的扶贫成就与未来的新挑战[J]. 公共管理学报,2018,15(4):101-112,154.

[139] 张志胜. 精准扶贫领域贫困农民主体性的缺失与重塑:基于精神扶贫视角[J]. 西北农林科技大学学报(社会科学版),2018,18

(3): 72-81.

[140] 郑长德. 贫困陷阱、发展援助与集中连片特困地区的减贫与发展 [J]. 西南民族大学学报 (人文社会科学版), 2017, 38 (1): 120-127.

[141] 郑吉峰. 困境与超越：扶贫工作的政治学分析 [J]. 吉首大学学报 (社会科学版), 2018, 39 (2): 116-123.

[142] 郑瑞强, 曹国庆. 脱贫人口返贫：影响因素、作用机制与风险控制 [J]. 农林经济管理学报, 2016, 15 (6): 619-624.

[143] 周雪光. 运动型治理机制：中国国家治理的制度逻辑再思考 [J]. 开放时代, 2012 (9): 105-125.

[144] 朱丽君. 多维贫困与精准脱贫：以中部地区少数民族自治县 Y 县为例 [J]. 社会保障研究, 2019 (1): 75-85.

[145] 朱乾宇. 政府扶贫资金投入方式与扶贫绩效的多元回归分析 [J]. 中央财经大学学报, 2004 (7): 11-15.

[146] 朱小玲, 陈俊. 建国以来我国农村扶贫开发的历史回顾与现实启示 [J]. 生产力研究, 2012 (5): 30-32, 261.

[147] 朱旭峰, 赵慧. 政府间关系视角下的社会政策扩散：以城市低保制度为例（1993—1999）[J]. 中国社会科学, 2016 (8): 95-116, 206.

[148] 祝建华. 城市低保制度目标定位过程中的家计调查及方法改进 [J]. 浙江工业大学学报 (社会科学版), 2011, 10 (1): 13-18, 24.

[149] 左停, 贺莉, 刘文婧. 相对贫困治理理论与中国地方实践经验 [J]. 河海大学学报 (哲学社会科学版), 2019, 021 (6): 1-9.

[150] 左停, 贺莉. 制度衔接与整合：农村最低生活保障与扶贫开发两项制度比较研究 [J]. 公共行政评论, 2017, 10 (3): 7-25, 213.

[151] 左停, 苏武峥. 乡村振兴背景下中国相对贫困治理的战略指向与政策选择 [J]. 新疆师范大学学报 (哲学社会科学版), 2020, 41 (4): 88-96.

[152] 左停, 徐卫周. 改革开放四十年中国反贫困的经验与启示 [J]. 新疆师范大学学报 (哲学社会科学版), 2019, 40 (3): 92-99, 2.

[153] AGRAWAL A. Common Property Institutions and Sustainable Governance of Resources [J]. World Development, 2001, 29 (10): 1649-1672.

[154] ALATAS V, BANERJEE A, HANNA R, et al. Does Elite Capture Matter? Local Elites and Targeted Welfare Programs in Indonesia [Z]. CID Working Papers, 2013.

[155] ALCOCK P. Understanding Poverty [M]. London: Macmillan, 1997.

[156] ALKIRE S, ROCHE J M, BALLON P, et al. Multidimensional Poverty Measurement and Analysis [M]. Oxford: Oxford University Press, 2015.

[157] ALT J, IVERSEN T. Inequality, Labor Market Segmentation, and Preferences for Redistribution [J]. American Journal of Political Science, 2016, 61 (1): 21–36.

[158] BANERJEE A, DUFLO E. Poor Economics: A Radical Rethinking of the Way to Fight Global Poverty [M]. New York: Public Affairs, 2011.

[159] BAUDER H. Labor Movement: How Migration Regulates Labor Markets [M]. Oxford: Oxford University Press, 2006.

[160] BEAUDOIN S M. Poverty in World History [M]. London: Routledge, 2007.

[161] BECKER K F. The Informal Economy: Fact Finding Study [M]. Stockholm: Sida, 2004.

[162] BERESFORD P, GREEN D, LISTER R, et al. Poverty First Hand: Poor People Speak for Themselves [M]. London: Child Action Poverty Group, 1999.

[163] BOOTH C. Life and Labour of the People in London [M]. London: Macmillan, 1903.

[164] BRYCE C. What Money Can Buy: The Promise of A Universal Basic Income and Its Limitations [J]. Nation, 2018, 307 (6): 33.

[165] CAREY O. Poverty: The Facts [M]. London: CPAG, 1993.

[166] CHEN S, WANG Y. China's Growth and Poverty Reduction: Trends Between 1990 and 1999 [M]. World Bank, Development Research Group, Poverty and World Bank Institute, Economic Policy and Poverty

Reduction Division, 2001.

[167] DALY G. Homeless: Policies, Strategies and Lives on the Streets [M]. London: Routledge, 2013.

[168] DEL BIONDO K. The Tyranny of Experts: Economists, Dictators, and the Forgotten Rights of the Poor [J]. Population & Development Review, 2015, 27 (1): 186 – 188.

[169] Full Fact, Poverty in the UK: A Guide to the Facts and Figures [EB/OL]. https://fullfact.org/economy/poverty-uk-guide-facts-and-figures/, 2019.

[170] GIDDENS A. The Third Way and Its Critics [M]. London: Polity Press, 2007.

[171] GIDDENS A. The Third Way: The Renewal of Social Democracy [M]. London: Polity Press, 2007.

[172] GORDON D, LEVITAS R, PANTAZIS C, et al. Poverty and Social Exclusion in Britain [M]. York: Joseph Rowntree Foundation, 2000.

[173] HAMMOND D R. Policy Entrepreneurship in China's Response to Urban Poverty [J]. Policy Studies Journal, 2013, 41 (1): 119 – 146.

[174] HART K. Informal Income Opportunities and Urban Employment in Ghana [J]. The Journal of Modern African Studies, 1973, 11 (1): 61 – 89.

[175] HUNTER R. Poverty: A Study of Town Life by B. Seebohm Rowntree [J]. Journal of Political Economy, 1902, 11 (1): 158 – 165.

[176] INDIA. National Commission For Enterprises in the Unorganised Sector. Report on Conditions of Work and Promotion of Livelihoods in Theunorganised Sector [R]. New Delhi: Academic Foundation, 2008.

[177] JOSEPH K. Stranded on the Middle Ground? Reflections on Circumstances and Policies [M]. London: Centre for Policy Studies, 1976.

[178] KNOX P L. Social Well-Being: A Spatial Perspective [M]. Oxford: Oxford University Press, 1975.

[179] LADERCHI C R, SAITH R, STEWART F. Does It Matter That We Do

Not Agree on the Definition of Poverty? A Comparison of Four Approaches [J]. Oxford Development Studies, 2003, 31 (3): 243-274.

[180] LE H, NGUYEN C, PHUNG T. Multidimensional Poverty: Evidence from Vietnam [J]. Economics Bulletin, 2015, 35 (4): 2820-2831.

[181] LEWIS O. Five Families: Mexican Case Studies in the Culture of Poverty [M]. New York: Basic Books, 1959.

[182] LEWIS W A. Theory of Economic Growth [M]. London: Routledge, 2013.

[183] LUND J F, SAITO-JENSEN M. Revisiting the Issue of Elite Capture of Participatory Initiatives [J]. World Development, 2013, 46: 104-112.

[184] M G, E G. Proxy Means Testing and Social Assistance in Armenia [J]. Development Economics Research Group. World Bank, 1997.

[185] MACK J, LANSLEY S. Poor Britain [M]. London: G. Allen & Unwin, 1985.

[186] MARGARET G. For Protection and Promotion: The Design and Implementation of Effective Safety Nets [M]. Washington, D. C.: World Bank, 2008.

[187] MILBOURNE P. Putting Poverty and Welfare in Place [J]. Policy & Politics, 2010, 38 (1): 153-169.

[188] MILBOURNE P. Rural Poverty: Marginalisation and Exclusion in Britain and the United States [M]. London: Routledge, 2004.

[189] MILBOURNE P. The Geographies of Poverty and Welfare: The Geographies of Poverty and Welfare [J]. Geography Compass, 2010, 4 (2): 158-171.

[190] MONTALVO J G, RAVALLION M. The Pattern of Growth and Poverty Reduction in China [J]. Journal of Comparative Economics, 2010, 38 (1): 2-16.

[191] MULLAINATHAN S, SHAFIR E. Scarcity: Why Having Too Little Means So Much [M]. London: Macmillan, 2013.

[192] ORSHANSKY M. How Poverty Is Measured [J]. Monthly Labor Re-

view, 1969, 92 (2): 37 -41.

[193] PARIJS P Van. Basic Income and Social Justice: Why Philosophers Disagree [M]. Joseph Rowntree Foundation, 2009.

[194] PERCY-SMITH J. Policy Responses to Social Exclusion: Towards Inclusion? [M]. Mcgraw-Hill Education (UK), 2000.

[195] PLATTEAU J-P. Monitoring Elite Capture in Community-Driven Development [J]. Development and Change, 2004, 35 (2): 223 -246.

[196] ROWNTREE B S. Poverty: A Study of Town Life [M]. London: Macmillan, 1902.

[197] SEN A. Poverty and Famines: An Essay on Entitlement and Deprivation [M]. Oxford: Oxford University Press, 1982.

[198] SILVER H. Social Exclusion and Social Solidarity: Three Paradigms [J]. International Labour Review, 1994, 133 (5): 531 -578.

[199] SUICH H, HOWE C, MACE G. Ecosystem Services and Poverty Alleviation: A Review of the Empirical Links [J]. Ecosystem Services, 2015, 12: 137 -147.

[200] TOWNSEND P. International Analysis Poverty [M]. New York: Harvester Wheatsheaf, 1993.

[201] TOWNSEND P. Poverty in the United Kingdom: A Survey of Household Resources and Standards of Living [M]. Berkeley: University of California Press, 1979.

[202] WALKER A, WALKER C. Britain Divided: The Growth of Social Exclusion in the 1980s and 1990s [M]. London: Child Poverty Action Group, 1997.

[203] WALKER R, BANTEBYA-KYOMUHENDO G. The Shame of Poverty [M]. Oxford: Oxford University Press, 2014.

[204] WALKER R, KYOMUHENDO G B, CHASE E, et al. Poverty in Global Perspective: Is Shame a Common Denominator? [J]. Journal of Social Policy, 2013, 42 (2): 215 -233.

后　　记

　　反贫困是人类社会的永恒主题。党的十八大以来，以习近平同志为核心的党中央从全面建成小康社会要求出发，把脱贫攻坚摆在治国理政突出位置。从世界各国反贫困斗争来看，我国实施反贫困斗争的力度与决心都是空前的，取得的反贫困成果也是前所未有的，谱写了人类反贫困史上的辉煌篇章。我国深入而又持续的反贫困斗争，充分体现了以人民为中心的根本政治立场，凸显了中国特色社会主义制度的优势，彰显了人类反贫困事业的大国担当。即使面对席卷全球的新冠肺炎疫情，我国仍然坚定不移地贯彻执行脱贫攻坚战略与乡村振兴战略，充分展现了党和国家战胜贫困的决心，也正是因为如此，才得以创造战胜贫困的中国奇迹，为全球减贫与发展事业贡献中国智慧和中国方案。在消除绝对贫困后，我国又开始实施巩固拓展脱贫攻坚成果与乡村振兴有效衔接，探索建立解决相对贫困的长效机制。

　　作为这个伟大时代的亲历者、反贫困历史的见证人，我们何其幸运！而作为社会政策研究者，我们更加希望的是能够走进田野、扎根田野，充分认识与理解反贫困实践，找到反贫困斗争胜利的秘钥。2017年，江门市扶贫办与江门市民政局的同志来到中山大学政治与公共事务管理学院（广州社会保障研究中心），与我们研究团队交流探讨如何实施扶贫线与低保线"两线合一"改革。通过交流，双方在诸多政策与理念层面取得了共识，我们研究团队也因此有机会以江门市为现场，观察和思考我国反贫困的地方实践。自那以后，我们研究团队与江门市扶贫办、江门市民政局在贫困治理研究领域结成了战略合作伙伴。

　　在过去的四年里，我们已记不清去过江门多少次。从最初探索实施扶贫线与低保线"两线合一"改革，到调整为低收入人口帮扶改革，以及后来的相对贫困人口帮扶改革,我们研究团队从未缺场。作为发达省份的中度发达地区,江门市早已在广东省第二轮"双到"扶贫后就消除了绝对贫困人口,并从 2016 年开始主动探索扶贫线与低保线"两线合一"改革,为 2020 年以后贫困人口的常态化、长效化帮扶做出努力。特别值得指出的是,早在 2018 年,江门市就以规范性文件的形式提出了"低收入人口"的概念,并在 2019 年创新性地构建了低收入人口识别机制,实现了从单一收入维度识别贫困到多维度识别贫困的范式转变。国家层面则在 2021 年的中央一号文件中将"低收入人口"确立为全国性的政策概念。这充分体现了江门市在探索解决相对贫困治理问题上的前瞻性和开拓性。遗憾的是,由于种种原因,江门市最终没能如期出台《江门市低收入对象帮扶改革实施方案》。但聊以慰藉的是,在江门市扶贫部门和我们研究团队的努力下,江门市下辖的恩平市出台和实施了《恩平市低收入对象帮扶改革实施方案》,它证实了江门市在解决相对贫困治理长效机制的探索方面确实有其独到之处。

回首四年来参与江门市探索相对贫困治理的过程,我们心中虽然不免有事业未竟的遗憾,但江门市在建立解决相对贫困治理长效机制方面还是进行了有价值的先行探索,并获得了上级政府的肯定。2021 年 2 月,江门市农业农村局扶贫规划开发科被评为"全国脱贫攻坚先进集体"。2021 年 3 月,"江门市扶贫线与低保线'两线合一'构建立体化社保扶贫格局"的实践经验被国家发展和改革委员会评选为"社会领域公共服务助力脱贫攻坚"的典型案例。本书的出版则有机会让我们向读者呈现江门市探索建立解决相对贫困长效机制的鲜活故事,剖析江门市在解决相对贫困治理问题上的实践探索,相信也会有助于贫困治理研究者从中管窥地方政府治理相对贫困的密钥。

本书是我们研究团队共同努力的结果,除了署名的三位作者以外,研究团队中的其他成员,如研究助理贺媛媛、硕士生罗瑞靖和梁霞也参与了部分章节初稿的撰写工作。同时,本书第二章得益于我与中南大学吴高辉博士的合作论文。此外,研究团队中的李棉管副教授、游艳玲副教授、彭宅文博士、冯剑锋博士也为本书的写作提供了有力支持。在此一并表示诚挚的感谢。

后 记

本书最终能够出版，得益于江门市扶贫部门与民政部门工作人员的大力支持，他们分别是江门市农业农村局局长郑少强、江门市农业农村局副局长钟国活、江门市农业农村局原副局长谭俊彦、江门市农业农村局扶贫规划开发科科长林锡江、江门市农业农村局扶贫规划开发科副科长陈鸿杰、江门市农业农村局扶贫规划开发科主任科员吴金平、江门市农业农村局扶贫规划开发科职员陈光海、江门市民政局救灾和社会救助科原科长吕俊杰、江门市民政局救灾和社会救助科职员贾兴溥和邓沃辉。感谢江门市扶贫部门与民政部门在资料方面给予的慷慨支持。限于篇幅，还有很多给予我们帮助与支持的单位和个人未能一一提及，在此一并表示我们最衷心的感谢。

感谢教育部人文社科重点研究基地中山大学中国公共管理研究中心、广州市人文社科重点研究基地中山大学广州社会保障研究中心、中山大学政治与公共事务管理学院提供的研究平台。感谢国家出版基金对本书出版的资助。感谢中山大学出版社对本书出版的鼎力支持。

限于作者水平，书中错漏在所难免，希望各位方家不吝指正。

岳经纶

2021 年 9 月 10 日